HTML & XHTML – die Sprachen des Web

Robert Tolksdorf
ist Professor für Praktische Informatik an der Freien Universität Berlin
mit dem Fachgebiet Netzbasierte Informationssysteme.
Seine Arbeitsschwerpunkte sind Web- und XML-Technologien,
offene verteilte Systeme und Koordinationssprachen.
Er ist Sprecher der Fachgruppe Multimedia der Gesellschaft für Informatik.

xml.bibliothek

Die Titel der xml.bibliothek befassen sich mit der Extensible Markup Language XML
und bieten aktuelles Wissen zu den neuen Sprachen des Web und ihren Anwendungen.
Reihenherausgeber ist Prof. Dr. Robert Tolksdorf, FU Berlin.

Robert Tolksdorf

HTML & XHTML –
die Sprachen des Web

Informationen aufbereiten und präsentieren im Internet

5., überarbeitete und erweiterte Auflage

 dpunkt.verlag

Prof. Dr.-Ing. Robert Tolksdorf
E-Mail: xhtml@robert-tolksdorf.de
http://www.robert-tolksdorf.de

Lektorat: René Schönfeldt
Herstellung: Birgit Bäuerlein
Umschlaggestaltung: Helmut Kraus, Düsseldorf
Druck und Bindung: Koninklijke Wöhrmann B.V., Zutphen, Niederlande

Bibliografische Information Der Deutschen Bibliothek
Die Deutsche Bibliothek verzeichnet diese Publikation in der Deutschen Nationalbibliografie;
detaillierte bibliografische Daten sind im Internet über http://dnb.ddb.de abrufbar.

ISBN 3-89864-155-4
5., überarbeitete und erweiterte Auflage 2003
Copyright © 2003 dpunkt.verlag GmbH
Ringstraße 19 b
69115 Heidelberg

Vorwort

Das World Wide Web ist seit 1993 das wichtigste weltweite Informationssystem im Internet geworden. Diese Entwicklung ist nicht – wie so oft – auf die USA beschränkt; auch hierzulande stellen sich immer mehr Institutionen, Verwaltungen und Firmen elektronisch dar und binden das Internet in ihre Mediakonzeption ein.

Während Unternehmen noch zu Beginn des Web-Zeitalters ihre HTML-Seiten kostspielig durch spezialisierte Agenturen erstellen ließen, ging man bald dazu über, die Aufgaben im Haus durch eigene Mitarbeiter zu erledigen. In der ursprünglichen Domäne des Internets, dem Ausbildungsbereich, nahm die Vernetzung und Verbreitung des Web ebenfalls stark zu. Und schließlich spielt HTML auch für immer mehr private Internet-Nutzer eine Rolle, die sich mit ihrer eigenen Homepage im Web darstellen und spielerisch die Möglichkeiten ausloten, die ihnen HTML bietet. *Zielgruppen des Buches*

Für alle diese Nutzergruppen – aus Wirtschaft, Ausbildung und dem privaten Bereich – bietet dieses Buch einen schnellen Einstieg und die Grundlage zum kompakten Selbststudium.

Für dieses Buch setzen wir Grundlagenkenntnisse in der Nutzung des Internets voraus. Wir nehmen an, dass Sie bereits vernetzt sind, dass Sie einen Browser installiert haben und mit ihm umgehen können. Vom passiven Leser im Web können Sie durch die Kenntnisse von HTML nun zum aktiven Anbieter werden. *Voraussetzungen*

Leser ohne HTML-Vorkenntnisse lernen in diesem Buch von Grund auf, wie man eigene Webseiten erstellt – zunächst »per Hand« und später auch mit diversen Hilfsmitteln und Programmen. Wer schon mal mit HTML experimentiert hat, findet hier eine systematische Zusammenstellung aller Möglichkeiten, die HTML bietet, sowie zahlreiche Tipps aus der Praxis. HTML-Programmierer, die bereits erste Erfahrungen in der Seitenerstellung haben, können sich hier über fortgeschrittene Aspekte, etwa das HTTP-Protokoll, informieren und erfahren, wie HTML und XHTML zusammenhängen. *Was Sie lernen werden*

Aufbau dieses Buchs

Dieses Buch gliedert sich in mehrere Teile. Am Anfang lernen Sie die Geschichte des Web (Kapitel 1) kennen und lernen in einem Schnelleinstieg (Kapitel 2), wie Sie Ihre erste Webseite schreiben können.

HTML-Grundlagen

Danach geht es systematisch an die Grundlagen von HTML. Kapitel 3 stellt erst einmal die Struktur von HTML-Seiten dar, danach wenden wir uns in Kapitel 4 den Möglichkeiten zur Textauszeichnung zu. Im folgenden Kapitel stellen wir Elemente zur Strukturierung von Text vor. Damit können Sie erste einfache HTML-Seiten erstellen.

Fortgeschrittene Konzepte

Der sich daran anschließende Teil ist den fortgeschritteneren Konzepten von HTML gewidmet. In Kapitel 6 lernen Sie die Auszeichnung von Formularen kennen, erfahren mehr über die Erstellung und Verwendung von Grafiken (Kapitel 7) und ihre interaktive Nutzung in Imagemaps (Kapitel 8). Für multimediale Erweiterungen können Sie die in Kapitel 9 beschriebenen eingebetteten Objekte in ihren verschiedenen Spielarten nutzen. Mit diesem Wissen sind Sie in der Lage, interaktive Webseiten auf Ihrem Server anzubieten

Gestalterische Möglichkeiten

Konzepte, die Ihnen mehr gestalterische Möglichkeiten bieten, lernen Sie in den folgenden Kapiteln 10–13 mit Tabellen, Framesets und Stylesheets kennen.

XML und XHTML

Die aktuellste Entwicklung im Web ist die Verbreitung der XML-Technologien. Das Kapitel 14 erläutert deshalb die Details von XML. Mit XML wird der HTML-Nachfolger XHTML entwickelt – Kapitel 15 stellt Ihnen die Zusammenhänge zwischen XML, HTML und XHTML dar. XHTML wird zukünftig in kleinere Module gegliedert; die dabei verwendeten Mechanismen beschreibt Kapitel 16.

In diesem Buch werden wir in den Beispielen HTML verwenden – denn auf absehbare Zeit werden alle Web-Browser diese Sprache weiter unterstützen. Um heute Webseiten zu erstellen, brauchen Sie also kein aktives Wissen um XHTML. Es ist jedoch sinnvoll, sich bei Gelegenheit auch mit diesen neuen Technologien vertraut zu machen.

HTTP und Skripte

Für die Erstellung komplexerer interaktiver Informationssysteme brauchen Sie die Informationen aus den folgenden beiden Kapiteln 17 und 18. Sie beschäftigen sich mit dem Übertragungsprotokoll im Web, HTTP, und einer kurzen Einführung in die Verarbeitung von Formulareingaben durch Skripte.

Websites betreiben

Im Bereich Erstellung und Betrieb von Websites sind die Kapitel 19 bis 21 angesiedelt. Sie beschäftigen sich mit Editierhilfen für HTML, mit Hinweisen zu guter Seitengestaltung und mit Aspekten des Betriebs und der Wartung Ihres Informationssystems.

Schließlich geben wir in Kapitel 22 und 23 einen Ausblick auf die immer stärker verbreiteten Programmiersprachen für aktive Webseiten und weitere Entwicklungen, die das Gesicht des Web in den nächsten Jahren beeinflussen werden.

Für die spätere Nutzung des Buchs als Nachschlagewerk sind die Anhänge gedacht, die eine Kurzreferenz und ein umfangreiches Register enthalten.

> **Aufgabe v–1**: In jedem Kapitel finden Sie an verschiedenen Stellen Übungsaufgaben, die wie diese markiert sind. Teilweise sollen Sie darin eine konkrete Aufgabe lösen, ab und an etwas im Netz recherchieren und oft auch nur ein bestimmtes Konzept überdenken. Zu den meisten Aufgaben finden Sie entsprechende Lösungen. Bitte suchen Sie, wo diese Lösungen jeweils stehen.

Konventionen

Schrift

In diesem Buch sind Ausschnitte aus HTML-Seiten oder andere Texte, die in dieser Form in Dateien stehen, in `Schreibmaschinenschrift` dargestellt. Sind Teile davon Platzhalter für andere Texte, wird `kursive Schreibmaschinenschrift` verwendet.

Abbildungen

Die Abbildungen mit Bildschirmausschnitten wurden teilweise unter Windows, teils unter Unix (Sun Solaris und Linux) und der grafischen Oberfläche X Window erstellt. Als Browser haben wir überwiegend Netscape verwendet. Es ist durchaus möglich, dass die Beispiele auf Ihrem System etwas von den Abbildungen abweichen.

✘

An vielen Stellen dieses Buchs finden Sie Hinweise, die auf Besonderheiten eingehen. Beispielsweise werden Sie öfter Tipps zur Gestaltung Ihrer HTML-Seiten antreffen. All diese Stellen sind – wie dieser Absatz – mit dem Zeichen ✘ markiert.

URLs

An dieser Stelle eine Anmerkung zu den in diesem Buch verwendeten Netzadressen, den URLs. Alle diese Verweise wurden vor Drucklegung überprüft und existierten zu dieser Zeit. Es lässt sich aber nicht vermeiden, dass einige Web-Anbieter mit der Zeit ihr Angebot umorganisieren oder einstellen. Dadurch werden natürlich auch URLs ungültig. Ihnen wird dann nichts anderes übrig bleiben, als ein bestimmtes Programm oder eine Seite mit einer Suchmaschine aufzufinden.

Danksagungen

Danksagungen

Am Entstehen eines Buchs sind neben dem Autor viele indirekte Helfer beteiligt. Dank gilt dem Verlag und allen, die durch Bereitstellung von Ressourcen oder durch Hilfestellung und Geduld am Entstehen dieses Buchs mitgewirkt haben.

Dank gilt auch den Lesern der bisherigen Auflagen, durch deren Anmerkungen einige Korrekturen und Erweiterungen möglich wurden.

Sie sind auch bei dieser Auflage eingeladen, Kommentare, Korrekturen und Fragen an den Autor per E-Mail zu schicken.

Um einen noch regeren Kontakt zwischen Lesern und Autor zu ermöglichen, hat der dpunkt.verlag ein Forum für die Leser auf seinem Webserver eingerichtet. Sie finden es unter der URL

```
http://www.dpunkt.de/html
```

Wenn Sie sich per E-Mail an den Autor wenden, vermerken Sie bitte, ob die Frage auch in diesem Forum mit Ihrem Namen veröffentlicht werden darf.

xml.bibliothek Dieses Buch ist übrigens Teil der xml.bibliothek beim dpunkt.verlag. Diese Buchreihe widmet sich einzelnen XML-basierten Technologien und bietet Ihnen sicherlich weitere relevante Informationen, wenn Sie sich neben XHTML beispielsweise mit WML, XSL oder XML-EDI beschäftigen wollen ([13, 22, 23, 11]).

Antwort zu der Aufgabe

Aufgabe v–1:

Richtig. Am Ende jedes Kapitels finden Sie die Lösungen zu den darin gestellten Aufgaben.

Inhaltsverzeichnis

1 Geschichte des Web

In diesem Kapitel lernen Sie,

❑ wo die Ursprünge des Web liegen und wer seine
    Entwicklung lenkt.

Das World Wide Web hat eine schnelle, aber sehr erfolgreiche Geschichte. Begonnen hat sie mit der ursprünglichen Idee für das Web von Tim Berners-Lee vom Europäischen Labor für Teilchenphysik CERN, Genf, die im März 1989 erstmalig niedergeschrieben wurde. Nach dem Start eines konkreten Projektes entstand im November 1990 ein erster Prototyp auf einem NeXT-Rechner. Im Dezember konnten die ersten grafischen und zeichenorientierten Browser demonstriert werden.

1989 – der Beginn

In den Jahren 1991 und 1992 wurden die experimentellen Systeme weiter ausgebaut und verfügbar gemacht. Auf verschiedenen Konferenzen warb man für die Idee und berichtete über den Fortschritt der Entwicklung.

Anfang 1993 zählte man circa fünfzig Webserver weltweit. Im Februar 1993 wurde der Browser XMosaic, basierend auf dem X Window-System für Unix, in einer ersten Version freigegeben. Im Laufe des Jahres verzehnfachte sich der HTTP-Verkehr in den amerikanischen Internet-Netzen. Mit der gleichen Rate stieg die Anzahl der Webserver. Das Jahr 1993 kann man als den Durchbruch des Web bezeichnen, da eine ausreichende Anzahl von Informationsangeboten bereitstand und immer mehr Software fertig gestellt wurde.

1993 – der Durchbruch

Das Web-Konsortium

1994 wurde die Entwicklung des Web auf festeren Boden gestellt. Das CERN gründete zusammen mit dem Massachusetts Institute of Technology in Cambridge, Massachusetts (MIT) die World Wide Web Organisation W3O. Sie wurde Ende 1994 um das französische Forschungsinstitut Institut National de Recherche en Informatique et en Automatique (INRIA) erweitert und heißt seitdem W3-Konsortium, kurz W3C.

1994 – die Institution

1996 kam die japanische Keio-Universität hinzu, während das CERN als aktiver Entwickler des Web ausschied.

Dieses Konsortium stellt eine Zusammenarbeit verschiedener industrieller Mitglieder unter Leitung der drei Forschungseinrichtungen dar. Seine Aufgabe ist es, das Web durch die Definition von Standards weiterzuentwickeln.

Das W3C bietet ein Sammlung praktisch aller relevanter Informationen zu allen Aspekten des Web an, hält Referenzimplementierungen der Web-Bestandteile zur kostenlosen Benutzung bereit und demonstriert neue Anwendungen auf dem Web durch Prototypen.

Zu allen technischen Aspekten des Web enthält der WWW-Server des W3-Konsortiums aktuelle und vollständige Informationen. Dort findet man jede Art von Dokumentation, verschiedenste Software und auch die Diskussionsforen der Web-Entwickler. Die URL lautet:

```
http://www.w3.org
```

Standards für das Web

Da das Internet keine zentrale Leitung oder Steuerung kennt, hängt das Funktionieren der verschiedenen Protokolle und Dienste davon ab, dass sich alle Teilnehmer an bestimmte Vorgaben halten. Im Internet können diese aber nicht als rechtlich verbindliche internationale Standards vorgegeben werden.

Request for Comments Vorgaben über Protokolle und anderes gibt es im Internet als so genannte »Requests for Comments« oder kurz »RFC«. Mitte 1999 existierten circa 2 500 solcher Dokumente, in denen alles Mögliche festgelegt wird.

Internet Engineering Task Force Einem RFC geht in der Regel ein Diskussionsprozess voraus. Üblicherweise leitet die Veröffentlichung eines »Internet-Drafts« diese Diskussion ein. Jeder Internetteilnehmer kann ein solches Dokument erstellen und veröffentlichen. Koordiniert werden diese Aktivitäten von der »Internet Engineering Task Force«, kurz IETF, die Arbeitsgruppen einrichtet und Richtlinien über den Ablauf der Standardisierung erstellt. Eine wichtige Vorgabe ist, dass ein Internet-Draft in der Regel nur eine Gültigkeit von sechs Monaten hat und dann durch eine neue Version ersetzt sein muss.

Das W3C sieht die IETF als die Gruppe, die die Infrastruktur für das Web, das Internet, betreut. Dementsprechend führt das W3C inzwischen seine eigenen Standards als *W3C Recommendations*. Die Bedeutung dieser Standards ergibt sich aus ihrer breiten Unterstützung in heutiger Software.

Von Notes bis zu Recommendations Im Internet sind sämtliche Dokumente des W3C über die Webadresse *http://www.w3.org* zugänglich. Man unterscheidet *Notes*, in denen lediglich eine Idee dokumentiert wird, *Working Drafts*, die von

Jahr	
Nummer	**RFC-Titel**
1994:	
1630	Universal Resource Identifiers in WWW: A Unifying Syntax for the Expression of Names and Addresses of Objects on the Network as used in the World-Wide Web
1737	Functional Requirements for Uniform Resource Names
1738	Uniform Resource Locators (URL)
1995:	
1808	Relative Uniform Resource Locators
1866	Hypertext Markup Language – 2.0
1867	Form-based File Upload in HTML
1996:	
1942	HTML Tables
1945	Hypertext Transfer Protocol – HTTP/1.0
1980	A Proposed Extension to HTML: Client-Side Image Maps
2016	Uniform Resource Agents (URAs)
1997:	
2068	Hypertext Transfer Protocol – HTTP/1.1
2070	Internationalization of the Hypertext Markup Language
2141	URN Syntax
2145	Use and Interpretation of HTTP Version Numbers
1998:	
2396	Uniform Resource Identifiers (URI): Generic Syntax
1999:	
2483	URI Resolution Services Necessary for URN Resolution
2518	HTTP Extensions for Distributed Authoring — WEBDAV

Abbildung 1.1
Einige RFC-Standards zum Web

einer W3C Working Group erstellt werden und die Standardbildung einleiten, die *Proposed Recommendations* – Standards, die kurz vor der Verabschiedung durch die W3C-Mitglieder stehen – und schließlich die *Recommendations*, die die Standarddokumente des W3C darstellen.

Von HTML 3 nach XHTML 1.1

HTML 3 war zur Zeit der ersten Auflage dieses Buchs am Anfang der Diskussions- und Standardisierungsphase. Am 28. März 1995 erschien der umfangreiche Entwurf für HTML 3 von Dave Raggett, der bis Ende September 1995 Gültigkeit hatte ([18]).

HTML 3

Inzwischen nahm die Standardisierung von HTML 3 eine andere Richtung: Der genannte Internet-Draft lief am 28. September 1995 aus und es wurde keine neue Version entwickelt. Stattdessen setzten die HTML-Entwickler auf eine schrittweise Erweiterung von HTML und bearbeiteten einzelne Teile jeweils als Internet-Draft. Der Grund für diese Entwicklung lag in der Komplexität der Sprache HTML 3: Sie war nicht mehr in einem einzigen, monolithischen Dokument zu handhaben.

Im Mai 1996 stellte das W3-Konsortium daher eine Sprachdefinition unter dem Titel HTML 3.2 vor. Bei HTML 3.2 handelt es sich – im Vergleich zum HTML-3-Entwurf – technisch um eine enttäuschende Entwicklung: Lediglich einige Konzepte, die seit langem im Netscape-Browser implementiert waren, wurden von dem Konsortium, das HTML weiterentwickeln will, nachträglich abgesegnet.

Die Gründe für diese Entwicklung sind politischer Natur: Das Web ist inzwischen von kommerziellen Interessen beherrscht – die Firmen Netscape und Microsoft kämpfen um die Vorherrschaft in einem Markt, dessen Profite auf Milliarden geschätzt werden. Für das W3C bleibt dabei kaum Raum. HTML 3.2 war daher ein Versuch, die Rolle des W3C als nicht kommerzielle Organisation zu stärken. Es konnte seinem ursprünglichen Anspruch auf eine technische Vorreiterrolle aber nicht mehr voll gerecht werden.

HTML 4 und XHTML   Im Juli 1997 stellte das W3C einen Entwurf für die aktuellste HTML-Version vor: HTML 4. Die Sprache wurde im Januar 2000 an die Erfordernisse von XML angepasst und in XHTML 1.0 umbenannt. Ein gutes Jahr später im Mai 2001 erfolgte eine erneute Anpassung der Sprachdefinition als XHTML 1.1. Die drei Sprachvarianten sind für den Anwender sehr ähnlich und unterscheiden sich hauptsächlich in der Methodik ihrer Definition.

Sie finden in diesem Buch Erläuterungen zu den Tags und Attributen aller HTML-Versionen seit HTML 3. Die meisten Tags und Attribute sind in Browsern implementiert. Einige Konzepte haben sich aber nicht oder nicht in allen Browsern durchgesetzt; in diesem Fall wird das im Buch jeweils angemerkt.

Web-Browser

Netscape   Während die bisherigen Netscape-Browser unter dem Namen »Netscape Navigator« liefen, verwendet die Firma für die vierte Version des Programms den Namen »Netscape Communicator«, um deutlich zu machen, dass das Produkt mittlerweile weit mehr als ein Web-Browser ist, nämlich eine komplette Palette der Internetkommunikation unterstützt.

Netscape hatte im Jahr 1996 zwischen 80 und 90 Prozent des weltweiten Marktes für Web-Browser besetzt. Lange Zeit hat Microsoft als weltgrößter Softwarekonzern das Internet unterschätzt, dann aber seine Strategie geändert. Durch massiven Ressourceneinsatz versuchte Bill Gates seit 1996, den Internetmarkt für Microsoft zu erschließen und hat dabei offensichtlich großen Erfolg gehabt.

Im Sommer 1997 hatte Microsoft den Browser Internet Explorer in der Version 3.0 herausgebracht, der technisch Netscape Paroli bieten konnte. Microsoft wäre aber nicht der weltgrößte Softwarekonzern, wenn es bei dieser Aktivität nicht auch Monopolisierungsbestrebungen eines Marktsegments gäbe. Dementsprechend beherrscht dieser Browser zusätzliche Tags. *Microsoft*

Die folgende Version des Programms, der Internet Explorer 4, glich eher einer Betriebssystemerweiterung denn einem eigenständigen Browser-Programm, da er beispielsweise den Windows Desktop auch optisch stark veränderte. Es gab zwar Versuche, den Explorer 4 auch als Unix-Version zu implementieren, die Resultate waren allerdings in puncto Qualität und Geschwindigkeit nicht sonderlich überzeugend, so dass in der Unix-Welt nach wie vor Netscape der dominierende Browser ist.

Im Frühjahr 1999 wurde der Internet Explorer 5 freigegeben. Er stellt Varianten von XML- und XSL-Technologien bereit und führt einige neue Tags und Attribute ein.

Der NCSA Browser Mosaic war in seiner Unix-Version XMosaic der erste grafische Web-Browser mit weiter Verbreitung. Das damalige Entwicklerteam um Marc Andreessen wanderte beim Erkennen der kommerziellen Chancen im Web praktisch komplett zu Netscape ab und die Weiterentwicklung von Mosaic kam zum Erliegen. Mosaic ist aber dennoch ein wichtiger Browser in der Web-Geschichte – er war die Implementierungsbasis des Internet Explorers von Microsoft. *Mosaic*

Neben den verbreiteten Browsern mit grafischer Oberfläche gibt es auch nach wie vor den Lynx-Browser, der textbasiert arbeitet. Damit ist er der Standardbrowser, falls man beispielsweise mit einem ASCII-Terminal arbeitet. Lynx enthält eine sehr fortschrittliche HTML-Implementierung und beachtet einige zusätzliche Tags, die aus dem HTML-3-Entwurf stammen. *Lnyx*

Seit einiger Zeit gibt es einen dritten weit verbreiteten Browser, Opera. Er zeichnet sich durch die geringe Programmgröße und die Konzentration auf die Kernfunktionalität eines Browsers aus. Opera hat bislang keine eigenen HTML-Varianten eingefügt, sondern versucht, HTML 4 zu implementieren. *Opera*

Schließlich ist ein weiterer Browser zu nennen, der HTML 4 unterstützt: Mozilla. 1998 hat Netscape den Quellcode für den Navigator-Browser veröffentlicht und eine freie Lizenz für dessen Weiterentwicklung erteilt. Seitdem arbeitet eine sehr große Gruppe von Enthusiasten daran, Mozilla zu dem führenden Browser zu machen. Im Gegensatz zum Microsoft-Browser sollen dabei nur standardisierte Technologien *Mozilla* implementiert werden. Im Sommer 2002 ist die Mozilla-Entwicklung noch lange nicht abgeschlossen – der Erfolg von Linux zeigt aber das Potenzial, das in einer offenen und verteilten Softwareentwicklung liegt.

Die Fortschreibung dieses Buchs war durch das Wettrennen zwischen den verschiedenen Browser-Implementierungen eine Zeit lang sehr schwierig. Mittlerweile macht HTML 4 aber die Vorgaben für die Browser, und Konformität zum Standard ist ein Qualitätsmerkmal, mit dem geworben wird. Bei der Beschreibung von HTML-Bestandteilen finden Sie in diesem Buch manchmal noch eine Ursprungsangabe, welcher Browser Elemente zuerst beherrschte.

Jeder neu in einem Browser eingeführtes Element erzeugt ein Kompatibiltätsproblem für Ihre Seiten. Einerseits scheinen browserspezifische Erweiterungen oft sehr attraktiv, weil sie zusätzliche Darstellungsmöglichkeiten eröffnen. Andererseits werden Webseiten mit einer erweiterten HTML-Nutzung im »falschen« Browser nur eingeschränkt oder sogar falsch angezeigt.

Der einfachste Ausweg aus diesem Dilemma ist die Verwendung der existierenden Standards, also aktuell die Beschränkung auf die Elemente, die in HTML 4 definiert sind. Als Einsteiger sollten Sie diesen Weg wählen.

Für fortgeschrittene Autoren bieten sich zwei weitere Vorgehensweisen an. So können Sie durch die Verwendung von Skripten browserspezifische Elemente dynamisch in der Seite erzeugten – dafür benötigen Sie aber fortgeschrittene Programmierkenntnisse. Oder Sie erstellen jeweils für einen Browser spezialisierte Seiten und konfigurieren Ihren Webserver so, dass er jeweils die für den anfragenden Browser passende Version heraussucht. Hierfür benötigen Sie detaillierte Kenntnisse über Ihren Webserver und die notwendigen Rechte zu seiner Konfiguration.

2 Schnelleinstieg

In diesem Kapitel lernen Sie,

❏ wie eine einfache HTML-Seite aussieht und
❏ wie Sie sie ins Web stellen.

Das Web erlaubt komplexe Darstellungen und Interaktionen. Dennoch ist HTML eine vergleichsweise einfache Technologie, mit der man sehr schnell erste Resultate erzielen kann. Dieses Kapitel zeigt Ihnen einen solchen »Schnellstart«, für den Sie lediglich einen Texteditor, einen Web-Browser und im optimalen Fall einen für Sie zugänglichen Webserver benötigen.

2.1 Ein erstes HTML-Dokument

Bei Webseiten handelt es sich um einfache Textdokumente, die als Klartext vorliegen. Sie können daher einen beliebigen Editor zu ihrer Erstellung verwenden. Achten Sie darauf, dass Sie Dokumente wirklich als reinen Text speichern, also ohne Formatierungsangaben der jeweiligen Textverarbeitung. Unter Windows reicht Ihnen dazu das mitgelieferte Edit oder Notepad, auf einem Macintosh können Sie zu TextEdit greifen und falls Sie unter Unix arbeiten, bieten sich vi oder emacs an. *Textdateien*

Der HTML-Quellcode, den Sie erstellen, besteht aus fortlaufendem Text, in den verschiedene Steueranweisungen – die *Tags* – eingestreut sind. Die Tags umschließen jeweils Abschnitte des fortlaufenden Textes und legen dadurch fest, dass diese Abschnitte beispielsweise besonders dargestellt werden sollen oder eine bestimmte Struktur innerhalb des Dokuments bilden. Die Tags *markieren* also Textteile. Die Menge aller definierten Tags formen zusammen eine Sprache, die *Auszeichnungssprache* (englisch »Markup Language«). Die Sprachen, die in diesem Buch behandelt werden, sind HTML und ihr Nachfolger XHTML. *Tags*

In Abbildung 2.1 auf der nächsten Seite sehen Sie den Quellcode für eine einfache HTML-Seite. Ein Web-Browser wie Netscape stellt die Seite so wie in Abbildung 2.2 auf Seite 9 dar. Mit HTML können Sie nur ungefähre Vorgaben über das spätere Aussehen einer Seite machen. Während Browser für Desktop-Rechner mittlerweile eine recht ähnliche Darstellung durchführen, ergeben sich aber aus möglichen Geräteeigenschaften erhebliche Darstellungsunterschiede. Abbildung 2.3 auf der nächsten Seite zeigt die gleiche Seite im Browser Lynx, der sich auch an Textterminals verwenden lässt. In Abbildung 2.4 auf Seite 10 kam ein Browser für Palm-Handhelds zum Einsatz. Die darin fehlerhaften Umlaute sind durch eine mangelhafte Software verursacht.

```
1  <html>
2  <head>
3  <title>Kraut und Rüben</title>
4  </head>
5  <body>
6  <h1>Willkommen</h1>
7  <p>Wir begrüßen Sie zu unseren Internetangeboten
8   mit <i>frischem</i> Gemüse.</p>
9  <hr size="5">
10 <p>Bei uns erhalten Sie
11 <ul>
12 <li>Kraut</li>
13 <li>Rüben</li>
14 </ul>
15 </p>
16 <hr size="5">
17 <p>Informationen zu Ernährung bietet Ihnen das
18 <a href="http://www.verbraucherministerium.de">Bundesministerium
19 für Verbraucherschutz, Ernährung und Landwirtschaft</a>.
20 </p>
21 </body>
22 </html>
```

Abbildung 2.1
Eine einfache
HTML-Seite

Der Quellcode der Seite gibt Vorgaben über die Darstellung, indem er bestimmte Inhalte entsprechend markiert. Am Beginn einer Seite steht wie im Beispiel die Markierung <html>, die besagt, dass es sich eben um eine HTML-Seite handelt. Alle Auszeichnungsinformationen werden in HTML in solchen spitzen Klammern dargestellt. In Zeile 22 finden Sie das Tag </html>, das die Markierung des gesamten HTML-Textes abschließt. Der / vor dem Tag-Namen kennzeichnet es als Schluss-Tag.

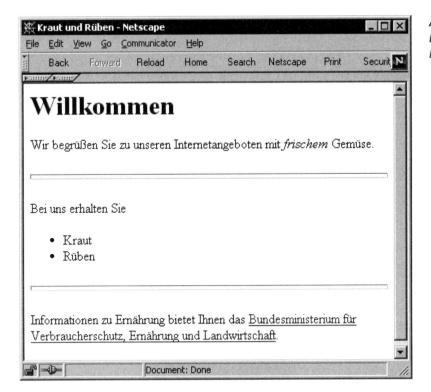

Abbildung 2.2
*Die Beispielseite im
Netscape-Browser*

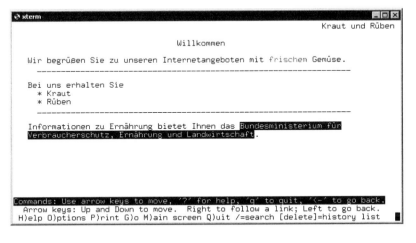

Abbildung 2.3
*Die Beispielseite im
textbasierten
Lynx-Browser*

2.2 Das Beispiel im Detail

Innerhalb der HTML-Seite finden Sie zwei Abschnitte, die von `<head>`
...`</head>` (Zeilen 2 bis 4) und `<body>`...`</body>` (Zeilen 5 bis 21)
umschlossen werden. Innerhalb von `<head>` stehen Informationen über
die Seite, aber noch nicht ihr eigentlicher Inhalt. Im Beispiel enthält der

HTML-Text nur eine Information, nämlich wie der Titel der Seite lautet. Das Tag `<title>` markiert diesen Text »Kraut und Rüben«. Browser stellen diese Information geeignet dar, beispielsweise in der Kopfzeile eines Fensters. Sie wird weiterhin in Bookmarks gespeichert oder von Suchmaschinen angezeigt.

Innerhalb von `<body>` befindet sich der eigentliche Seiteninhalt – im Beispiel handelt es sich um eine Überschrift sowie drei Absätze mit Linien dazwischen.

Überschrift

Für die Überschrift »Willkommen« wird in Zeile 6 die Markierung `<h1>` verwendet, die eine Überschrift höchster Ordnung auszeichnet. Es gibt insgesamt sechs Gliederungsstufen für Überschriften in HTML mit den Tags `<h1>`, `<h2>`, `<h3>`, `<h4>`, `<h5>` und `<h6>`.

Abbildung 2.4
Die Beispielseite in einem Browser für Palm PDAs

Absatz

Es folgt nun der erste Absatz in Zeile 7. Für Absätze sieht HTML die Markierung `<p>...</p>` vor. Der Text darin wird fortlaufend notiert. Das Wort »frischem« soll der Browser nach Möglichkeit kursiv

Kursive Schrift

anzeigen. `<i>...</i>` ist die entsprechende HTML-Markierung dafür. Der Browser wählt die Darstellung nur für den entsprechend ausgezeichneten Abschnitt und fährt danach in normaler Schrift fort. Die Abbildung 2.3 auf der vorherigen Seite zeigt sehr gut, dass solche Markierungen lediglich Hinweise an Browser sind. Ein Textterminal kann in der Regel gar keine kursive Schrift – Lynx verwendet stattdessen eine graue Schrift.

Horizontale Linie

In Zeile 9 markiert `<hr>` eine horizontale Linie. Sie sehen dabei ein weiteres Konzept in HTML – die *Attribute*. Das Tag kann mit Zusatzinformationen versehen werden. Dazu gibt es eine Art Parametername und die Festlegung eines Wertes. Bei Linien kann im Attribut `size` die Höhe der Linie in Pixeln angegeben werden. Unser Beispiel setzt dies auf den Wert 5 fest.

Aufzählung

Im zweiten Absatz zwischen den Zeilen 10 und 15 befindet sich neben Text eine Aufzählung. Die Markierung `<ul>` startet eine Liste mit Aufzählungspunkten und `<li>` beschreibt die jeweiligen Punkte darin.

Es folgt wieder eine dickere Linie (Zeile 16) und der letzte Absatz. In dessen Text ist ein Link eingestreut, also der im Web übliche Verweis auf eine andere Seite. Das HTML-Element `<a>` markiert es in den Zeilen 18 und 19. Es umschließt den Text, auf dem man in der Seite klicken kann, im Beispiel den Namen eines Ministeriums. Das Attribut `href` enthält die URL der Seite, zu der der Browser nach einem Klick wechseln soll.

Die letzten drei Zeilen des Beispiels schließen den Absatz, den Inhaltsteil und die gesamte HTML-Seite ab.

Die beschriebene Seite können Sie auf Ihrer Festplatte speichern und dann als Datei in einen Browser laden. So lassen sich erste Experimente mit HTML machen, ohne dass Sie einen Webserver benötigen.

> **Aufgabe 2–1:** Ändern Sie das Beispiel so ab, dass in der Liste mit Gemüse zusätzlich auch Kartoffeln angeboten werden und dass die zweite Linie 10 Pixel hoch ist.

2.3   HTML-Seiten veröffentlichen

Ihre HTML-Seiten können Sie lokal auf Ihrem Rechner erstellen und testen. Um sie in das Netz zu stellen, brauchen Sie einen Webserver mit ständigem Internetanschluss.

Oftmals bietet sich die Anmietung eines entsprechenden Internetangebots an. Ein Dienstleister sorgt sich in diesem Fall um die Server und deren Netzverbindungen. Sie haben dann Zugriff auf einen bestimmten Datenbereich in dem Sie Ihre HTML-Dateien ablegen. Wie dieses genau funktioniert, erfragen Sie bei Ihrem Anbieter, da es dafür kein allgemeinverbindliches Schema gibt.

Falls Sie selber einen Rechner mit ständigem Internetzugang verwalten, entscheidet die Auswahl der Software für den Webserver das weitere Vorgehen. Sie finden in der jeweiligen Dokumentation die entsprechenden Informationen, wo die HTML-Seiten abgelegt werden und welche Netzadressen sich für sie ergeben.

2.4   Antwort zu der Aufgabe

> **Aufgabe 2–1:**

Sie können dazu nach Zeile 13 ein `<li>Kartoffeln</li>` einfügen. Bei der zweiten Linie in Zeile 16 müssen Sie den Wert des Attributs auf 10 erhöhen, also `<hr size="10">` schreiben.

3 Seitenaufbau

In diesem Kapitel lernen Sie,

❏ wie Text mit HTML ausgezeichnet wird,

❏ wie die Struktur von HTML-Seiten aussieht,

❏ welche Informationen im Kopfteil von Seiten stehen,

❏ wie Sie den Inhaltsteil einer HTML-Seite markieren und

❏ ihn mit Hintergrundgrafik und Farbe versehen.

Die Hypertext Markup Language HTML ist die Sprache, mit der Web- *Auszeichnungssprache*
seiten erstellt werden. HTML ist eine *Auszeichnungssprache*, mit der
Sie lediglich markieren, wie bestimmte Textpassagen aussehen sollen.

Im Gegensatz zu einem What-You-See-Is-What-You-Get-System wie
Word, das Text schon während der Eingabe formatiert, sieht der Autor oder die Autorin einer HTML-Seite nicht, wie der Text dargestellt
aussehen wird. Dies liegt am System des Web: Eine Seite mit Auszeich-
nungsmarkierungen wird ja erst dann formatiert, wenn der Browser des
Lesers sie darstellt. Und es ist auch gar nicht möglich, diese Formatierung vorzugeben, da beim Leser beispielsweise unterschiedliche Fens-
tergrößen oder Zeichensätze das tatsächliche Aussehen bestimmen.

Anders als beispielsweise Word-Dokumente haben HTML-
Seiten kein spezielles Dateiformat, sondern sind einfacher fortlaufender ASCII-Text. Die Verwendung einer Auszeichnungssprache ist notwendig, da ja erst ein Browser die HTML-Seiten bei der Darstellung
formatiert. Durch die ASCII-Darstellung kann man sie problemlos auf
Rechner verschiedenster Architekturen und verschiedenster Prozesso-
ren verbreiten. Gleichzeitig ist so die Erstellung von HTML-Seiten mit
praktisch beliebigen Editoren möglich.

3.1 Tags und Attribute

Eine HTML-Seite besteht aus fortlaufendem ASCII-Text, in dem der *Tags*
eigentliche Inhalt der Seite und die Auszeichnung des Inhalts gemischt

sind. Die Markierung von Textpassagen mit Formatierungskommandos geschieht durch *Tags* (von »Marken«). Alle HTML-Tags werden von den spitzen Klammern < und > eingeschlossen. Ein einfaches Beispiel ist das Tag <hr>, das der Browser als horizontale Linie darstellt. Als *Tag-Namen* bezeichnen wir in diesem Buch die in spitzen Klammern angegebenen Zeichen wie z.B. hr.

Anfangs- und Ende-Tags

Da die Auszeichnung von Textpassagen einen Anfang und ein Ende hat, unterscheidet man zwischen Anfangs- und Ende-Tags. Das Tag <em> leitet beispielsweise eine Hervorhebung ein, die mit dem Ende-Tag </em> beendet wird. Jedes Ende-Tag wiederholt also den Tag-Namen, allerdings mit einem vorangestellten /-Zeichen.

✘ Nicht alle HTML-Tags haben auch ein dazugehöriges Ende-Tag. In XHTML muss aber jedes Element auch geschlossen werden. Daher muss man für XHTML-Seiten immer auch ein passendes Ende-Tag wie </hr> schreiben. Bei Elementen wie hr kann zwischen Start- und Ende-Tag kein Inhalt stehen. Daher ist in XHTML die Kurzform <hr/> vorgesehen, die <hr></hr> entspricht. Ein älterer HTML-Browser wird in diesem Fall aber monieren, dass er das Tag hr/ nicht kennt. Wenn Sie nun ein Leerzeichen geschickt einfügen und <hr /> schreiben, erkennt er den Namen. Wahrscheinlich nimmt der Browser noch an, dass das Attribut / ohne Wert verwendet wird. Er ignoriert es und stellt dann die XHTML-konforme Schreibweise korrekt dar.

Schachtelung

Tags können geschachtelt werden. Wenn also innerhalb einer Hervorhebung Text in Schreibmaschinenschrift dargestellt werden soll, ist

```
<em>Geben Sie <tt>Enter</tt> ein.</em>
```

der entsprechende HTML-Text (<tt> umschließt einen Textteil, der in Schreibmaschinenschrift dargestellt werden soll). Bei dem Beispiel ist aber nicht festgelegt, ob ein Browser das Wort »Enter« in der normalen Variante (Enter) oder zusätzlich hervorgehoben (*Enter*) darstellt.

Alte Browser

Durch die verschiedenen Versionen von HTML und der unterschiedlichen Implementierungen von Browsern könnte es beispielsweise sein, dass Sie ein Tag verwenden, das erst in HTML 4 definiert wurde. Es kommt dann aber nicht zu einer Fehlermeldung bei einem älteren Browser. Generell gilt, Browser ihnen unbekannte Tags ignorieren.

Attribute

Tags können mit zusätzlichen Informationen versehen werden, die man *Attribute* nennt und nach dem Namen des Start-Tags aufschreibt. So stellt das Tag <img> eine Grafik dar. Eine notwendige Information ist deren Dateiname, den das Attribut src enthalten muss. Den Wert eines Attributs gibt man nach seinem Namen und dem Zeichen = an:

```
<img src="karte.gif">
```

Attributwerte

Es gibt verschiedene Arten von Werten, die ein Attribut annehmen kann. Im Beispiel ist es eine Zeichenkette, die mit " eingeschlossen ist.

Es kann sich aber auch um symbolische Werte (englisch »Token«) handeln, wie in `<img src="logo.gif" align="middle">`, um Zahlen – z.B. `<hr size="3">` – oder um andere Werte – z.B. `<hr width="50%"`. Welche Attribute für welches Tag erlaubt sind, ist Bestandteil der HTML-Definition. Welche Attribute auch tatsächlich verarbeitet werden, hängt von der Browser-Implementierung ab. Auch hier gilt, dass Browser ihnen unbekannte Attribute bei der Darstellung ignorieren.

In XHTML muss jeder Attributwert von Anführungszeichen umschlossen sein. Bei HTML galt diese strenge Regelung noch nicht. ✗

Die Anführungszeichen können doppel (`"`) oder einfach (`'`) sein. ✗
Versuchen Sie, Ihre Seiten konsistent in einer Schreibweise zu halten.

Der Wert `50%` ist eine Längenangabe – im Beispiel beschreibt er die Breite einer horizontalen Linie. Längenangaben als Werte von Attributen können verschiedene Formen annehmen:

❑ `width="34"`: Längenangabe in Pixel durch eine ganze Zahl.

❑ `width="50%" height="40%"`: Längenangaben relativ zur Fensterbreite oder -höhe, beziehungsweise der Breite oder Höhe des umgebenden HTML-Elements – innerhalb einer Tabelle bezeichnet `width="50%"` die halbe Breite der Tabellenspalte.

❑ `width="1.5in"`: Längenangabe durch eine Fließkommazahl mit Längeneinheit. Diese Form wird noch nicht von vielen Browsern unterstützt. Vorgesehene Längeneinheiten sind `pt` für die typografische Länge Punkt, `pi` für die typografische Länge Pica, `in` für Zoll (von »Inch«) und `cm` für Zentimeter. Dabei gelten die Verhältnisse 72pt = 6pi = 1in = 2.54cm.

Schließlich gibt es auch Attribute, denen kein Wert zugeordnet ist, beispielsweise `<hr noshade>`. Formal ist dies bis HTML 4 möglich, weil bei einem Attribut, dessen Wert gleich dem Attributnamen ist, dieser weggelassen werden kann. `noshade` ist also formal eine Abkürzung für `noshade="noshade"`. *Attribute ohne Wert*

Mit der durch XHTML eingeführten XML-Schreibweise ist diese Abkürzung nicht mehr zulässig. Hier müssen alle Attribute auch einen Wert tragen. Daher ist mittlerweile `noshade="noshade"` die korrekte und einzig zulässige Schreibweise.

Bevor HTML an XML angepasst wurde, war die Groß- und Kleinschreibung von Tag- und Attributnamen sowie Token-Werten gleichwertig. `Align="MIDDLE"` war also gleich mit `aLiGn="mIdDlE"`. Mit XHTML hat sich dies grundlegend verändert: Hier gilt verbindlich die Schreibweise, die im Standard festgelegt ist. Für XHTML ist das fast immer die Verwendung von Kleinschreibung; hier sind also die Attributnamen `Align` und `aLiGn` beide nicht korrekt, weil `align` die verbindliche Schreibweise ist. Ebenso sind auch `MIDDLE` oder `mIdDlE` nirgends als Attributwerte vorgesehen, sondern ausschließlich `middle`. *Groß- und Kleinschreibung*

Aufgabe 3–1: Wie viele Fehler sind in dem folgenden HTML-Quelltext zu erkennen?

```
<HtML>
<title>Meine Homepage</TITEL>
<body>
Das ist <b>meine <i>Homepage</b></i>.
```

Da HTML eine Auszeichnungssprache ist, hat das Layout des HTML-Textes keinen direkten Einfluss auf die spätere Darstellung. Dementsprechend werden Leerzeichen und Zeilenumbrüche als Worttrenner interpretiert, an denen ein Browser beispielsweise eine neue Zeile in der Darstellung beginnen kann. In Kapitel 20 auf Seite 247 finden Sie eine Reihe von Hinweisen mit weiteren Details dazu

Innerhalb von HTML-Seiten sind auch Kommentare möglich. Sie werden mit `<!-- Kommentar -->` eingeschlossen. Alternativ dazu kann man das Tag `<comment>...</comment>` verwenden, um einen auszukommentierenden Bereich zu markieren.

`<!-- -->`

`<comment>`

Aufgabe 3–2: Macht dieses HTML-Fragment Probleme? Welche?

```
<b>Das ist
<!-- meine Homepage
<!--
Version 1
-->
-->
mein Web-basiertes Informationssystem</b>.
```

3.2   Aufbau von HTML-Seiten

Jede HTML-Seite hat dieselbe Struktur:

```
<!DOCTYPE HTML
 PUBLIC "-//W3C//DTD HTML 4.01 Transitional//EN">
<html>
<head>
Kopfinformationen
</head>
<body>
Seiteninhalt
</body>
</html>
```

Die erste Zeile bildet das Bindeglied zwischen SGML und HTML. Sie besagt, dass der folgende Text ein SGML-Dokument nach der HTML-4.0-Spezifikation ist. Das `<!DOCTYPE>`-Tag beschreibt, von welcher Art der folgende Text ist. Wenige Browser verarbeiten dieses Tag überhaupt; dennoch sollten Sie hier vermerken, welche Version von HTML Sie verwenden. Die Abbildung 3.1 zeigt mögliche Werte.

`<!DOCTYPE>`

Bezeichner	HTML Version
`"-//W3C//DTD HTML 4.01//EN"`	Kern von HTML 4
`"-//W3C//DTD HTML 4.01 Transitional//EN"`	HTML 4 plus alte Tags
`"-//W3C//DTD HTML 4.01 Frameset//EN"`	HTML 4 mit alten Tags und Framesets
`"-//W3C//DTD XHTML 1.0 Strict//EN"` `"DTD/xhtml1-strict.dtd"`	Kern von XHTML
`"-//W3C//DTD XHTML 1.0 Transitional//EN"` `"DTD/xhtml1-transitional.dtd"`	XHTML plus alte Tags
`"-//W3C//DTD XHTML 1.0 Frameset//EN"` `"DTD/xhtml1-frameset.dtd"`	HTML mit alten Tags und Framesets

Abbildung 3.1
Werte für
`<!DOCTYPE>`

Das Tag `<html>` zeichnet den gesamten Text als HTML-Seite aus. Die Seite besteht aus einem Kopfteil, in dem Informationen über die Seite stehen, und dem Inhaltsteil, in dem sich die dargestellten Informationen befinden. Die Tags `<head>...</head>` (von »header«) und `<body>...</body>` (von »Körper«) zeichnen diese Teile aus.

`<html>`

`<head>`

`<body>`

✗

Das `<html>`-Tag ist technisch nicht notwendig und Browser werden Ihren Inhalt meistens auch ohne diese Auszeichnung darstellen. Dennoch sollten Sie es immer verwenden, um korrekte HTML-Seiten zu schreiben.

Die Tags von HTML lassen sich unterscheiden in solche, die nur im Kopfteil vorkommen können, und solche, die für den eigentlichen Inhalt vorgesehen sind. Man muss sich an diese Zuordnung halten und darf Tags für Kopfinformationen nicht im Seiteninhalt verwenden.

3.3 Der Kopfteil einer HTML-Seite

Verschiedene HTML-Tags sind nicht zur Darstellung im Browserfenster gedacht und werden im Kopfteil der Seite innerhalb der Markierung `<head>...</head>` notiert. Die so ausgezeichneten Informationen sollen browserintern oder in Suchmaschinen verwendet werden. In diesem Abschnitt lernen Sie die Tags kennen, die ein Browser verwenden kann Grundlegend wichtig ist dabei das Tag `<title>`, das Sie im nächsten

Absatz beschrieben finden. Als Einsteiger können Sie für den Anfang die anderen danach beschriebenen Tags überspringen. Im Abschnitt 3.4 auf Seite 20 erfahren Sie dann mehr über die so genannten Metainformationen, die ebenfalls in den Kopfteil einer Seite gehören.

Wirklich notwendig und seit HTML 3.2 als einziges Tag formal im Kopfteil vorgeschrieben ist die Auszeichnung des Seitentitels. Es lautet `<title>`...`</title>`. Browser stellen den so markierten Text zumeist als Fenstertitel dar. Innerhalb des Titels können auch Sonderzeichen vorkommen, sie werden fast immer korrekt wiedergegeben.

`<title>`

✗   Im Titel darf allerdings keine weitere Textauszeichnung verwendet werden. Es ist beispielsweise nicht möglich, Teile des Titels mit Tags hervorzuheben.

✗   Es gibt verschiedene Suchindizes im Web, in denen Sie nach Schlüsselwörtern suchen lassen können und eine Liste passender Dokumente erhalten. Viele dieser Systeme analysieren dazu automatisch den Titel von Web-Dokumenten. Machen Sie den Titel also aussagekräftig und halten Sie ihn kurz – maximal 64 Zeichen gelten als Richtwert.

Der Bezeichner `title` kommt übrigens nicht nur als Tag im Seitenkopf vor: In HTML 4 ist es als Attribut innerhalb von fast allen HTML-Tags vorgesehen. Mit ihm können Sie einzelnen Textstrukturen einen Titel geben, den der Browser geeignet darstellen kann. Implementierungen, die dies ausnutzen, sind allerdings noch nicht vorhanden.

Das nächste Tag aus dem Kopfteil, das sie kennen sollten, gibt zusätzliche Auskunft über die tatsächlich Web-Adresse einer Seite. Verweise auf Grafiken und andere Dokumente kann man in HTML-Seiten relativ zur Position der Seite angeben, die sie enthält (siehe den Abschnitt 5.5 auf Seite 63). Weiter oben gaben wir ein Beispiel an für eine Seite mit einem Verweis auf eine Grafik: `<img src="karte.gif">`. Wenn diese Seite die URL *http://info.berlin.de/start/index.html* hat, ist die eindeutige Adresse der Grafik *http://info.berlin.de/start/karte.gif*.

Relative Adressen

Wir verwenden in den Beispielen die Rechneradresse info.berlin.de. Dieser Name ist rein fiktiv.

Speichert man nun diese Seite im Quelltext auf seiner eigenen Maschine oder verschickt sie per E-Mail, so ist die Information über die ursprüngliche Lage des Dokuments nicht mehr vorhanden. Speichert man sie unter *http://meinserver.de/kopien/berlin/index.html*, greift der Browser auf die Grafik über *http://meinserver.de/kopien/berlin/karte.gif* zu. Dann ist diese Adresse aber falsch.

`<base>`

Um dieses Problem zu umgehen, lässt sich in dem Tag `<base>` die ursprüngliche Lage des Dokuments in den Kopfinformationen vermerken. Dies geschieht durch die Angabe der Web-Adresse als Wert des Attributs `href`. Das Listing in Abbildung 3.2 auf der nächsten Seite zeigt einen Ausschnitt aus einer HTML-Seite.

In ihr befindet sich ein Verweis auf die Seite `search.html`. Dieser Verweis ist aber keine vollständige Internetadresse, sondern relativ zur Position des Dokuments, in dem sie steht. Mit dem Tag `<base>` kann

```
<!DOCTYPE HTML PUBLIC "-//IETF//DTD HTML//2.0//EN">
<html><head>...
<base href="http://info.berlin.de/start/index.html">
</head>
<body>
...
<a href="search.html">..</a>
...
</body></html>
```

Abbildung 3.2
Eine Seite mit
`<base>`

man aus dem Dokument alleine einen vollständigen Verweis ablesen, nämlich *http://info.berlin.de/start/search.html*.

Ein Browser kennt die Lage des Dokuments, das er anzeigt. Wird die Beispielseite aber per E-Mail verschickt, dann wäre ohne das `<base>`-Tag der Verweis nach `search.html` nicht mehr benutzbar, da er ja keine vollständige URL darstellt. Da aber die ursprüngliche Lage der Seite im Dokument selber bekannt gemacht wird, kann der vollständige Verweis zusammengesetzt werden.

Ein weiteres Tag aus dem Kopfteil sollten Sie kennen, wenn Sie einen HTML-Editor zur Erstellung von Seiten verwenden. Dieser Editior kann nämlich – beispielsweise für das Ziel eines Links – symbolische Namen vergeben. Wenn eine Seite später erneut editiert werden soll, muss bekannt sein, welche Namen schon vergeben wurden. Dazu kann das Tag `<nextid>` im Kopf verwendet werden, das im Attribut n einen Zähler enthält.

Symbolische Namen

`<nextid>`

Das folgende Beispiel zeigt die dargestellten Tags im Kopfteil einer Seite.

```
<!DOCTYPE HTML PUBLIC "-//IETF//DTD HTML//2.0//EN">
<html>
<head>
<title>Berlin Informationen</title>
<base href="http://www.info.berlin.de/index.html">
<nextid n="A12">
</head>
<body>
...
</body>
</html>
```

Abbildung 3.3
Kopfinformationen
in einer Seite

Das letzte Tag, das in diesem Abschnitt vorgestellt wird, betrifft Webseiten, mit denen Anfragen in Datenbanken gestellt werden können. Auf einer solchen Seite kann der Browser automatisch ein Eingabefeld für eine Suchanfrage darstellen, wenn Sie im Kopf das `<isindex>`-Tag

Datenbankanfragen

`<isindex>`

verwenden. Mehr zu solchen Anfragen finden Sie im Kapitel 18 auf Seite 225.

In HTML 3.2 ist für `<isindex>` das Attribut `prompt` vorgesehen, in dem der Text der Eingabeaufforderung festgelegt werden kann.

```
<html><head>
<title>Suche</title>
<isindex prompt="Begriff: ">
</head><body>
...
</body></html>
```

Abbildung 3.4
Das `<isindex>`-*Tag*

Wenn ein Dokument, das eine Liste von Straßennamen enthält, unter der URL *http://info.berlin.de/strassen.html* abgelegt ist und das `<isindex>`-Tag im Kopfteil hat, erscheint ein Eingabefeld in der Seitendarstellung. Gibt man dort beispielsweise den Suchbegriff `Tegel` ein, fordert der Browser nach der Eingabebestätigung die Seite *http://info.berlin.de/strassen.html?Tegel* an. Diese Seite erzeugt der Webserver dynamisch, indem er seine Datenbank nach dem Suchbegriff abfragt. Um dies zu tun, muss es sich bei *http://info.berlin.de/strassen.html* allerdings um die URL eines Skripts handeln, das auch schon die erste Seite erzeugt hatte. Die Verwendung von `<isindex>` in normalen Dokumenten macht also keinen Sinn.

`<isindex>` ist einerseits ein sehr einfaches und effektives Mittel, Interaktivität und den Zugriff auf Datenbanken über Web-Seiten zu ermöglichen. Auf der anderen Seite bieten Formulare (siehe Kapitel 6 auf Seite 67) erheblich bessere Darstellungs- und Eingabemöglichkeiten. In HTML 4 wird aus diesem Grund von der Verwendung des Tags abgeraten und angekündigt, dass es eines Tages nicht mehr zu HTML gehören wird. Da aber auch heute noch viele Seiten `<isindex>` verwenden und es für Sie als Einsteiger ein sehr direkter Weg zu Interaktivität auf Webseiten ist, haben wir es an dieser Stelle behandelt.

3.4 Informationen über Seiten

Eine Webseite enthält Informationen, die der Leser der Darstellung direkt entnimmt. Daneben gibt es auch Informationen *über* diese Seite – die *Metainformationen*, beispielsweise der Autor der Seite oder eine Inhaltszusammenfassung. Die Tags und Attribute, die man hierzu einsetzen kann, stehen wie die Tags aus Abschnitt 3.3 auf Seite 17 im Kopfteil einer HTML-Seite.

Auch hier handelt es sich wieder um ein Thema für Fortgeschrittene, das nicht ganz einfache technische Ansätze beinhaltet. Wenn Sie schnell zur Gestaltung des Inhalts von Webseiten gelangen wollen, können Sie diesen Abschnitt überspringen und vielleicht später zurückkehren.

Metainformationen sind einer der potenziellen Schlüssel, um im Web Informationen treffgenau und umfassend zu ermitteln. Metainformationen sind nicht Bestandteile der Inhalte von Seiten. Ein Beispiel ist der Seitentitel, der nur im Kopfteil angegeben wird und nicht auf der Seite selber steht. In HTML werden alle Metainformationen mit verschiedenen Tags immer im Kopfteil der Seite notiert.

Metainformationen immer im Kopfteil der Seite

In HTML ist das `<meta>`-Tag vorgesehen, um Metainformationen zu notieren. Üblicherweise erzeugt es keine Darstellung, sondern wird vom Browser oder von Suchmaschinen ausgewertet. `<meta>` hat zwei Aufgaben: Die Notation von inhaltsorientierten und protokollorientierten Metainformationen.

`<meta>`

3.4.1 Inhaltsorientierte Metainformationen

Wenn Sie im Web mit einer Suchmaschine arbeiten, können Sie lediglich nach Bestandteilen des Inhalts von HTML-Seiten fragen. In einem gefundenen Dokument taucht das Suchwort dann wörtlich auf. Aber sehr komfortabel ist dies nicht: Wenn Sie nach Informationen beispielsweise zu Grafikkarten für Ihren PC suchen, müssten Sie komplexe Ausdrücke formulieren, um Suchwörter wie »Videokarte«, »Grafikadapter«, »Diamond Stealth« zu finden.

Aber selbst mit einem solchen Ausdruck werden nicht wirklich sämtliche Seiten mit Informationen zu Grafikkarten gefunden. Darüber hinaus wird das Suchergebnis auch auf Seiten mit Macintosh-Grafikkarten verweisen.

Eigentlich wollen Sie also nicht nach Teilwörtern suchen, sondern sind an einem Thema interessiert. Nun ist es aber heute praktisch unmöglich, in vertretbarer Zeit mit gutem Ergebnis den Inhalt einer Seite thematisch zu analysieren.

Daher müssen die Autoren von Seiten diese Metainformation liefern. In HTML ist zu diesem Zweck `<meta>` vorgesehen. Es kennt zwei Attribute: In `name` ist der Name der Metainformation enthalten – beispielsweise mit dem Wert `Author` für den Autoren – und in `content` dessen Inhalt – der Autorenname.

Abbildung 3.5 auf der nächsten Seite zeigt eine Reihe von Schlüsselwörter und ihre Bedeutung, mit denen Sie Metainformation vermerken können.

Das `name`-Attribut von `<meta>`

`Description` und `Keywords` werden von vielen Suchmaschinen beachtet und erlauben es Ihnen, auf einfache Weise Einfluss auf Ihr Erscheinungsbild im Web zu nehmen.

Abbildung 3.5
Verbreitete Werte
für name *bei* <meta>

Schlüsselwort	Inhalt von content
Keywords	Liste von durch Kommata getrennten Schlüsselwörtern, die die Suchmaschinen für dieses Dokument verwenden sollen.
Description	Textuelle Beschreibung des Dokuments, die die Suchmaschinen für dieses Dokument anzeigen sollen.
Classification	Klassifikation des Dokuments in eine Inhaltskategorie.
Author	Autor des Dokuments.
Generator	Name des HTML-Editors, mit dem das Dokument erstellt wurde.

Keine Standards

Es gibt allerdings keine standardisierte Definition dieser Namen und Bedeutungen. Man kann nur darauf hoffen, dass der gewählte Satz von Schlüsselwörtern auch beispielsweise von Suchmaschinen verstanden wird. Die Suchmaschine Fireball (*www.fireball.de*) erlaubt es beispielsweise, nach solchen Metainformationen gezielt zu suchen. *http://www.fireball.de/Fireballhilfe/Profihilfe/datenmetasuche.html* beschreibt die entsprechende Suchmöglichkeit. Für Seitenanbieter kann man über *http://rubriken.fireball.de/Suchen%20%26%20gefunden %20werden/Infos/metataggenerator.html* automatisch die entsprechenden Tags erzeugen lassen.

Das
profile-Attribut
von <head>

Nun kann es aber Suchmaschinen geben, von denen eine die Autoreninformation unter dem Namen Autor erwartet, während die andere Author verarbeitet. Als Ausweg aus dieser Situation ist in HTML 4 das Attribut profile bei <head> vorgesehen.

Wenn ein Seitenanbieter für seine Metainformationen beispielsweise immer die Schlüsselwörter Autor, Datum und Titel verwendet, kann er mit dem profile-Attribut einen Verweis auf eine Seite geben, auf der er sein Schema beschreibt:

```
<head profile=
     "http://mein.server.de/profiles/meinschema">
```

Der Wert des Attributs ist also eine URL, die die Beschreibung eines solchen Profils enthält. Allerdings ist das Format dieser Beschreibung nicht standardisiert. Es ist also einem Browser oder einer Suchmaschine überlassen, was er oder sie damit anfängt.

Aber auch damit ist die Metainformation noch nicht eindeutig. So gibt es beispielsweise sehr viele so genannte Thesauri – Wortsammlungen und Begriffshierarchien – aus den verschiedensten Bereichen, die einen Satz von Schlüsselwörtern für Inhaltsbeschreibungen festlegen. Welche Wörter sind in `Keywords` aber erlaubt? Welche Werte darf `content` also annehmen?

Auch dafür versucht HTML 4 mit dem Attribut `scheme` vom Tag `<meta>` einen Ausweg zu bieten. Sein Wert ist eine Zeichenkette, die ein Schema beschreibt, nach dem sich der Inhalt richten muss.

Das `scheme`*-Attribut von* `<meta>`

Wenn im Profil also vorgesehen ist, dass eine ISBN-Nummer als Metainformation unter dem Namen `identifier` angegeben werden soll, dann kann zusätzlich so vermerkt werden, dass es sich um eine ISBN-Nummer in deren speziellen Format handelt. Das HTML-4-Dokument gibt folgendes Beispiel:

```
<meta scheme="ISBN" name="identifier"
 content="0-8230-2355-9">
```

Mit `<meta>` lassen sich inhaltsorientierte Informationen nur eingeschränkt notieren. So kann man für die Autorenschaft sicherlich einen Namen im `content`-Attribut notieren, wirklich beschrieben ist der Autor dadurch aber nicht. Besser wäre ein Verweis auf seine Homepage über die sich weitere Informationen ermitteln lassen.

Verweise auf andere Seiten

Zur Beschreibung von inhaltlichen Beziehungen zwischen einer Seite und weiteren anderen, kann man seit HTML 3.2 im Kopfteil das `<link>`-Tag verwenden. Es hat die folgenden Formen:

`<link>`

```
<link rel="Relation" href="Seitenadresse">
 title="Beschreibung">

<link rev="inverse Relation" href="Seitenadresse"
 title="Beschreibung">
```

Für *Relation* werden verschiedene Bezeichnungen vorgegeben. Der Unterschied zwischen `rel` und `rev` besteht in der »Richtung« der Beziehung. Mit

```
<link rel="Glossary" href="Seitenadresse">
```

beschreibt man die Art des in `href` vermerkten Links aus diesem Dokument heraus. Im Beispiel handelt es sich um einen Verweis *auf* ein Glossar zu Begriffen der aktuellen Seite. Umgangssprachlich drückt man dies so aus: »Bei `href` steht das Glossar für dieses Dokument«. In der Seite des Glossars kann man mit

```
<link rev="Glossary" href="Seitenadresse">
```

eine Beziehung *zurück* auf das erste Dokument vermerken. Umgangssprachlich drückt man aus »`href` verwendet dieses Glossar«.

Im Attribut `title` kann man den Titel des verwiesenen Dokuments angeben – der Browser würde ihn ja erst nach dem Laden über das Netz kennen. Die Idee der `<link>`-Einträge ist, die Bedeutung von Bezügen zwischen Dokumenten auszuzeichnen. Ein Browser könnte entsprechende Buttons erzeugen, über die man entsprechend den Werten von `<link>` auf andere dazugehörige Seiten kommt. Darüber hinaus gibt `<link>` Auskünfte über die inhaltliche Struktur eines Informationssystems, die sich für eine automatische Verarbeitung sehr gut eignen.

Die Definition von HTML 3.2 schlägt die in Abbildung 3.6 aufgelisteten Werte für `rel` vor, die – mit »umgekehrter« Bedeutung – auch für `rev` verwendet werden können.

Abbildung 3.6
Vorgesehene Werte
für `rel` *und* `rev`
(die Erklärung gilt
für `rel`*)*

In HTML 3.2 definiert	
`contents`	Verweis auf eine Seite mit dem Inhaltsverzeichnis
`top`*	Verweis auf die Eingangsseite einer Seitengruppe
`next`	Verweis auf die inhaltlich nächste Seite
`previous`	Verweis auf die inhaltlich vorhergehende Seite
`help`	Verweis auf eine Hilfeseite
`search`*	Verweis auf eine Suchseite
`index`	Verweis auf eine Registerseite
`glossary`	Verweis auf eine Glossarseite
`copyright`	Verweis auf einen Urhebervermerk
Zusätzlich in HTML 4 definiert	
`start`	Verweis auf die Startseite eines Informationssystems
`bookmark`	Verweis auf einen Verweis auf eine Startseite
`stylesheet`	Verweis auf ein Stylesheet
`alternate`	Verweis auf eine andere Version desselben Inhalts, beispielsweise in einer anderen Sprache

*In HTML 4 nicht mehr vorgesehen

Zurzeit werden diese Beziehungen allerdings praktisch von keinem Browser genutzt. Ausnahmen bilden zwei spezielle, zusätzliche Werte:

❑ Beim Browser Lynx kann man dem Autor oder der Autorin einer Seite eine E-Mail schicken, wenn in dieser Seite ein `<link rev= "made" href="mailto:`*e-mail Adresse*`">` vorkam. Dabei gibt man mit `rev` an, dass die Seite von dem über `href` erreichbaren Autor erstellt wurde.

❑ Mit Stylesheets – beschrieben in Kapitel 13 auf Seite 153 – lassen sich Vorgaben über Feinheiten der Darstellung einer Seite durch den Browser machen. Mit `<link rel="stylesheet" href= "`*Stylesheet-Datei*`">` kann angegeben werden, welches Stylesheet zu der aktuellen Seite gehört.

Aufgabe 3–3: Welche der beschriebenen Elemente können sinnvollerweise mehrfach innerhalb von `<head>...</head>` auftreten?

Neben den bisher genannten inhaltsorientierten Tags können im Kopfteil einer Seite nach dem HTML-3.2-Standard noch zwei weitere stehen. `<style>` dient der Einbettung von Stylesheets – in Kapitel 13 auf Seite 153 lernen Sie mehr darüber. Mit `<script>` wird ein Mechanismus zur Einbettung ausführbarer Programme auf einer Seite geschaffen, den Sie in Abschnitt 22.3 auf Seite 269 genauer beschrieben finden.

`<style>`
`<script>`

3.4.2 Protokollorientierte Metainformationen

In Kapitel 17 auf Seite 207 beschreiben wir das Protokoll HTTP. Zur Beschreibung des Mechanismus für protokollorientierte Metainformation ist an dieser Stelle ein kleiner Vorgriff darauf notwendig. Mit HTTP werden Informationen zwischen Server und Browser ausgetauscht. Der Browser fordert eine Seite an und der Server schickt sie in einem bestimmten Format zurück. Seine Antwort wird eingeleitet von einer Reihe von Kopfzeilen, die den Inhalt beschreiben und der eigentlichen HTML-Seite vorangestellt sind. So wird bei einer normalen HTML-Seite vom Server zunächst durch die Zeile `Content-Type: text/html` ausgedrückt, dass eine HTML-Seite folgt.

Es gibt eine Reihe solcher Kopfzeilen, die in HTTP immer vorkommen. Nun kann es sein, dass man für bestimmte HTML-Seiten zusätzlich einige Kopfzeilen bei der Antwort des Servers erzwingen will. Dies kann sinnvoll sein, wenn man neben den Standardeinstellungen des Servers weitere Informationen liefern will oder die in Abschnitt 17.7 auf Seite 221 beschriebenen Push- und Pull-Mechanismen benutzt.

Für eine solche Zeile verwendet man auch das Tag `<meta>`, allerdings mit dem Attribut `http-equiv` anstelle von `name`. Im Beispiel oben haben Sie gesehen, dass die Kopfzeilen das Format *Name: Information* haben. Für eine solche Zeile gibt `http-equiv` *Name* vor, während `content` *Information* liefert. Ein Beispiel dazu ist:

```
<meta http-equiv="Expires"
  content="Tue 24 Sep 2002 00:00:00 GMT">
```

Beim Abschicken einer solchen Seite setzt der Server als Kopfzeile

```
Expires: Tue 24 Sep 2002 00:00:00 GMT
```

ab. Sie könnte bewirken, dass spätestens am 24. September 2002 diese Seite aus dem Cache des Browsers automatisch entfernt wird.

Es kann auch andere Informationen geben, die nicht durch HTTP ausgetauscht werden, sondern nur im Kopfteil der HTML-Seite stehen sollen. In diesem Fall ersetzt das Attribut `name` das `http-equiv`-Attribut. Es gibt momentan keinen Standard, welche Metainformationen unter welchem Namen wie verwendet werden. Abbildung 3.7 enthält eine Liste der gebräuchlichsten Namen. In Kapitel 17 auf Seite 207 finden Sie weitere Einsatzmöglichkeiten für dieses Tag.

Abbildung 3.7
Verbreitete Werte
für `http-equiv` *bei*
`<meta>`

Schlüsselwort	Inhalt von `content`
`Expires`	Datum, an dem das Dokument aus Caches gelöscht werden soll, in den Formaten, die Sie in Abschnitt 17.1 auf Seite 209 dargestellt finden.
`Refresh`	Zeit und Ziel des automatischen Neuladens des Dokuments beim Client-Pull-Mechanismus (siehe Abschnitt 17.7 auf Seite 221).
`Content-Type`	MIME-Inhaltstyp der Seite (siehe Abschnitt 17.6 auf Seite 220). Zugleich kann das Attribut `charset` benutzt werden, um den verwendeten Zeichensatz anzugeben.
`Pragma` `Cache-Control`	`no-cache` verhindert jeweils, dass diese Seite bei einem Proxy oder im Browser in einem Cache zwischengespeichert wird.
`PICS-Label`	Inhaltsbewertung nach dem PICS-Schema.

3.5   Der Inhaltsteil einer HTML-Seite

`<body>`

Der eigentliche Inhalt einer Seite folgt auf den Kopfteil und ist in HTML vom Tag `<body>...</body>` umschlossen. Seit HTML 3 kann das `<body>`-Tag verschiedene Attribute tragen.

Im `lang`-Attribut von `<body>` kann z.B. ein Kürzel vermerkt sein, das die Sprache angibt, in der die Seite geschrieben ist. Browser können dieses Attribut auswerten, um beispielsweise eine entsprechende Worttrennung durchzuführen. Die verwendbaren Codes richten sich nach der ISO-Norm 639. Für deutschsprachige Texte steht hier `de`.

In HTML 4 ist die Auszeichnung von Texten in verschiedenen Sprachen noch feiner möglich. Die entsprechenden Tags und Attribute dazu finden Sie in Abschnitt 4.4 auf Seite 42 beschrieben.

Weitere Attribute des `<body>`-Tags steuern Hintergrundgrafiken, Farben und Musik und werden in den folgenden Abschnitten 3.6 bis 3.8 beschrieben.

3.6   Hintergrundgrafiken

Im Attribut `background` bei `<body>` kann man eine Grafik angeben, die als Hintergrund für die Seite vom Browser angezeigt werden soll.

Dabei wiederholt der Browser diese Grafik in einem Kachelmuster. Als
Beispiel soll die Datei `stargold.gif` eine kleine Grafik enthalten:

Verwendet man sie in einer Seite mit dem Tag `<body background="`
`stargold.gif">`, dann stellt ein Browser das Hintergrundmuster wie
in Abbildung 3.8 dar. Die Grafik sollte möglichst klein sein, da sie sonst
die Übertragungszeit für die Seite erhöht.

Abbildung 3.8
*Ein
Hintergrundmuster*

Der Internet Explorer erkennt das Attribut `bgproperties` bei
`<body>`. Es kann momentan nur den Wert `fixed` annehmen. Ist es ge-
setzt, dann steht das angegebene Hintergrundbild unbeweglich wie ein
Wasserzeichen auf der Seite und wird beim Scrollen nicht mitbewegt.

Bei geschicktem Einsatz der Grafik lassen sich interessante Hinter-
gründe erstellen. In Abbildung 3.9 sehen Sie zwei Seiten, die die folgenden Grafiken als Hintergrund haben:

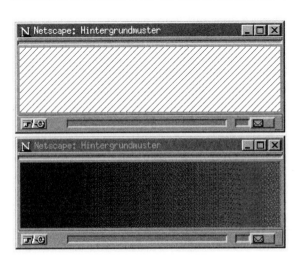

Abbildung 3.9
*Effekte mit
Hintergrundmustern*

Aufgabe 3–4: Mit welcher Grafik kann folgendes Hintergrundmuster erzeugt werden?

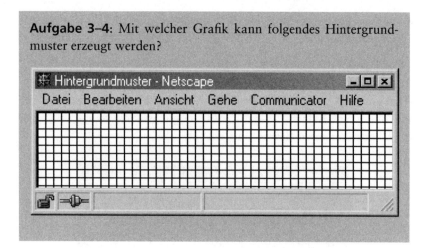

3.7   Farben in HTML

Bei verschiedenen Tags in HTML gibt es Attribute, die die Farbgebung der Darstellung beeinflussen. Beispielsweise kann man anstelle eines Hintergrundmusters eine Hintergrundfarbe im Attribut `bgcolor` von `<body>` festlegen. Um solchen Attributen Werte zu geben, ist eine Notation für Farben in HTML notwendig.

RGB-Kodierung   Farbwerte werden dabei nach RGB-Kodierung in hexadezimaler Schreibweise angegeben. RGB steht für »Rot-Grün-Blau« und ist ein verbreitetes Farbmodell. Eine RGB-Farbe besteht aus drei Anteilen, die eine Farbmischung aus den Farben Rot, Grün und Blau beschreiben. Sind beispielsweise sämtliche Farbanteile gleich null, ist damit Schwarz beschrieben. Die Farbe Rot hat einen maximalen Rotanteil und keine Grün- oder Blauanteile.

Hexadezimale   Hexadezimale Schreibweise bedeutet, dass es für die Zahlendarstel
Schreibweise   lung 16 »Ziffern« gibt. In der normalen dezimalen Schreibweise kennen wir 10 Ziffern von 0 bis 9. In »hexadezimal« zählt man mit Buchstaben weiter: Auf die 9 folgt das A und die sechzehnte »Ziffer« ist das F.

In hexadezimaler Schreibweise lassen sich somit durch jeweils zwei Ziffern aus 0 bis 9 und A bis F Werte von 0 bis 255 darstellen, wobei 255 als FF kodiert ist. Die dezimale 80 stellt man hexadezimal als 50 dar, aber auch die 180 braucht nur zwei Zeichen, nämlich B4.

In HTML werden die genannten Farbanteile in Schritten von 0 bis 255 unterschieden, wodurch man auf insgesamt 16 777 216 unterschiedliche Farbtöne kommt. Die drei Anteile lassen sich jeweils als hexadezimale Zahlen darstellen – man benötigt also immer sechs Ziffern für eine Farbe. Ein Farbwert für ein Attribut wird in der Schreibweise #*RRGGBB* notiert, womit die Farbe Blau beispielsweise durch #0000FF beschrieben ist. Weiß entspricht #FFFFFF und Schwarz stellt man als #000000 dar.

Mit HTML 3.2 wurde sechzehn Farbnamen definiert, mit denen man sich ein Teil der umständlichen Rot-Grün-Blau-Notation ersparen kann. Diese Namen kann man als Wert für die Farbattribute verwenden. Neben <body> betrifft dies <font> und <hr> sowie die Tags für den Tabellensatz.

Kürzel	Farbe	Kürzel	Farbe
aqua	Wasserblau	navy	Marineblau
black	Schwarz	olive	Olivgrün
blue	Blau	purple	Violett
fuchsia	Pink	red	Rot
gray	Grau	silver	Silber
green	Grün	teal	Blaugrün
lime	Zitronengelb	white	Weiß
maroon	Kastanienbraun	yellow	Gelb

Abbildung 3.10
Definierte Farben

Einige Browser verstehen neben diesen in HTML 3.2 standardisierten Farben noch eine Reihe weiterer Farbnamen. Allerdings sind diese Namen plattformabhängig. Während ein Browser unter Unix die dort üblichen Namen der grafischen Oberfläche X Window versteht, ist nicht garantiert, dass auf einem Windows-Browser der Farbwert beachtet wird.

Will man die Farben in der RGB-Notation auswählen, so wird man kaum auf Papier die Werte errechnen wollen. Netcolorz (in Abbildung 3.11 auf der nächsten Seite) für Windows ist ein Vertreter der Tools, die eine Farbauswahl per Schieberegler und die direkte Darstellung der Auswahl ermöglichen. Die entsprechende Form von <body> steht für die einfache Übernahme in den HTML-Text per Cut-and-Paste in dem Fenster bereit. Im Web finden Sie Netcolorz unter der URL *http://www.anchek.com/netcolorz/netcolorz.html*.

Netcolorz

3.8 <body>-Attribute für Farben und Musik

<body> kann mit einigen Attributen versehen werden, die die Farbgebung der Seite und des Textes beeinflussen. Die dazugehörenden Werte sind Farben nach den Notationen aus dem vorherigen Abschnitt.

Die Farben der Schrift und des Seitenhintergrunds können dem Browser in der folgenden Form vorgegeben werden:

Schrift und Seitenhintergrund

```
<body bgcolor="#RRGGBB" text="#RRGGBB">
```

Abbildung 3.11
Der Farbeditor
Netcolorz

bgcolor (von »Background color«) ist die Farbe des Seitenhintergrunds, text die der Schrift. Somit erzeugt man mit `<body bgcolor= "#FFFFFF" text="#000000">` eine Seite mit schwarzer Schrift auf einem weißem Hintergrund.

Links   Die Darstellungsfarbe der Links auf einer Seite werden mit weiteren Attributen festgelegt:

```
<body link="#RRGGBB"
 vlink="#RRGGBB"
 alink"#RRGGBB">
```

Besucht oder nicht   Die Farbe in link stellt der Browser für noch nicht besuchte Links dar,
besucht   vlink (von »visited link«) gilt für schon besuchte Links und alink (von »active link«) für den Link, der angeklickt wurde, während die Seite geladen wird. So erzeugt man mit

```
<body bgcolor="#FFE1FF" text="#000000"
 link="#0000CB" vlink="#00CBEC" alink"#FF0000">
```

eine Farbgebung wie in Abbildung 3.12.

Abbildung 3.12
Text- und Linkfarben

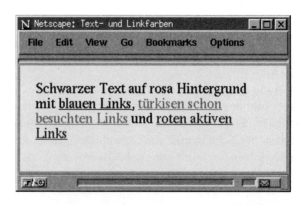

Aufgabe 3–5: Welche Farbe bezeichnet #00FF00?

Sie sollten unterschiedliche Farben für den Seitentext (mit text bei <body>) und für die Links verwenden. Schaltet man das Unterstreichen der Links ab, kann man sie bei identischen Farben sonst nicht mehr unterscheiden. Natürlich sollten Sie auch die Farbe des Hintergrunds (mit bgcolor) unterschiedlich von den Textfarben wählen.

✗

Sie können wie in Abschnitt 3.3 auf Seite 17 beschrieben mit < link rel="Banner" href="*HTML-Datei*"> auf eine Datei verweisen, deren Inhalt immer fest oben im Browserfenster stehen soll. Mit dem <banner> lässt sich dieser HTML-Text auch direkt in der Seite notieren. Lynx ist momentan der einzige Browser, der dieses Tag unterstützt.

<banner>

Der Internet Explorer führt noch zwei Attribute für <body> ein, die die Lage der Dokumentendarstellung im Browserfenster beeinflussen: leftmargin und topmargin. Als Wert können Sie jeweils einen Abstand in Pixel angeben, den der Browser am linken bzw. oberen Rand frei lässt.

Zusätzlich zur Hintergrundfarbe oder -muster kann der Internet Explorer auch eine Hintergrundmusik für eine Seite abspielen. Dafür stellt der Browser das <bgsound>-Tag (von »Background sound«, Hintergrundmusik) bereit. Sein Attribut src enthält die URL einer Audiodatei in den Formaten .wav, .au oder .mid. Die meisten Audioclips sind in einem dieser Formate verfügbar.

<bgsound>

Die Musik kann, gesteuert durch das loop-Attribut, mehrfach abgespielt werden. Neben einer Zahl für die Anzahl der Wiederholungen (beispielsweise loop="5" für fünf Wiederholungen) bewirkt der Wert loop="infinite" (von »unendlich«) eine endlose Wiederholung.

Nach dieser Darstellung der Bestandteile des Kopfteils einer Seite sowie den Tags und Attributen, die die gesamte Seite beeinflussen, lernen Sie im nächsten Kapitel die Grundlagen der Inhaltsauszeichnung in HTML-Seiten kennen.

3.9 Antworten zu den Aufgaben

Aufgabe 3–1:

Insgesamt sechs. Das öffnende <HtML> wird nicht geschlossen. Es fehlt das <head>-Tag um <title>. <title> wird vom nicht passenden </TITEL> geschlossen. <body> wird nicht am Ende geschlossen. Der Text Das ist...müsste von <p>...</p> umschlossen sein. <b> und

<i> sind falsch geschachtelt. Für vier Zeilen HTML-Code also bedenklich viele Fehler ...

Aufgabe 3–2:

Die Schachtelung des Kommentars ist problematisch. Der Kommentar aus der zweiten Zeile wird mit dem ersten Auftreten von --> beendet. Damit steht das zweite --> im unkommentierten Teil der Seite. Die Zeichen -- stellt der Browser dar. Beim > müsste ein sehr genauer Browser die Darstellung verweigern – üblicherweise wird das Zeichen aber angezeigt.

Auch bei einer geschachtelten Auskommentierung mit <comment> kommt es zum gleichen Problem. Das dann im normalen Text stehende </comment> wird üblicherweise aber gänzlich ignoriert und nicht dargestellt.

Aufgabe 3–3:

<link> und <meta>. Bei den Tags <title>, <base>, <nextid> und <isindex> macht dies keinen Sinn. Es gab ältere Browser-Implementierungen bei denen mehrfache <title>-Tags zu einem sukzessiven Umschalten der Titelzeile des Browserfensters führte. Bei geschicktem Einsatz waren so kleine Animationen möglich. Ein solcher Trick ist mit modernen Browsern aber nicht mehr möglich.

Aufgabe 3–4:

Mit dieser:

Γ

Aufgabe 3–5:

Grün.

4 Textauszeichnung

In diesem Kapitel lernen Sie,

- ❏ wie Sie Zeichen und Sonderzeichen darstellen,
- ❏ die Größe, Farbe und Art von Schriften steuern,
- ❏ Textteile logisch markieren,
- ❏ Texteigenschaften wie Richtung und Sprache bestimmen,
- ❏ Grafiken in Seiten einbinden und
- ❏ Linien, Absätze und Laufbänder einfügen.

Im vorherigen Kapitel ging es um die Struktur von HTML-Seiten und die Bestandteile des Kopfteils. In diesem Kapitel beginnen wir mit den Elementen von HTML zur eigentlichen Auszeichnung des Seiteninhalts.

4.1 Zeichendarstellung

Der von `<body>`...`</body>` eingeschlossene Teil einer Seite besteht aus fortlaufendem Text und weiteren Tags. Die Zeichen < und > sind in HTML für die Markierung von Tags reserviert. Im laufenden Text dürfen sie daher nicht vorkommen und müssen anders eingegeben werden. Gleiches gilt für das Anführungszeichen in Attributen, da es dort ja eine Zeichenkette begrenzt.

Sonderzeichen

In HTML gibt es daher einen Mechanismus, mit dem bestimmte Sonderzeichen symbolisch dargestellt werden. Er hat die folgenden gleichwertigen Formen:

&*Symbolkürzel*;   &#*Codenummer*;

Die Menge der Symbolkürzel in HTML ist in der Tabelle in Abbildung 4.1 auf der nächsten Seite zusammengefasst. Für < muss also im laufenden Text `&lt;` (von »less than«) oder `&#60;` stehen. Neben `&gt;` (von »greater than«) für > und `&quot;` (von »quote-mark«) für " wird durch diesen Mechanismus zusätzlich das Symbolkürzel `&amp;` (von »ampersand«) für `&` notwendig.

	Code	Kürzel		Code	Kürzel		Code	Kürzel
"	`&#34;`	`&quot;`	½	`&#189;`	`&frac12;`	ß	`&#223;`	`&szlig;`
&	`&#38;`	`&amp;`	¾	`&#190;`	`&frac34;`	à	`&#224;`	`&agrave;`
<	`&#60;`	`&lt;`	¿	`&#191;`	`&iquest;`	á	`&#225;`	`&aacute;`
>	`&#62;`	`&gt;`	À	`&#192;`	`&Agrave;`	â	`&#226;`	`&acirc;`
			Á	`&#193;`	`&Aacute;`	ã	`&#227;`	`&atilde;`
	` `	` `	Â	`&#194;`	`&Acirc;`	ä	`&#228;`	`&auml;`
¡	`&#161;`	`&iexcl;`	Ã	`&#195;`	`&Atilde;`	å	`&#229;`	`&aring;`
¢	`&#162;`	`&cent;`	Ä	`&#196;`	`&Auml;`	æ	`&#230;`	`&aelig;`
$	`&#163;`	`&pound;`	Å	`&#197;`	`&Aring;`	ç	`&#231;`	`&ccedil;`
o	`&#164;`	`&curren;`	Æ	`&#198;`	`&AElig;`	è	`&#232;`	`&egrave;`
¥	`&#165;`	`&yen;`	Ç	`&#199;`	`&Ccedil;`	é	`&#233;`	`&eacute;`
¦	`&#166;`	`&brkbar;`	È	`&#200;`	`&Egrave;`	ê	`&#234;`	`&ecirc;`
§	`&#167;`	`&sect;`	É	`&#201;`	`&Eacute;`	ë	`&#235;`	`&euml;`
¨	`&#168;`	`&uml;`	Ê	`&#202;`	`&Ecirc;`	ì	`&#236;`	`&igrave;`
©	`&#169;`	`&copy;`	Ë	`&#203;`	`&Euml;`	í	`&#237;`	`&iacute;`
ª	`&#170;`	`&ordf;`	Ì	`&#204;`	`&Igrave;`	î	`&#238;`	`&icirc;`
«	`&#171;`	`&laquo;`	Í	`&#205;`	`&Iacute;`	ï	`&#239;`	`&iuml;`
¬	`&#172;`	`&not;`	Î	`&#206;`	`&Icirc;`	∂	`&#240;`	`&eth;`
-	`&#173;`	`&shy;`	Ï	`&#207;`	`&Iuml;`	ñ	`&#241;`	`&ntilde;`
®	`&#174;`	`&reg;`	Ð	`&#208;`	`&ETH;`	ò	`&#242;`	`&ograve;`
¯	`&#175;`	`&hibar;`	Ñ	`&#209;`	`&Ntilde;`	ó	`&#243;`	`&oacute;`
°	`&#176;`	`&deg;`	Ò	`&#210;`	`&Ograve;`	ô	`&#244;`	`&ocirc;`
±	`&#177;`	`&plusmn;`	Ó	`&#211;`	`&Oacute;`	õ	`&#245;`	`&otilde;`
²	`&#178;`	`&sup2;`	Ô	`&#212;`	`&Ocirc;`	ö	`&#246;`	`&ouml;`
³	`&#179;`	`&sup3;`	Õ	`&#213;`	`&Otilde;`	÷	`&#247;`	`&divide;`
´	`&#180;`	`&acute;`	Ö	`&#214;`	`&Ouml;`	ø	`&#248;`	`&oslash;`
µ	`&#181;`	`&micro;`	×	`&#215;`	`&times;`	ù	`&#249;`	`&ugrave;`
¶	`&#182;`	`&para;`	Ø	`&#216;`	`&Oslash;`	ú	`&#250;`	`&uacute;`
·	`&#183;`	`&middot;`	Ù	`&#217;`	`&Ugrave;`	û	`&#251;`	`&ucirc;`
¸	`&#184;`	`&cedil;`	Ú	`&#218;`	`&Uacute;`	ü	`&#252;`	`&uuml;`
¹	`&#185;`	`&sup1;`	Û	`&#219;`	`&Ucirc;`	ý	`&#253;`	`&yacute;`
º	`&#186;`	`&ordm;`	Ü	`&#220;`	`&Uuml;`	þ	`&#254;`	`&thorn;`
»	`&#187;`	`&raquo;`	Ý	`&#221;`	`&Yacute;`	ÿ	`&#255;`	`&yuml;`
¼	`&#188;`	`&frac14;`	þ	`&#222;`	`&THORN;`			

Abbildung 4.1
Alle Sonderzeichen in HTML

Den größten Teil der Tabelle machen aber die Sonderzeichen aus, die in der ISO-8859-1-Kodierung ab der Position 128 stehen. Der internationale Standard 8859-1 definiert einen 8-Bit-Zeichensatz, der neben den 127 Zeichen aus ASCII zusätzlich die in Westeuropa gebräuchlichsten Sonderzeichen enthält, beispielsweise die französischen akzentuierten Vokale oder unsere deutschsprachigen Umlaute. Im Gegensatz zu Tag- und Attributnamen sowie den Token muss man bei den Sonderzeichen die Groß- und Kleinschreibung der Tabelle einhalten.

Diese Form der Auszeichnung von Sonderzeichen im laufenden Text ist neben Tags und Attributen ein weiteres Grundkonzept von HTML. Man nennt solche Zeichenfolgen *Entitäten*.

Entitäten

In HTML-Seiten können Sonderzeichen auch direkt in ISO-8859-1-Kodierung eingegeben werden. Dabei muss man allerdings darauf achten, dass man tatsächlich diese Kodierung verwendet, was unter Unix und Windows in der Regel gilt, auf Macintosh-Rechnern aber nicht immer gesichert ist.

✘

Während in den Anfängen des Web einige Browser lediglich die US-amerikanischen Zeichen unterstützten und beispielsweise Umlaute nicht direkt darstellten, kann man heute normalerweise auf die Kodierung nach der &-Notation verzichten.

✘

Will man absolut sichergehen, wirklich portable Dokumente zu erstellen, kann man aber dennoch darauf zurückgreifen – für ", < und > muss man es in jedem Fall.

> **Aufgabe 4–1**: Sind die folgenden Kürzel korrekt: `&nt;`, `&gt ;`, `&#1;`, `&#FF`? Falls nicht, warum?

Alternativ zur Verwendung dezimaler Codes (`&#60;`) können Sie auch eine hexadezimale Schreibweise verwenden. Dabei lautet die Syntax `&#xCodenummer;`; für das Beispiel also `&#x3C;`.

Das Zeichen > könnte eigentlich in normaler Darstellung verwendet werden, da es nur dann ein Tag abschließt, wenn vorher < verwendet wurde. Tatsächlich stellen die meisten Browser den folgenden HTML-Text problemlos dar:

✘

```
<b>Ein unkodiertes > Zeichen</b> und ein einzelnes <
Zeichen und ein unkodierter Ampersand &.
```

In dem Beispiel ist ermittelbar, dass es sich nicht um die spitzen Klammern um ein Tag herum oder den Beginn einer Zeichenkodierung handelt. Sie sollten aber dennoch darauf verzichten, sich auf diese Eigenschaften zu verlassen.

Die direkte Verwendung dieser Zeichen widerspricht eindeutig der HTML-Definition. Selbst wenn Browser sie davon abweichend dennoch darstellen, kann beispielsweise ein Web-Roboter auf korrektem HTML-Format bestehen.

HTML 4 beruht nicht mehr auf ISO-8859-1, sondern auf der Norm ISO-10646. Diese Zeichenkodierung geht von 16 Bit pro Zeichen aus, erlaubt also fast 65 000 kodierbare Zeichen. Dadurch lassen sich beispielsweise auch die vielen asiatischen Zeichen darstellen.

Die 16-Bit-Kodierung schreiben Sie einfach durch zwei Hexadezimalziffern auf. Waren bisher in der Notation `&#Codenummer;` zwei Ziffern bei 256 Codepositionen vorgesehen, sind es für 16 Bit eben vier. HTML 4 benennt beispielsweise `&#1048;` für das kyrillische »I« und `&#x6C34` für das chinesische Zeichen für Wasser.

Die unteren 256 Zeichen des ISO-10646-Zeichensatzes entsprechen der ISO-8859-1-Norm. Die Zeichen darüber sind mit Codes für alle möglichen internationalen Zeichen belegt. Damit ändert sich für den westeuropäischen Sprachraum in der Kodierung nichts.

4.2   Größe, Farbe und Schriftfamilie

Direkte und logische Markierung

In HTML können Textpassagen logisch oder direkt für eine bestimmte Formatierung ausgezeichnet werden. Bei direkter Markierung geben Sie eine bestimmte Darstellung vor, bei logischer Markierung (Abschnitt 4.3) ist die Darstellung völlig dem Browser überlassen.

Es gibt drei Tags mit dazugehörigen Ende-Tags zur direkten Auswahl einer bestimmten Schriftart: `<b>` (von »bold«) für fette Schrift, `<i>` (von »italic«) für kursive und `<tt>` (von »Teletype«) für eine Schreibmaschinenschrift. Das Beispiel

`<b>`

`<i>`

`<tt>`

```
Text kann <b>fett</b>, <i>kursiv</i> oder als
<tt>Schreibmaschinentext</tt> ausgezeichnet
werden.
```

stellt ein Browser dar als:

> Text kann **fett**, *kursiv* oder als `Schreibmaschinentext` ausgezeichnet werden.

✘   Tatsächlich sind Ihre Auszeichnungen zur Darstellung einer Seite lediglich Hinweise an den Browser. Sie können nicht sicher sein, dass Ihre Seite auf allen Browsern entsprechend diesen Auszeichnungen dargestellt wird. Zumindest die folgenden Punkte beeinflussen die Darstellung außerhalb Ihrer Kontrolle:

❏ Die *Browser-Implementierung* kann bestimmte Arten der Darstellung festlegen oder ausschließen. Ein textbasierter Browser wie Lynx verwendet fette Schrift, um Links darzustellen, und Unterstreichung für hervorgehobenen Text. Auch wenn Sie Textteile als fett auszeichnen, werden sie unterstrichen dargestellt.

❏ Die *Konfiguration* des Browsers durch den Benutzer kann die Darstellung beeinflussen. Sie können sich in Ihrer Seitengestaltung nicht darauf verlassen, dass Links beispielsweise unterstrichen werden. Lässt man Lynx außer Betracht, besteht trotzdem die

Möglichkeit, dass Nutzer in ihrem Netscape die Option »Links unterstreichen« abstellen.

❏ Mit *Stylesheets* (siehe Kapitel 13 auf Seite 153) hat der Nutzer die Möglichkeit, praktisch jede vom Autor vorgegebene Darstellung zu überlagern, beispielsweise den Leerraum zwischen Absätzen.

Mit Bezug auf diese Überlegungen sind alle Festlegungen zur Darstellung einer Seite, die Sie mit Tags und Attributen treffen, lediglich eine grobe Vorgabe über das Erscheinungsbild, und eine wirklich exakte Gestaltung erweist sich als praktisch unmöglich. Damit soll nicht ausgeschlossen werden, dass Sie pragmatisch all diese Auszeichnungen verwenden – wahrscheinlich erreichen Sie überwiegend ein Seitenlayout, das Ihren Vorstellungen in etwa entspricht.

Seit HTML 3.2 ist eine Reihe weiterer Tags für die Schriftauszeichnung vorgesehen:

Weitere Schriftauszeichnungen

❏ `<u>`...`</u>` <u>Unterstrichener Text</u>. Da meistens auch Links unterstrichen dargestellt werden, sollten Sie die Farbgebung von Links mit den Attributen von `<body>` so festlegen, dass sich unterstrichener Inhaltstext von unterstrichenen Ankertexten der Links optisch unterscheidet.

❏ `<strike>`...`</strike>` ~~Durchgestrichener Text~~ (vom Begriff »strike through«). Alternativ lässt sich auch `<s>`...`</s>` bei den meisten Browsern verwenden, obwohl dieses Tag noch kein offizieller Bestandteil von HTML 3.2 ist. HTML 4 rät von den Tags `<s>`, `<strike>` und `<u>` ab, weil das Durch- und Unterstreichen besser mit Stylesheets (siehe Kapitel 13 auf Seite 153) bewirkt werden sollte.

❏ `<big>`...`</big>` Der Browser soll den so ausgezeichneten Text in größerer Schrift darstellen.

❏ `<small>`...`</small>` Der ausgezeichnete Text soll in kleinerer Schrift angezeigt werden.

❏ `<sub>`...`</sub>` Text in $_{\text{Index}}$-Schreibweise (von »subscript«).

❏ `<sup>`...`</sup>` Ein Text in ^{Exponenten}-Schreibweise (abgeleitet von »superscript«).

Die verschiedenen Schriftarten können kombiniert werden, z.B. als `<b><i>fett und kursiv</i></b>`. Allerdings ist es auch hier wieder dem Browser überlassen, ob er eine solche Kombination auch wirklich darstellt.

Aufgabe 4–2: Zeichnen Sie das Folgende als Text aus:

$$E^{ine}S_{inus}k^{urv}e$$

Aufgabe 4–3: Zeichnen Sie das Gleiche nochmal so aus, diesmal soll aber die Schriftgröße bei allen Zeichen gleich sein, also:

$$E^{ne}_{i}\,S_{i_{nu}s}k^{u^{rv}e}$$

`<blink>`

✗

Netscape hat zusätzlich das Tag `<blink>` eingeführt. Der so ausgezeichnete Text blinkt in regelmäßigen Intervallen auf der Seite.

Blinkende Texte bewirken allerdings eine sehr unruhige Darstellung. Sie sollten es nur für einzelne Worte verwenden und auch nur dann, wenn die anderen Hervorhebungen zu schwach sind.

Schriftgröße

Auch die Größe der Schrift auf einer Seite oder für einzelne Abschnitte lässt sich auszeichnen. Dabei sind sieben Schriftgrößen definiert, die von 1 bis 7 durchnummeriert sind. Die Größe der »Normalschrift« hat die Nummer 3. Ihre absolute Größe ergibt sich aus der Konfiguration der Darstellung durch den Nutzer mit Browser-Optionen.

`<font>`

Einen kompletten Textabschnitt kann man mit dem Tag `<font size="Größe">` auszeichnen, wodurch der Browser den Text bis zum Tag `</font>` in der entsprechenden Größe darstellt. Einen Satz in kleinerer Schrift zeichnet man durch die Tag-Klammerung `<font size="2">...</font>` aus. Das Beispiel zeigt verschiedene Schriftgrößen.

Abbildung 4.2
Die verschiedenen
Schriftgrößen

```
<font size="1">winzig</font>
<font size="2">klein</font>
<font size="3">normal</font>
<font size="4">
gr&ouml;&szlig;er</font>
<font size="5">
gro&szlig;</font>
<font size="6">sehr groß
</font>
<font size="7">riesig</font>
Im normalen Text ein Wort
<font size="+2">
größer</font> oder
<font size="-2">kleiner</font> darstellen.
```

Größenänderungen können Sie auch relativ zu der gerade aktuellen Schrift auszeichnen, indem Sie `size`-Attribut ein + oder – vorangestellen. `<font size="-1">...</font>` stellt wie in Abbildung 4.3 auf der nächsten Seite den umschlossenen Text eine Stufe kleiner dar.

Mit den Größeneinstellungen für Zeichen kann man auch eine »neue« Schriftart erzeugen, nämlich KAPITÄLCHEN. Dazu

✗

schreibt man alle Kleinbuchstaben groß und vergrößert einfach jeden

```
Normal und
<font size="-1">kleiner und
<font size="-2">kleiner
</font></font>
```

Normal und
kleiner und kleiner

Abbildung 4.3
*Relative
Schriftgrößen*

Großbuchstaben, wobei zwei Größenstufen den besten optischen Effekt wie in Abbildung 4.4 ergeben.

```
<font size="+2">K</font
>APIT&Auml;LCHEN
```

KAPITÄLCHEN

Abbildung 4.4
Kapitälchenschrift

Text lässt sich auch so auszeichnen, dass der Browser ihn in einer bestimmten Grundgröße darstellt. Die Textgröße 3 bezeichnet die Normalgröße. Das Tag `<basefont size="Größe">` legt eine neue Grundgröße für den folgenden Text fest. Gilt während der Darstellung einer Seite momentan `<basefont size="3">`, dann schaltet `<font size="+2">` auf die Schriftgröße 5, während bei `<basefont size="+4">` danach die Schriftgröße 7 verwendet wird.

`<basefont>`

In Netscape ab der Version 2.0 kann man zusätzlich auch die Farbe der Schrift festlegen. Dazu dient das `color`-Attribut für das `<font>`-Tag. Es kann als Wert eine Farbbeschreibung in der hexadezimalen RGB-Notation oder einen Farbnamen tragen, die Sie schon in Abschnitt 3.7 auf Seite 29 kennen gelernt haben. Um einen Textteil in Rot darzustellen, verwendet man folgende Auszeichnung:

Schriftfarbe

```
<font color="#FF0000">Achtung:</font>
```

Mit dem Microsoft Internet Explorer und Netscape 3.0 hat das `<font>`-Tag ein weiteres Attribut erhalten, mit dem man seine Seiten visuell ansprechender gestalten kann. Mit `face` lässt sich die Schriftart einstellen, die der Browser verwenden soll. Die Auswahl von Schriften birgt allerdings folgende Probleme:

Schriftarten

- ❏ Es gibt tausende von Schriften, je nach Rechner und Benutzer sind unterschiedliche Arten darstellbar und installiert.
- ❏ Namen von Schriften sind urheberrechtlich geschützt, daher werden dieselben Schriften teilweise unter anderen Namen geführt, beispielsweise die Schriften »Helvetica«, »Arial« und »Geneva«, die zwar unterschiedliche Namen haben, aber gleich aussehen.
- ❏ Trotz vieler Standardisierungsbemühungen gibt es kein allgemein verbreitetes Schema, um Namen auf Schriften abzubilden, das auf allen Rechnerplattformen verfügbar ist.

Die Festlegung einer Schrift mit dem `face`-Attribut kann also nur der Versuch sein, eine Schrift im Browser auszuwählen – ob sie tatsächlich dargestellt werden kann, hängt vom verwendeten Rechner und den darauf installierten Schriften ab.

Aus dieser Überlegung ergibt sich auch der Inhalt des face-Attributs: Es ist eine durch Kommata getrennte Liste von Schriftnamen. Der Browser versucht in der angegebenen Reihenfolge, die Schriften zu verwenden – kann er eine nicht darstellen, probiert er die nächste und landet schließlich bei der verwendeten Standardschrift.

Das folgende Beispiel demonstriert den Mechanismus. Der durch <font> ausgezeichnete Text soll nach Möglichkeit in der Schrift »DomCasual BT« dargestellt werden; wenn das aufgrund fehlender Schrift nicht geht, soll der Browser es mit »Helvetica« und danach mit »Sans-Serif« probieren.

```
Normale Schrift und <font
 face="DomCasual BT,Helvetica,Sans-Serif"
>Serifenlose Schrift</font>
```

Läuft der Browser auf einem Windows-System, auf dem »DomCasual BT« als Schrift installiert ist, ergibt sich die Darstellung wie in Abbildung 4.5. Unter Unix wird es diese Schrift sehr selten geben – Abbildung 4.6 zeigt das Ergebnis: Der Browser verwendet »Helvetica«.

Abbildung 4.5
*Schriftarten unter
Microsoft Windows*

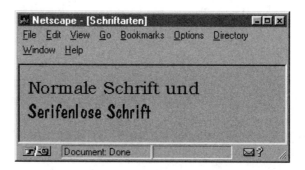

Abbildung 4.6
*Schriftarten unter
Unix*

HTML 4 rät von der Verwendung des <font>-Tags ab, weil seine Funktion erheblich besser durch Stylesheets (siehe Kapitel 13 auf Seite 153) abgedeckt ist. Gleiches gilt für <basefont>.

4.3 Logische Markierung von Text

Die logische Auszeichnung gibt die Art des Textstücks an. Die verschiedenen Tags für logische Auszeichnung sind:

- ❏ `<em>...</em>` Der ausgezeichnete Text wird hervorgehoben dargestellt (von »emphasize«). Eine Anwendung wäre: `<em>`

```
Der Kurs beginnt schon um <em>19 Uhr</em>.
```

  Meistens verwendet ein grafischer Browser dafür kursive Schrift.
- ❏ `<strong>...</strong>` Die Textpassage wird betont angezeigt – üblicherweise mit fetter Schrift. Ein Beispiel ist: `<strong>`

```
Kommen Sie <strong>absolut pünktlich</strong>!
```

- ❏ `<cite>...</cite>` Die eingeschlossene Passage ist ein Zitat: `<cite>`

```
Er sagte <cite>Ich bin ein Berliner</cite>.
```

- ❏ `<code>...</code>` Der Text ist ein Ausschnitt aus einem Programm. Beispielsweise als `<code>`

```
Benutzen Sie die Anweisung <code>a=a+1</code>.
```

- ❏ `<var>...</var>` Eine Programmvariable wie in `<var>`

```
Die Anweisung erhöht <var>a</var> um 1.
```

- ❏ `<kbd>...</kbd>` Eine Tastatureingabe aus (von »Keyboard«): `<kbd>`

```
Drücken Sie die <kbd>Enter</kbd>-Taste.
```

- ❏ `<samp>...</samp>` Eine Beispielausgabe eines Programms (von »Sample«). So wie bei: `<samp>`

```
Ausgabe: <samp>Das Ergebnis ist 42</samp>.
```

Netscape stellt die logischen Auszeichnungen so dar:

> *Hervorhebung mit* `<em>`, **Hervorhebung mit** `<strong>`, *ein Zitat,* `Programmtext`, *Programmvariable,* `Taste`, `Beispiel`.

In HTML 4 ist eine Reihe weiterer Auszeichnungen vorgesehen:

- ❏ `<q>...</q>` für eine kurzes Zitat (von »quotation«): `<q>`

```
Er sagte: <q>Mein Name ist Bond, James Bond</q>.
```

`<ins>` ❏ `<ins>`...`</ins>` zeichnet Text aus, der in einem Dokument neu hinzugekommen ist (von »inserted text«). Ein Beispiel:

```
Die CD kostet EUR 10,- <ins>ohne MWSt</ins>.
```

`<del>` ❏ `<del>`...`</del>` zeichnet Text aus, der aus einem Dokument entfernt wurde (von »deleted text«):

```
Die CD kostet EUR 10,- <del>ab 10% Rabatt</del>.
```

`<acronym>` ❏ `<acronym>`...`</acronym>` für ein Akronym (beispielsweise wie mit `<acronym>HTML</acronym>`)

> **Aufgabe 4–4:** Ersetzen Sie in `Das ist alter Text.` das Wort `alter` durch `neuer` und markieren Sie die Änderungen korrekt. Testen Sie, was Ihr Browser aus der Markierung macht.

Für `<ins>` und `<del>` sieht HTML 4 das Attribut `cite` vor. Es soll eine URL enthalten, die auf ein Dokument verweist, in dem die Einfügung oder Löschung erklärt oder begründet wird. Weiterhin soll im Attribut `datetime` Datum und Uhrzeit der Änderung vermerkt werden.

4.4 Schriftrichtung und Sprache

In diesem Abschnitt lernen Sie Tags und Attribute kennnen, mit denen Sie die Darstellung von Seitenteilen in fremden Sprachen und Schriften perfektionieren können. Falls Sie diese komplexen Themen in Ihren ersten Web-Vorhaben absehbar nicht benötigen, können Sie zum nächsten Abschnitt springen und später bei Bedarf oder zur Information hierher zurückkehren.

Sprache Im Abschnitt 3.5 auf Seite 26 hatten Sie das `lang`-Attribut beim Tag `<body>` kennen gelernt, dessen Wert mit einem Sprachkürzel die Sprache des ausgezeichneten Texts beschreibt. In HTML 4 ist `lang` nicht mehr nur auf `<body>` beschränkt, sondern für praktisch alle Elemente vorgesehen.

Damit können zukünftige Browser mehrsprachige Dokumente darstellen und insbesondere sprachspezifische Trennmuster verwenden. Allerdings sind solche Mechanismen heute noch in keinem Browser implementiert. Ein Beispiel wäre folgende Situation: Beim Umbruch von Zeilen kann ein Browser eine neue Zeile nach jedem Wort beginnen. Wenn er über Muster zur Silbentrennung verfügt, lassen sich auch innerhalb von Wörtern Trennungen einfügen und so eine bessere Darstellung erreichen. Die Trennmuster sind aber für jede Sprache unterschiedlich.

Beachten Sie auch die Anmerkung zur Verwendung des `lang`-Attributs bei XHTML-Dokumenten in Abschnitt 15.4 auf Seite 199.

HTML 4 unterstützt die Internationalisierung von Dokumenten noch weiter. Für jedes Element ist zusätzlich das Attribut `dir` (»Direction«) vorgesehen, mit dem die Schreibrichtung vorgegeben werden kann. Die zwei möglichen Werte sind `ltr` (»left to right«) für die bei uns übliche Schreibrichtung und `rtl` (»right to left«) für die umgekehrte Schreibrichtung.

Schriftrichtung

Sollen Teile eines Absatzes in umgekehrter Schreibrichtung notiert werden, können Sie zu deren Auszeichnung das `<span>`-Tag verwenden, das Sie in Abschnitt 13.5 auf Seite 160 kennen lernen.

Die Internationalisierung von Text ist ein komplexes Thema, in dem diverse Fallstricke lauern. Es gibt Sprachen, bei denen die Anordnung der Buchstaben im Quelltext ebenfalls umgekehrt ist. Das `dir`-Attribut kehrt lediglich die Darstellung um und geht von einem Quelltext aus, der von links nach rechts geschrieben ist. Im HTML-4-Standard werden als Beispiele bestimmte Kodierungen von hebräischem Text für diese Situation genannt. Aus diesem Grund ist das `<bdo>`-Tag vorgesehen, das einen Text umschließt, dessen Reihenfolge im Quelltext nicht verändert wird.

<bdo>

Ein Beispiel zeigt die Bedeutung des Attributs und des Tags klar:

```
<p dir="ltr">von links nach rechts darzustellen</p>
<p dir="rtl">von rechts nach links darzustellen</p>
<p dir="ltr"><bdo>
  Von links nach rechts darzustellen
</bdo></p>
<p dir="rtl"><bdo>
von rechts nach links darzustellen
</bdo></p>
```

Die ersten beiden Absätze sollen von links nach rechts bzw. von rechts nach links dargestellt werden. Dabei ist die Reihenfolge der Buchstaben im Quelltext so, dass sie schon dieser Darstellung entsprechen. Abbildung 4.7 auf der nächsten Seite zeigt die Darstellung. Da es sich hier um einen Satz in deutscher Sprache handelt, bewirkt das `dir`-Attribut hier lediglich eine andere Ausrichtung. Bei einer von links nach rechts laufenden Sprache wird die letzte Zeile eines Absatzes wie in diesem Buch nach links ausgerichtet, bei einer entgegengesetzt laufenden Schrift ist es andersherum.

Die folgenden beiden Absätze im Beispiel verwenden das `<bdo>`-Tag. In Kombination mit dem `dir`-Attribut soll der erste Absatz von links nach rechts dargestellt werden und dabei entspricht die Reihenfolge der Buchstaben im HTML-Text dieser Ausrichtung. Dies ist hierzulande der Normalfall, daher ist die Darstellung wie gewohnt. Würden

*Abbildung 4.7
Unterschiedliche
Darstellungs-
richtungen mit dem
dir-Attribut und
dem Tag* `<bdo>`

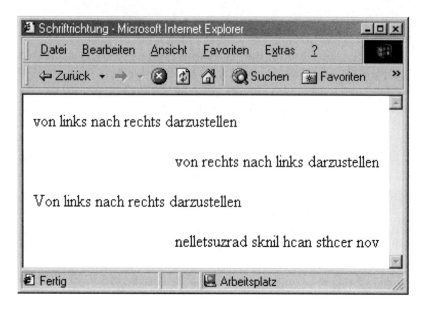

Sie einen arabischen Browser verwenden, würde Ihnen genau dieser dritte Absatz auffallen.

Interessant ist der vierte Absatz. Hier ist Darstellung von rechts nach links gefordert und das `<bdo>`-Tag besagt, dass die Buchstaben im Quelltext auch schon so geordnet sind. Daher ist das v der erste Buchstabe, den der Browser rechts beginnend anzeigt. Er führt die Buchstaben in genau dieser Form weiter. Da es sich um einen Satz in deutscher Sprache handelt, erscheint der Satz für uns rückwärts.

Untertitel Der Internet Explorer 5 unterstützt sogar eine noch komplexere Situation: Chinesische oder japanische Schriftsprachen sind teilweise so umfangreich, dass sie von Kindern und vielen Erwachsenen gar nicht komplett beherrscht werden. Daher gibt es »geschriebene Untertitel«, die einen Text einfacher oder in einem phonetischen Alphabet wiedergeben.

`<ruby>` Mit dem Tag `<ruby>` lässt sich ein Paar aus eigentlichem Text und dem »geschriebenen Untertitel« markieren. Der eigentliche Text wird als »Ruby base« bezeichnet und mit `<rb>` markiert, der Hilfstext als »Ruby *`<rb>`* text« bezeichnet und mit `<rt>` markiert. Der Browser kann auf geeigne- *`<rt>`* te Weise den Hilfstext darstellen, beispielsweise als Pop-Up-Hilfe beim Überfahren des eigentlichen Textes mit dem Mauszeiger.

In deutscher Sprache lässt sich `<ruby>` in Verbindung mit Fremdwörtern illustrieren:

```
<ruby>
<rb>Oolemma</rb>
<rt>die Eizelle umhüllende Zellmembran</rt>
</ruby>
```

Abbildung 4.8 zeigt eine Möglichkeit der Darstellung: Der Internet Explorer reserviert etwas Platz über dem erklärten Begriff und zeigt dort die Erläuterung an. Andere Möglichkeiten wären kleine Pop-Up-Fenster oder die Benutzung der Statuszeile im Browser.

Abbildung 4.8
Erklärungstext mit <ruby> *im Internet Explorer*

<ruby> und <rt> können das Attribut name tragen. Es definiert einen Namen, über den diese Textstelle in einer URL bezeichnet werden kann.

Aufgabe 4–5: Bitte zeichnen Sie mit Hilfe des <ruby>-Tags den Begriff »Kyniker« und dessen Erläuterung »Angehöriger einer antiken Philosophieschule, die Bedürfnislosigkeit und Selbstgenügsamkeit forderte« aus und testen Sie mit verschiedenen Browsern die Darstellung.

4.5   Grafiken

Ein Grund für die Popularität des Web ist die Verwendung von Grafik auf den Seiten. Sie werden mit dem Tag <img> erzeugt. Es hat mindestens die folgende Form <img alt="*Textersatz*" src="*Grafik-datei*">.

<img>

Dabei enthält das Attribut src die Web-Adresse einer Grafikdatei, z.B. src="logo.gif". Der Browser wird diese Datei laden und auf der Seite darstellen (man spricht dabei von »inlined graphics«), falls er das Dateiformat versteht. Anderenfalls kann ein externes Programm das Bild darstellen, vorausgesetzt, Ihr Browser ist entsprechend konfiguriert.

Eingebettete Grafiken

Momentan ist das Graphical Interchange Format (GIF) ein Format, bei dem man davon ausgehen kann, dass es alle Browser auf allen Plattformen darstellen können. Gleiches gilt inzwischen auch für das JEPG-Format.

GIF und JPEG

Das »Format der Zukunft« ist übrigens eine Neuentwicklung, die vom W3-Konsortium gefördert wurde – das *Portable Network Gra-*

PNG

phics Format, kurz PNG. Sie finden eine kurze Beschreibung von PNG in Abschnitt 7.6 auf Seite 93.

Schrift statt Bild

Das `alt`-Attribut enthält eine Zeichenkette, die Browser auf zeichenorientieren Geräten anstelle der Grafik darstellen. Kann man bei einem Browser das Laden von Grafiken ausschalten, wird dieser String ebenfalls angezeigt. Sie sollten in jedem Fall das `alt`-Attribut verwenden, eventuell mit leerem Inhalt (`alt=""`). Die folgende Abbildung zeigt den HTML-Text:

```
Navigation: <a href="level1.html">
 <img src="up.gif" alt="[Up]"></a>
```

Auf der linken Seite sehen Sie die Darstellung mit dem grafischen Browser Netscape und rechts mit dem textorientierten Lynx.

Abbildung 4.9
Grafiken mit dem
`alt`-*Attribut in*
Netscape und Lynx

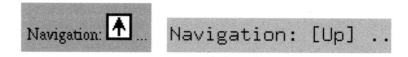

Vertikale
Ausrichtung

Die vertikale Ausrichtung der Grafik läßt sich mit dem `align`-Attribut festlegen. Es kann die Werte `top` für Ausrichtung an der Oberkante der Zeile, `bottom` für die Unterkante oder `middle` für vertikale Zentrierung annehmen.

In Netscape sind weitere, etwas feinere Werte für `align` implementiert. `texttop` richtet die Grafik an der Oberkante des Textes einer Zeile aus und nicht wie `top` eventuell an der Oberkante anderer, noch höherer Grafiken.

Bei `absmiddle` richtet Netscape die Grafik an der tatsächlichen vertikalen Mitte der Zeile aus und nicht an der Grundlinie der Schrift wie bei `middle`.

`bottom` richtet die Unterkante der Grafik an der Grundlinie der Schrift aus – Netscape führt dafür zusätzlich den gleichbedeutenden Wert `baseline` ein. Schließlich richtet `absbottom` die Grafik an der Unterkante der Zeile aus – also eventuell mit der Unterkante anderer Grafiken. Die folgende Abbildung macht die feinen Unterschiede klar.

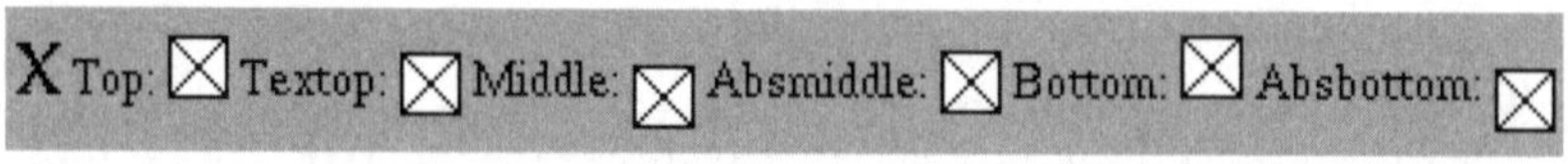

Abbildung 4.10
Die verschiedenen
Ausrichtungen von
Grafiken

X Top: ☒ Textop: ☒ Middle: ☒ Absmiddle: ☒ Bottom: ☒ Absbottom: ☒

Die beschriebenen Attributwerte steuern die vertikale Ausrichtung einer Grafik innerhalb einer Zeile. Mit zwei weiteren Werten, `left` und `right`, können Grafiken an den linken oder rechten Rand positioniert werden.

Dabei stehen sie nicht mehr innerhalb einer Zeile, vielmehr gleiten Sie am Rand und der entsprechende Absatz fließt um die Grafik herum. In Abbildung 4.11 finden Sie ein Beispiel.

```
<html><head></head><body>
<p>Ein Absatz, der eine
Grafik enthält, <img
 src="star_gold.gif"
 align="left"> die durch das
<tt>align</tt>-Attribut am
linken Rand neben den
Absatz gleitet.
</body></html>
```

Ein Absatz, der eine Grafik enthält, die durch das `align`-Attribut am linken Rand neben den Absatz gleitet.

Abbildung 4.11
Eine Grafik am linken Rand

Aufgabe 4–6: Bitte zeichnen Sie einen Absatz so aus, dass an seinen vier Ecken jeweils eine Grafik zu sehen ist:

Grafiken können von einer Linie umrahmt werden, beispielsweise stellen die meisten Browser ein `<img>` innerhalb von `<a>` mit einer dickeren Linie dar, um damit zu verdeutlichen, dass es sich um einen Link handelt. In Netscape lässt sich die Dicke des Rahmens mit dem Attribut `border` in Pixel festlegen. `border="0"` schaltet ihn ab. Sehr alte Browser zeigen bei fehlendem `border`-Attribut einen Rahmen an, moderne lassen ihn in diesem Fall weg. Abbildung 4.12 zeigt ein Beispiel.

Rahmen für Grafiken

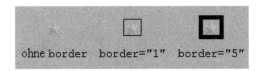
ohne border   border="1"   border="5"

Abbildung 4.12
Unterschiedlich dicker Rahmen bei Grafiken

Ab und zu kann es notwendig sein, einen zusätzlichen Abstand zwischen Grafik und umfließendem Text einzufügen. In Netscape lässt sich mit den Attributen `vspace` und `hspace` dieser Abstand festlegen.

✗

✗

Die Größe der Grafik von `<img>` bei der Darstellung wird mit den Attributen `width` und `height` für Breite und Höhe getrennt angegeben. Durch die Angabe dieser Attribute beschleunigen Sie die Anzeige einer Seite, weil der Browser den Text formatieren kann, auch wenn die Grafik noch nicht geladen ist, da er ja weiß, wie viel Platz sie einnimmt.

Sie sollten bei der Verwendung von `width` oder `height` möglichst nur Vielfache der originalen Breite oder Höhe angeben, da es sonst zu sehr ungleichmäßigen Vergrößerungen und Verkleinerungen kommt.

> **Aufgabe 4–7**: Erzeugen Sie mit einem Grafikprogramm Ihrer Wahl eine kleine Grafik `grafik.gif`, die einen Kasten (□) mit 20 mal 20 Pixeln Seitenlänge enthält. Stellen Sie die Grafik auf einer Seite mit halber, ganzer und doppelter Seitenlänge dar. Stellen Sie sie auch mit doppeltem Flächeninhalt dar.

Eine weitere Möglichkeit zum beschleunigten Anzeigen einer Seite bietet das `lowsrc`-Attribut. Es legt die URL einer zusätzlichen Grafik fest, die kleiner und schneller ladbar ist als die mit `src` bezeichnete. Bevor der Browser die komplexe Grafik lädt, holt er die einfachere und zeigt sie schon an.

Filme

Microsoft hat mit dem Internet Explorer weitere Attribute eingeführt, durch die `<img>` auch zur Darstellung von Filmen im `avi`-Format verwendet werden kann. Damit wird eine statische Abbildung durch eine dynamische Darstellung ergänzt. Die Attribute sind:

❏ `dynsrc` enthält die URL des Films.

❏ Ist das Attribut `controls` vorhanden, stellt der Browser die einem Videorekorder ähnlichen Bedienelemente unter dem Film bereit. Abbildung 4.13 zeigt, wie sich das Attribut `controls` bei den beiden Tags `<img dynsrc="film.avi">` und `<img dynsrc="film.avi" controls>` auswirkt.

Abbildung 4.13
Ein AVI-Film ohne
und mit
Kontrollelement

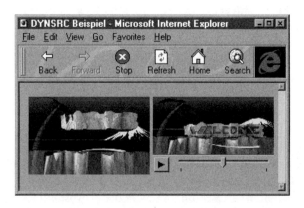

❏ `loop` bestimmt die Anzahl der Wiederholungen des Films. Beim Wert `infinite` spielt der Browser den Film immer wieder ab.

❏ `start` legt fest, wann der Film abgespielt wird. Enthält das Attribut den Wert `fileopen`, wird der Film nach dem Laden gespielt; bei Angabe von `mouseover` immer dann, wenn der Nutzer den Mauszeiger darüber positioniert.

Mehr zu Grafiken und ihren Attributen, ihrer Erstellung und ihrer Verwendung als anklickbare Objekte etc. finden Sie in Kapitel 7 auf Seite 87.

4.6 Linien, Zeilenumbruch und Absätze

Ein einfaches grafisches Element, das direkt als Tag in HTML vorkommt, ist eine horizontale Linie. Sie wird mit dem Tag `<hr>` definiert. Durch Attribute kann `<hr>` hier die folgende Form haben:

`<hr>`

```
<hr size="Dicke" width="Breite"
 align="Ausrichtung" noshade="noshade">
```

`size` enthält dabei die Dicke der Linie in Pixel. `width` gibt deren Breite in zwei Formen an. Bei Angabe einer Zahl legt das Attribut die Breite in Pixel fest, in der Form *Prozent*% ihren Anteil in Bezug auf die Fensterbreite. Mit `align` wird die Ausrichtung von Linien, die nicht über die ganze Fensterbreite reichen, definiert. Mögliche Werte sind `left`, `center` und `right`. Schließlich kann mit `noshade` ausgezeichnet werden, dass die Linie keinen »Schatten« werfen soll.

Im Internet Explorer kann `<hr>` zusätzlich noch das Attribut `color` tragen, wodurch den Linien eine Farbe nach den Konventionen, wie in Abschnitt 3.7 auf Seite 28 beschrieben, gegeben werden kann. In Abbildung 4.14 auf der nächsten Seite sind verschiedene Linien dargestellt.

Wie anfangs beschrieben, hat das Layout des HTML-Textes keinen Einfluss auf die spätere Formatierung. Daher führen Zeilenumbrüche oder Leerzeilen auch nicht zu einem neuen Absatz in der Darstellung des Browsers.

Eine neue Zeile wird mit dem Tag `<br>` (von »break«) ausgezeichnet. Der Browser fährt in der nächsten Zeile bei der Darstellung des Textes fort.

`<br>`

Seit HTML 3 können am Textrand verschiebbare Tabellen oder Abbildungen stehen. Mit dem Attribut `clear` kann man festlegen, wo der Browser die neu angefangene Zeile in Bezug auf solche beweglichen Elemente positioniert. Es kann die folgenden Werte annehmen:

Bewegliche Elemente

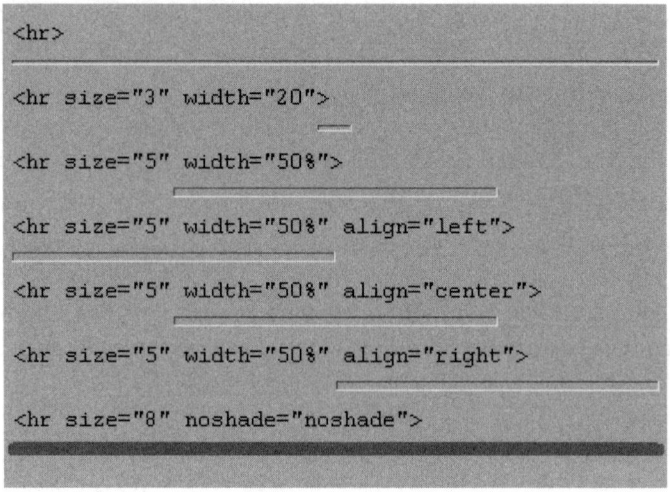

Abbildung 4.14
Verschiedene
horizontale Linien

```
<hr>


<hr size="3" width="20">


<hr size="5" width="50%">


<hr size="5" width="50%" align="left">


<hr size="5" width="50%" align="center">


<hr size="5" width="50%" align="right">


<hr size="8" noshade="noshade">
```

❏ `left`: Die neue Zeile beginnt erst, wenn am linken Rand keine Abbildungen oder Tabellen mehr stehen.

❏ `right`: Die neue Zeile beginnt erst, wenn am rechten Rand keine Abbildungen oder Tabellen mehr stehen.

❏ `all`: Die neue Zeile wird erst dann begonnen, wenn an beiden Rändern keine Abbildungen oder Tabellen mehr stehen.

❏ `none`: Keine Beachtung von Abbildungen – der Wert ist die Standardeinstellung.

Netscape hat zwei Tags eingeführt, die den Zeilenumbruch weiter gehend steuern. `<nobr>`...`</nobr>` (für »no break«) zeichnet einen Textabschnitt aus, in dem der Browser keinen Zeilenumbruch vornimmt.

`<nobr>`

Falls ein solcher Bereich länger als die übliche Breite eines Netscape-Fensters wird, muss man explizit Zeilenumbrüche mit `<br>` einfügen. In Netscape kann man zusätzlich mehrere Stellen auszeichnen, an denen ein Zeilenumbruch erwünscht ist. Das geschieht mit dem Tag `<wbr>`

`<wbr>`

(für »wish break«). Im Gegensatz zu `<br>` erzwingt `<wbr>` keinen Umbruch, sondern sagt lediglich aus, dass an dieser Stelle ein Umbruch stattfinden darf.

Innerhalb von `<nobr>`...`</nobr>` sind `<br>` und `<wbr>` die einzigen Möglichkeiten für einen Umbruch. Im normalen laufenden Text kann man mit `<wbr>` zusätzliche Hinweise geben, wo ein Umbruch erwünscht ist.

Bei einem Absatz wird üblicherweise etwas vertikaler Leerraum eingefügt, eventuell ist die erste Zeile eines Absatzes auch eingerückt. In HTML markiert `<p>` (von »paragraph«) einen neuen Absatz.

`<p>`

Absätze ausrichten

Während in HTML 2 keinerlei Attribute für `<p>` vorgesehen sind, lassen sich in HTML 3.2 einige Vorgaben über die Formatierung von

Absätzen machen. Das vielleicht wichtigste Attribut ist `align`, mit dem man die Ausrichtung des Absatzes festlegt. Seine möglichen Werte sind:

> Ein mit `<p align="left">` eingeleiteter Absatz. Er wird linksbündig dargestellt.
>
> Ein mit `<p align="center">` eingeleiteter Absatz. Er wird zentriert dargestellt.
>
> Ein mit `<p align="right">` eingeleiteter Absatz. Er wird rechtsbündig formatiert.
>
> Ein mit `<p align="justify">` eingeleiteter Absatz. Durch zusätzlichen Leerraum wird ein Randausgleich erzeugt.

Abbildung 4.15
Unterschiedliche
Absatzausrichtung

- ❏ `left`: linksbündige Ausrichtung der Zeilen
- ❏ `center`: zentrierte Darstellung der Zeilen
- ❏ `right`: rechtsbündige Ausrichtung

Mit dem Attribut `nowrap` schließlich schaltet man den automatischen Umbruch des Absatzes durch den Browser ab. In diesem Fall muss man mit `<br>` selber Zeilenumbrüche an festen Stellen einfügen. Damit ist die Auszeichnung eines Absatzes mit diesem Attribut gleich einem Einschließen in `<nobr>...</nobr>`.

Alternativ zur Steuerung der Ausrichtung von Absätzen mit dem `align`-Attribut von `<p>` kann man mit `<div>...</div>` die Ausrichtung ganzer Dokumentenabschnitte steuern. Es kennt ebenfalls das `align`-Attribut mit denselben möglichen Werten.

`<div>`

Darüber hinaus existiert das Tag `<center>...</center>`, das schon lange in Netscape-Browsern unterstützt wird. Es ist identisch zu `<div align="center">`.

`<center>`

HTML 4 rät von `<center>` ab, weil die Ausrichtung von Absätzen mit Attributen bei `<p>` konzeptionell sauberer ist.

Befindet sich ein mit `<p>` eingeleiteter Absatz in einem durch `<div>` oder `<center>` ausgezeichneten Abschnitt, dann wird die dort angegebene Ausrichtung auch auf den Absatz angewandt, wenn er kein `align`-Attribut trägt.

✘

Das Erzeugen von Leerraum ist mit normalen HTML-Mitteln nicht möglich – man muss auf Tricks zurückgreifen und andere Konzepte ausnutzen (siehe Abschnitt 7.8 auf Seite 96). Netscape hat mit der Version 3 seines Browsers das Tag `<spacer>` eingeführt, das Abhilfe schafft. Es dient nur zur Erzeugung von Leerraum, hat also einen nur indirekt sichtbaren Effekt, und besitzt folgende Attribute:

Leerraum erzeugen

`<spacer>`

❏ type legt die Art des erzeugten Leerraums fest. Mögliche Werte sind horizontal für horizontalen Leerraum der keine Höhe hat, vertical für senkrechten Platz und block für eine zweidimensionale Fläche.

❏ size gibt bei horizontalem oder vertikalem Leerraum dessen Breite oder Höhe an.

❏ width legt die Breite eines zweidimensionalen Leerraums fest.

❏ height – die Höhe eines zweidimensionalen Leerraums.

❏ align legt die Ausrichtung eines Blocks fest – mit denselben möglichen Werten wie bei <img>.

4.7   Laufbänder

Der Internet Explorer führte ein Tag ein, mit dem Sie textuelle Laufbänder auf einer Seite erzeugen können. Die anzuzeigende Mitteilung wird dabei von der Klammerung <marquee>...</marquee> eingeschlossen. Die möglichen Attribute haben folgende Auswirkungen:

<marquee>

❏ align enthält die Ausrichtung des Laufbandes zur Umgebung. Mögliche Werte sind top für Ausrichtung am oberen Rand der Textzeile, bottom für den unteren Rand und middle für vertikale Zentrierung.

❏ bgcolor legt die Farbe des Textes mit den in Abschnitt 3.7 auf Seite 28 beschriebenen Werten fest.

❏ height bestimmt die Höhe des Laufbands in Pixeln oder in einer Prozentangabe.

❏ width gibt die Breite des Laufbands an.

❏ hspace legt den horizontalen Abstand des Lauftextes zum linken und rechten Rand des Laufbandes in Pixeln fest.

❏ vspace ist der vertikale Abstand zum oberen und unteren Rand des Laufbands.

❏ direction ist die Laufrichtung nach links (Wert left) oder rechts (Wert right).

❏ behavior legt den Laufeffekt fest. Mögliche symbolische Werte sind scroll für ein simples Durchlaufen des Textes in der festgelegten Richtung, slide für ein wiederholtes »Hereinrollen« von links oder rechts bis zur Laufbandmitte und alternate für ein »Hin- und Herschieben« des Textes innerhalb der Fläche des Laufbands.

❏ loop legt fest, wie oft der Text im Laufband animiert wird. Durch Angabe einer Zahl bestimmen Sie die Anzahl der Wiederholungen, der Wert infinite bedeutet eine unendliche Wiederholung.

❏ scrollamount gibt an, um wie viele Pixel der Text bei jedem Animationsschritt bewegt werden soll.

❏ `scrolldelay` legt die Dauer der Pause zwischen zwei Animationsschritten in Millisekunden – also die Geschwindigkeit des Laufbands – fest.

Als einziger Browser neben dem Internet Explorer unterstützt auch Lynx das `<marquee>`-Tag, allerdings ohne Animation.

> **Aufgabe 4–8**: `<marquee>` hat den großen Nachteil, dass es nicht portabel ist. Der große Vorteil ist, dass sich damit sehr schöne Animationen einfach erzeugen lassen. Starten Sie also einen Internet Explorer und experimentieren Sie mit dem Tag – Sie können fast beliebige HTML-Strukturen damit in Bewegung setzen. Nehmen Sie mit `<hr>` erzeugte Linien in unterschiedlichen Dicken und Farben und lassen Sie diese Linien mit unterschiedlichen Geschwindigkeiten über die Seite wandern.

Die Tags, die Sie in diesem Kapitel kennen gelernt haben, beziehen sich hauptsächlich auf die Auszeichnung von laufendem Text. Im nächsten Kapitel beschreiben wir, wie man den Inhalt einer Seite weiter strukturieren kann.

4.8 Antworten zu den Aufgaben

Aufgabe 4–1:

Alle Kürzel sind fehlerhaft. Hier die Gründe: `&nt;` ist nicht als symbolisches Kürzel definiert, `&gt ;` hat ein Leerzeichen vor dem ;, `&1;` ist nicht definiert, hat das # nicht und bezeichnet in jedem Fall ein nichtdruckbares Zeichen und `&#FF` verwendet hexadezimale Ziffern in einer Dezimalzahl.

Aufgabe 4–2:

Der Trick ist die Verschachtelung der Index- und Exponentenauszeichnung:

```
E<sup>i<sup>ne</sup></sup> S<sub>i<sub>nu</sub></sub>s
</sub>k<sup>u<sup>rv</sup>e</sup>
```

Aufgabe 4–3:

Hierzu wird mit `<big>` die jeweilige Schriftverkleinerung bei Index- und Exponentialschreibweise ausgeglichen:

```
E<sup><big>i<sup><big>ne</big></sup></big></sup> S
<sub><big>i<sub><big>nu</big></sub>s</big></sub>k
<sup><big>u<sup><big>rv</big></sup>e</big></sup>
```

Die Lösung beinhaltet aber ein grundsätzliches Problem: Einige Browser vergrößern die Schrift bei geschachtelten `<big>`-Markierungen jeweils weiter, andere belassen es bei einer festen Vergrößerung. Dadurch wird eine portable Lösung leider unmöglich, wie der Screenshot zeigt:

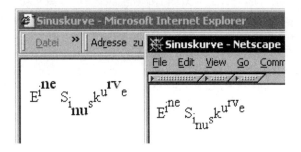

Aufgabe 4–4:

Die Auszeichnung ist:

```
Das ist <ins>neuer</ins> <del>alter</del> Text.
```

Während Netscape in der Version 4 die Tags nicht darstellt, verwenden die meisten anderen Browser Unterstreichung für neuen Text und Durchstreichung für gelöschten.

Aufgabe 4–5:

Die Auszeichnung mit `<ruby>` sieht so aus:

```
<ruby>
 <rb>Kyniker</rb>
 <rt>Angehöriger einer antiken  Philosophieschule,
  die Bedürfnislosigkeit und Selbstgenügsamkeit
  forderte
 </rt>
</ruby>
```

Aufgabe 4–6:

Dazu wird eine Grafik jeweils mit `align="left"` und `align="right"` ausgezeichnet. Damit der Absatztext nicht neben, sondern unter der linken oberen Ecke beginnt, leitet `<br>` eine neue Zeile ein.

```
<p><img src="star_gold.gif" align="left">
<img src="star.gif" align="right"><br>
Dieser Absatz hat an allen vier Ecken
eine gleitende Grafik.
<img src="star.gif" align="left">
<img src="star.gif" align="right"></p>
```

Aufgabe 4–7:

Die Darstellung geschieht mit der jeweiligen Vergößerung. Dazu können Sie `width` oder `height` verwenden. Für den doppelten Flächeninhalt ist etwas Rechnerei notwendig. Da die Fläche doppelt so groß sein soll, muss die Seitenlänge $\sqrt{2}$ mal der Originallänge sein. Mit $\sqrt{2}*20$ ergeben sich 28 Pixel.

```
<img src="grafik.gif" width="10">
<img src="grafik.gif" >
<img src="grafik.gif" width="40">
<img src="grafik.gif" width="28">
```

Aufgabe 4–8:

Es hat hoffentlich Spaß gemacht. Das folgende Beispiel bringt Farbe und Schwung auf Ihre Seite – allerdings nur wenn sie mit einem Internet Explorer angeschaut wird.

```
<marquee scrollamount="10">
 <hr size="5" width="50" color="#FF0000">
</marquee>
<marquee scrollamount="20">
 <hr size="5" width="10" color="#00FF00">
</marquee>
<marquee scrollamount="25">
 <hr size="25" width="10" color="#0F00DD">
</marquee>
<marquee scrollamount="40">
 <hr size="10" width="10" color="#0F0000">
</marquee>
```

5 Textstrukturen

In diesem Kapitel lernen Sie, wie Sie

❏ Überschriften in HTML-Seiten markieren,

❏ Listen unterschiedlicher Art auszeichnen,

❏ mehrspaltige Texte darstellen,

❏ Zitate und Programmcode formatieren,

❏ Links setzen,

❏ Fußnoten und Hinweise auszeichnen.

Im vorherigen Kapitel haben Sie die Grundlagen der Textauszeichnung mit HTML kennen gelernt. Um eine Seite aber gut lesbar zu machen, braucht sie mehr, nämlich eine Strukturierung. Die Mittel von HTML, Seiten zu gliedern und Informationen in Strukturen zu fassen, sind daher in diesem Kapitel beschrieben.

5.1 Überschriften

Eine gute Hypertextseite lebt von ihrer Struktur; sie erleichtert den Lesern die Orientierung. HTML bietet Ihnen verschiedene Möglichkeiten, Texte zu gliedern.

Überschriften für Textabschnitte kann man in HTML auf insgesamt sechs Stufen auszeichnen. Dazu dienen die Tags `<h1>` bis `<h6>` (von »heading«), wobei `<h1>`...`</h1>` die Hauptstufe auszeichnet und `<h6>`...`</h6>` die unterste Gliederungsstufe. Ein Beispiel finden Sie in Abbildung 5.1 auf der nächsten Seite.

Zu lange Überschriften,die mit `<h1>` ausgezeichnet sind, können vom Browser sehr unglücklich umbrochen werden. Sie sollten `<h1>` deshalb nur für kurze Überschriften verwenden und eventuell sogar `<h2>` bevorzugen.

Es gibt für Überschriften eine Reihe von Attributen. Ihre Ausrichtung kontrolliert `align`. Es kann die Werte `left` für Ausrichtung nach

`<h1>`

`<h2>`

`<h3>`

`<h4>`

`<h5>`

`<h6>`

Abbildung 5.1
Verschiedene
Überschriften

```
<h1>Berliner Bezirke</h1>
<h2>Westliches Berlin</h2>
<h3>Charlottenburg</h3>
<h3>Tempelhof</h3>
<h2>Östliches Berlin</h2>
<h3>Mitte</h3>
<h3>Treptow</h3>
<h1>Berliner Geschichte</h1>
```

Berliner Bezirke

Westliches Berlin

Charlottenburg

Tempelhof

Östliches Berlin

Mitte

Treptow

Berliner Geschichte

*Abbildung 5.1
Verschiedene
Überschriften*

links, center für Zentrierung und right für rechtsbündige Ausrichtung annehmen.

5.2   Listenstrukturen

Zur weiteren Strukturierung bietet HTML verschiedene Arten von Listen an. Sie lassen sich unterscheiden in ungeordnete Listen, Aufzählungen (geordnete Listen) und Definitionslisten.

Ungeordnete Listen gibt es in drei Formen, die von den Tags <ul> ...</ul> (von »unordered list«), <menu>...</menu> oder dem Paar <dir>...</dir> (von »directory listing«) umschlossen werden. Jeder Listeneintrag darin wird vom <li>-Tag (von »list item«) eingeleitet.

`<ul>`

`<menu>`

`<dir>`

Die drei Listen-Tags sind für unterschiedlich kompakte Darstellungen vorgesehen. In <ul>-Listen sollen längere Listeneinträge kommen, <menu> ist für einzeilige Einträge vorgesehen und bei <dir> sollen die Einträge nicht länger als 20 Zeichen sein und in mehreren Spalten dargestellt werden. Momentan gibt es allerdings kaum einen Browser, der diese Listen unterschiedlich präsentiert. Damit sind <menu> und <dir> eigentlich nur Variationen von <ul>.

In HTML 4 wird von der Verwendung von <dir> und <menu> abgeraten, weil die Variation der Darstellung im Vergleich zu <ul> durch Stylesheets (beschrieben im Kapitel 13 auf Seite 153) auf konzeptionell klarere Art erreicht wird.

Das Beispiel in Abbildung 5.2 auf der nächsten Seite zeigt eine Liste Berliner Sehenswürdigkeiten. Man kann solche Listen auch schachteln, wodurch der Browser geeignete andere Aufzählungspunkte wählt und die Einrückungstiefe ändert.

Kreis oder Quadrat

Für <ul> legt das Attribut type die Form der Markierungen fest. Es kann die Werte disc für eine runde, ausgefüllte Markierung, circle für einen kleinen Kreis und square für ein kleines Quadrat annehmen.

Man kann `type` innerhalb einer `<ul>`-Liste auch für einzelne `<li>`-Tags verwenden.

```
<ul>
<li>Siegess&auml;ule
<li>Haus der Kulturen
    der Welt
<li>Ged&auml;chtniskirche
<li>Europa-Center
</ul>
```

- Siegessäule
- Haus der Kulturen der Welt
- Gedächtniskirche
- Europa-Center

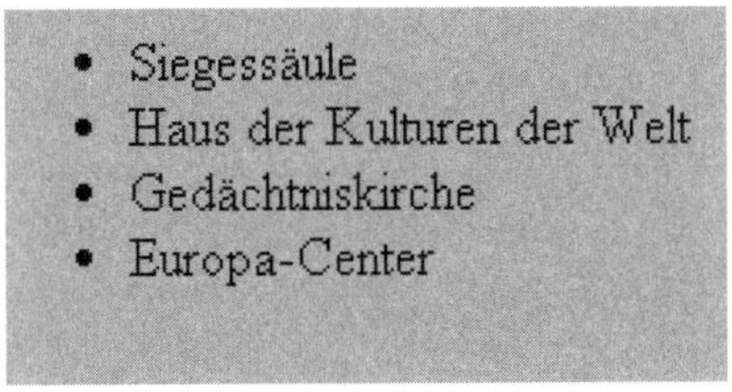

Abbildung 5.2
Eine ungeordnete Liste Berliner Sehenswürdigkeiten

Lassen sich die Listeneinträge ordnen, bietet sich eine durchnummerierte Darstellung in `<ol>...</ol>` (von »ordered list«) an. In Abbildung 5.3 sind Berliner Regierende Bürgermeister aufgezählt.

`<ol>`

```
Westberliner und
Berliner Regierende
Bürgermeister:
<ol>
   <li>Ernst Reuter
   <li>Walther Schreiber
   <li>Otto Suhr
   <li>Willy Brandt
   <li>Heinrich Albertz
   <li>Klaus Schütz
   <li>Dietrich Stobbe
   <li>Hans-Jochen Vogel
   <li>Richard
       von Weizsäcker
   <li>Eberhard Diepgen
   <li>Walter Momper
   <li>Eberhard Diepgen
   <li>Klaus Wowereit
</ol>
```

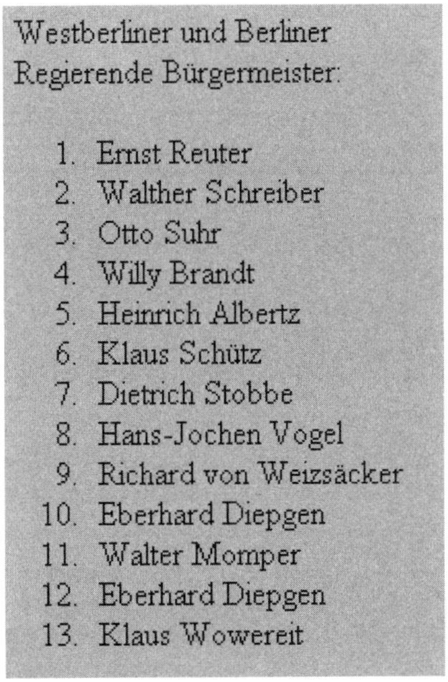

Westberliner und Berliner Regierende Bürgermeister:

1. Ernst Reuter
2. Walther Schreiber
3. Otto Suhr
4. Willy Brandt
5. Heinrich Albertz
6. Klaus Schütz
7. Dietrich Stobbe
8. Hans-Jochen Vogel
9. Richard von Weizsäcker
10. Eberhard Diepgen
11. Walter Momper
12. Eberhard Diepgen
13. Klaus Wowereit

Abbildung 5.3
Eine geordnete Liste

Mit Netscape kann man verschiedene Formen der Nummerierung festlegen und verwendet dazu das Attribut `type`. Die möglichen Werte, mit denen Sie die Art der Nummerierung bestimmen, sind:

`A`	Großbuchstaben	A, B, C, ...
`a`	Kleinbuchstaben	a, b, c,...
`I`	große römische Ziffern	I, II, III,...
`i`	kleine römische Ziffern	i, ii, iii,...
`1`	arabische Nummerierung (Normalfall)	1, 2, 3,...

Darüber hinaus lässt sich mit dem `start`-Attribut der Startwert für die Nummerierung festlegen. Soll eine Liste mit römisch 4 beginnen, ist die Auszeichnung `<ol type="I" start="4">` notwendig.

Das `<li>`-Tag kann neben `type` auch das Attribut `value` tragen, mit dem sich die Nummerierung ab einem bestimmten Listeneintrag ändern lässt.

Abbildung 5.4
Eine Aufzählung
fortsetzen

```
<ol>
<li>Erstens...
</ol>
Zwischentext
<ol>
<li value="2">
...und weiter...
<li>... und weiter
</ol>
```

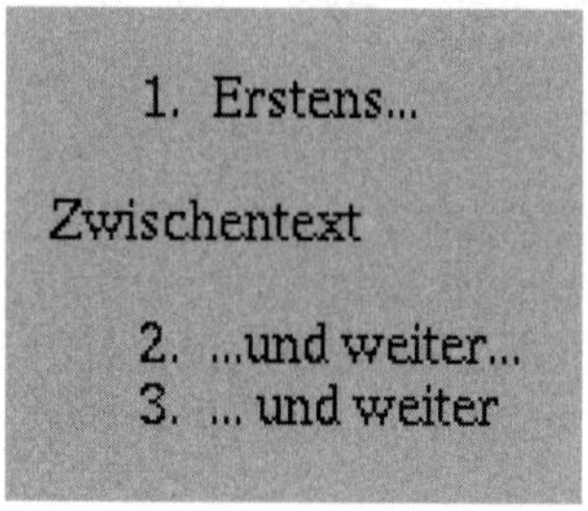

1. Erstens...

Zwischentext

2. ...und weiter...
3. ... und weiter

Wie in Abbildung 5.4 kann man so beispielsweise eine Aufzählungsliste unterbrechen und die Nummerierung in einem zweiten `<ol>` ...`</ol>`-Block wiederaufnehmen.

Aufgabe 5–1: Zeichnen Sie die folgende nummerierte Liste aus:

A. eins
    i. eins
    ii. zwei
B. zwei
    iii. eins
    iv. zwei

`<dl>`

`<dt>`

`<dd>`

Die dritte Form von Listen sind die Definitionslisten, die das Tag `<dl>`...`</dl>` umschließt. In ihnen wird ein Begriff und seine Erläuterung dargestellt. Der Begriff wird mit dem Tag `<dt>` (von »definition term«) und die Erklärung durch `<dd>` (von »definition description«) eingeleitet. Das Beispiel in Abbildung 5.5 auf der nächsten Seite zeigt einige speziell berlinische Ausdrücke für Sehenswürdigkeiten und deren Erläuterungen.

Ist `<dl>` mit dem Attribut `compact` versehen, versucht der Browsern, die Liste kompakter darzustellen.

```
<dl>
<dt>Goldelse
<dd>Siegess&auml;ule
<dt>Schwangere Auster
<dd>Haus der Kulturen
    der Welt
<dt>Hohler Zahn
<dd>Glockenturm der alten
Ged&auml;chtniskirche
<dt>Wasserklops
<dd>Springbrunnen vor dem
Europa-Center
</dl>
```

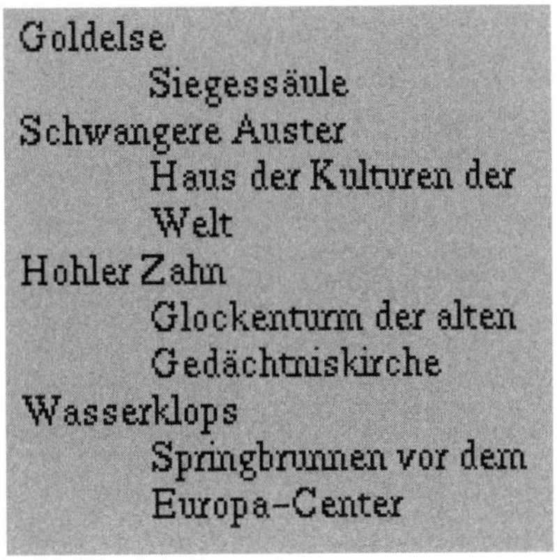

Abbildung 5.5
Eine Definitionsliste Berliner Spitznamen für Sehenswürdig-keiten

5.3 Textspalten

Das Tag `<multicol>...</multicol>` dient zur Erzeugung von Text-spalten. Der damit umschlossene Text wird vom Browser in mehreren Spalten dargestellt, die von den folgenden Attributen gesteuert werden:

`<multicol>`

- ❏ `cols` enthält die Anzahl der Spalten.
- ❏ `gutter` legt den Abstand zwischen den Spalten in Pixel fest.
- ❏ `width` bestimmt die Breite der Spalten.

Sie sollten bei der Verwendung von `<multicol>` bedenken, dass es sich nicht um ein standardisiertes HTML-Element handelt. Auch sind mehr als zwei Spalten meistens nicht sinnvoll, da ja der Leser die Seiten- und damit die Spaltenbreite durch Einstellung der Browser-Fenstergröße bestimmt. Falls Sie `width` verwenden, könnte so der Text nicht mehr ohne Scrollen sichtbar sein. Schließlich sehen enge Spalten in HTML schlecht aus, da Browser bisher keinerlei Trennungen im Text vornehmen und dadurch eine sehr unruhige Darstellung entsteht.

5.4 HTML-Zitate und vorformatierter Text

Für längere Ausschnitte aus einem anderen HTML-Dokument ist das `<cite>`-Tag weniger geeignet. In HTML gibt es für diese Texte das Tag `<blockquote>...</blockquote>`, wobei Browser den enthaltenen HTML-Text meistens mit linker und rechter Einrückung darstellen.

`<blockquote>`

In HTML 4 ist das Tag `<q>` für kurze Zitate im laufenden Text vorgesehen – es wird sich wahrscheinlich durchsetzen.

`<q>`

HTML 4 sieht sowohl für `<blockquote>` als auch für `<q>` das Attribut `cite` vor. Es soll als Wert eine URL enthalten, die auf das zitierte Dokument verweist.

Abbildung 5.6
*Ein längeres
HTML-Zitat als
Beispiel für*
`<blockquote>`

> Das folgende Zitat stammt aus einem anderen
> HTML-Dokument und ist hier von `<blockquote>` umgeben.
>
> My goal for this page was to offer the online
> community a one stop shop for all their online
> marketing needs. I wanted to give useful
> information to the experienced online marketer as
> well as the new kid on the block wanting to get
> into this lucrative business.

Programmcode

`<pre>`

Zur Darstellung von längeren Teilen eines Programms etc. benötigt man eine Umgebung, in der der Browser die vorgegebenen Zeilenumbrüche und Leerzeichen belässt. In HTML wird ein solcher vorformatierter Text mit `<pre>...</pre>` (von »preformatted«) ausgezeichnet.

Innerhalb eines solchen Textes werden Zeilenumbrüche und Leerzeichen exakt dargestellt, wie sie im HTML-Text auftreten. Es findet kein Zeilenumbruch durch den Browser statt. Tabulatorzeichen (das ASCII-Steuerzeichen Control-I) führen zur Darstellung von Leerzeichen, so dass das nächste Zeichen an einer Zeichenposition erscheint, die ein Vielfaches von acht ist. Der gesamte Text wird in Schreibmaschinenschrift dargestellt.

In vorformatiertem Text können Hervorhebungen verwendet werden, auch wenn sie nicht immer eine entsprechende Darstellung bewirken. Nicht benutzen sollte man dagegen andere Strukturierungselemente wie Überschriften.

`<pre>` kann das Attribut `width` tragen, das die Werte `40`, `80` oder `132` annehmen kann. Es soll beim Browser die Auswahl einer breiteren, normalen oder schmaleren Schreibmaschinenschrift bewirken.

Abbildung 5.7
Vorformatierter Text

```
<pre>
Vorformatierter Text
                       Text
Zwei  Leerzeichen
</pre>
```

```
Vorformatierter Text
                       Text
Zwei  Leerzeichen
```

✗ Für eine ähnliche Darstellung unterstützen einige Browser noch die Tags `<xmp>`, `<listing>` und `<plaintext>`. Bei diesen Auszeichnungen handelt es sich aber um historische Reste der ersten HTML-Version, die Sie auf Ihren Seiten nicht verwenden sollten.

Für die Auszeichnung von Informationen über Ihre Autorenschaft einer Seite und Ihrer Adresse gibt es in HTML das Tag-Paar `<address>`

`<address>`

`...</address>`. Typischerweise wird der damit ausgezeichnete Text kursiv dargestellt.

5.5 Anker, Links und URLs

Das Web (für »Gewebe« oder »Spinnennetz«) hat seinen Namen daher, dass Informationen durch Links vernetzt werden. Ein Link ist eine Verbindung zwischen zwei Textstellen, den so genannten Ankern. Auf einer Webseite sehen Sie – zumeist unterstrichen – einen Ausgangsanker, auf den Sie klicken können. Der Browser folgt dem Link, indem er das Dokument, in dem der Zielanker steht, lädt und darstellt. Es gibt zahlreiche Hypermedia-Systeme, in denen es verschiedenste Arten von Links gibt – im Web gibt es nur eine Art von Anker, die durch das `<a>`-Tag ausgezeichnet wird.

`<a>`

Entsprechend der Unterscheidung in Ausgangs- und Zielanker gibt es zwei Ausformungen des `<a>`-Tags, die sich durch die verwendeten Attribute unterscheiden. Ein Zielanker benutzt das `name`-Attribut und hat die Form

```
<a name="Ankername">Text</a>
```

Diese Auszeichnung definiert einen Zielanker, der durch den Namen *Ankername* bezeichnet wird. In einem HTML-Dokument müssen alle verwendeten Namen unterschiedlich sein. Das Gegenstück, der Ausgangsanker, verwendet das `href`-Attribut und hat die folgende Form:

```
<a href="Ankername" title="Titel">Text</a>
```

Dadurch ist *Text* der Ankertext, den der Browser hervorhebt und der angeklickt werden kann. In `title` kann man eine Beschreibung der Zielseite angeben, die der Browser während des Ladens oder beim Überfahren des Ankers mit dem Mauszeiger anzeigen kann.

In der üblichen Sprechweise über Webseiten verzichtet man meistens auf die Unterscheidung zwischen Ausgangsanker und dem – nicht sichtbaren – Link. Meistens meint »Link« den auf der Seite unterstrichenen Ausgangsanker, auf den man klickt. Abbildung 5.8 fasst die Beziehungen zusammen.

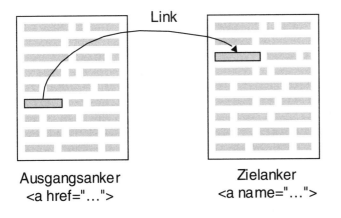

Link

Ausgangsanker
`<a href="...">`

Zielanker
`<a name="...">`

Abbildung 5.8
Anker und Links

Hier ein erstes Beispiel für einen Link innerhalb eines Dokuments:

Abbildung 5.9
Ein lokaler Link nach
Sehensw

```
Berlin wird j&auml;hrlich von vielen Touristen
besucht, die auch wegen der bekannten
<a href="#Sehensw">Sehensw&uuml;rdigkeiten</a>
kommen.
...

<a name="Sehensw">
<h1>Sehensw&uuml;rdigkeiten</h1></a>...
```

URL   Es sind aber nicht die Zielanker, die innerhalb desselben Dokuments wie die Ausgangsanker liegen, die die Stärke des Web ausmachen, sondern jene, die auf Dokumente auf anderen Rechnern verweisen. Diese Verweise werden Uniform Resource Locators oder URLs genannt und sind Ihnen schon lange als Web-Adressen bekannt. Eine URL hat den folgenden Aufbau:

```
Protokoll://Rechner:Port/Pfad/Dokument
```

In der Beispiel-URL *http://info.berlin.de/infosys/index.html* wird auf das Dokument *index.html* verwiesen, das in dem Directory *infosys* auf dem Rechner *info.berlin.de* liegt und mit dem Protokoll *http* übertragen werden soll.

Um auf das Dokument in einem Anker zu verweisen, wird man

```
<a href="http://info.berlin.de/infosys/index.html"
>Berlin Info</a>
```

verwenden. Es ist möglich, einen lokalen Zielanker in dem Dokument an die URL anzuhängen:

```
<a href=
"http://info.berlin.de/infosys/index.html#Sehensw"
>Berliner Sehensw&uuml;rdigkeiten</a>
```

Falls Sie sich über die etwas seltsam erscheinende Formatierung der HTML-Beispiele wundern, sollten Sie einen kurzen Blick in den Abschnitt 20.3 auf Seite 249 werfen. Würde man nach der schließenden spitzen Klammer beim <a>-Tag eine neue Zeile beginnen, würde dieser Zeilenumbruch vom Browser als Leerzeichen interpretiert werden. Durch dieses Leerzeichen würde allerdings die Unterstreichung des Link-Textes schon etwas vor »Berliner« beginnen.

Protokolle   Doch zurück zu URLs. Die gebräuchlichsten Protokolle, die bei URLs verwendet werden können, sehen Sie in Abbildung 5.10 auf der nächsten Seite.

Welche Protokolle in einem Browser verwendet werden können, hängt von dessen Implementierung ab.

Protokoll	Beschreibung
http:	Das Web-Protokoll; ein HTTP-Server wird angesprochen.
file:	Eine Webseite wird geladen, dabei enthält der Pfad aber keine Web-Adresse, sondern einen Dateinamen im lokalen Dateisystem auf Ihrem Rechner.
ftp:	Das File-Transfer-Protokoll zur Übertragung von Dateien; ein FTP-Server wird angesprochen.
gopher:	Das Gopher-Protokoll zur Übertragung von Dokumenten und zur Navigation in Gopher-Systemen.
mailto:	Mit dem Internet-Mail-Protokoll wird eine E-Mail an den angegebenen Empfänger geschickt.
news:	Mit dem Internet-News-Protokoll wird ein Artikel oder eine Newsgruppe geladen und angezeigt.
telnet:	Eine Terminal-Sitzung über Internet wird zu einem bestimmten Rechner gestartet.

Abbildung 5.10
Die wichtigsten Protokolle in URLs

Wir gehen in diesem Buch nicht weiter auf die verschiedenen Protokolle ein – sie wären Thema eines ganzen Buchs über das Internet. Für Sie als Web-Informationsanbieter sind die *http:*-URLs von Interesse, denn sie sind es, die Leser zu Ihren HTML-Seiten führen. Um Informationen in anderen Protokollen anbieten zu können, müßten Sie entsprechend einen FTP-Server oder einen Gopher-Server etc. betreiben bzw. Informationen darauf ablegen können. Dabei gelten aber wiederum andere Strukturierungs- und Auszeichnungkonventionen.

HTTP und URLs

Als HTML-Anbieter sollten Sie in Ihren Seiten möglichst präzise Zielpunkte für Links mit `<a name=...` aufnehmen und Ihr Informationssystem möglichst sinnvoll mit `<a href=...` vernetzen.

In HTML 3.2 sind für `<a>` auch die Attribute vorgesehen, die Sie schon bei `<link>` kennen gelernt haben. Sie können so mit `rel`, `rev` und `title` die inhaltliche Beziehung zwischen dem aktuellen Dokument und dem in `href` verwiesenen markieren und einen Titel des Zieldokuments vorab angeben. Allerdings verwendet heute noch kein Browser diese Zusatzinformationen.

In einem modernen Browser kann man mehrere Web-Dokumente gleichzeitig in verschiedenen Fenstern darstellen. Man kann nun bei einem Link vermerken, in welches Fenster das Dokument geladen werden soll. Dabei sind die vom Nutzer per Menü geöffneten Fenster ohne Namen und können nicht angesteuert werden.

Neue Fenster für neue Dokumente

Verwendet man aber bei einem `<a>`-Link das Attribut `target` mit einem Namen als Wert, öffnet der Browser ein weiteres Fenster und lädt das Dokument hinein. Ein Beispiel wäre der Link

```
<a href="help.html" target="HFenster">Hilfe</a>
```

Klickt der Leser auf den Link »Hilfe«, öffnet Netscape ein weiteres Fenster, in dem `help.html` dargestellt wird. Dabei bleibt das ursprüngliche Fenster unverändert.

Steht auf einer anderen Seite ein weiterer Link mit `target=`
`"HFenster"`, lädt Netscape das bezeichnete Dokument in das vorher schon geöffnete Fenster. Sie können auf diese Weise für Ihr Informationssystem mehrere Fenster beim Leser kontrollieren und nutzen.

Falls es ein Inhaltsverzeichnis der Hilfeseiten gibt, würde jeder Link darin das `target`-Attribut tragen müssen. Damit dies nicht notwendig ist, kennt auch das `<base>`-Tag das Attribut. Steht in einem Dokument

```
<base href=... target="HFenster">
```

dann werden alle Dokumente, auf die Links in diesem Dokument verweisen, im Fenster »HFenster« dargestellt. Trägt ein Anker auf einer solchen Seite selber das `target`-Attribut, so hat dessen Wert Vorrang vor der `<base>`-Einstellung.

In Abschnitt 11.3 auf Seite 142 finden Sie zu diesem Mechanismus weitere Erläuterungen und Beispiele.

In diesem Kapitel haben Sie die Möglichkeiten von HTML zur Auszeichnung von Textstrukturen auf einer Seite kennen gelernt. Im nächsten Kapitel beschäftigen wir uns mit den Formularen, die das Web zu einem interaktiven Medium machen.

5.6   Antwort zu der Aufgabe

Aufgabe 5–1:

Die Lösung sieht so aus:

```
<ol type="A">
  <li>eins</li>
  <ol type="i">
    <li>eins</li>
    <li>zwei</li>
    </ol>
  <li>zwei</li>
  <ol type="i" start="3">
    <li>eins</li>
    <li>zwei</li>
  </ol>
</ol>
```

6 Formulare

In diesem Kapitel lernen Sie,

❏ wie Sie Formulare für Interaktion in Ihrem Web-Dienst erstellen,

❏ welche Eingabefelder Sie dabei verwenden können,

❏ welche Arten von Auswahllisten zur Verfügung stehen,

❏ wie Sie Buttons in Formulare stellen,

❏ wie Sie erweiterte Möglichkeiten in HTML 4 nutzen und

❏ wie Sie Dateien über Formulare zu einem Server schicken.

Formulare wurden mit HTML 2 eingeführt und sind eine der wichtigsten Schlüssel zum Erfolg des Web, weil sie Interaktion zwischen Benutzer und Informationssystem ermöglichen.

6.1 Grundlagen

In einem HTML-Formular werden – neben normalem HTML-Text – mehrere Eingabe- und Auswahlfelder zusammengefasst, die der Browser auf der Seite darstellt und für die er Tastatur- und Mauseingaben akzeptiert. Jedes Feld erhält vom Autor der Seite einen Namen. Sind alle Eingaben beendet, kann der Nutzer mit einem Button die eingegebenen Feldwerte an den Server schicken. *Felder und Werte*

Dort verarbeitet ein Skript oder Programm die Eingaben. Der Browser übermittelt dem Server die Eingaben unter dem jeweiligen Feldnamen, wo sie an das Skript beim Start übergeben werden. *Skripte*

Das Programm verarbeitet diese Eingaben und erzeugt als Ausgabe eine neue HTML-Seite, die beispielsweise das Ergebnis der Verarbeitung enthält. Diese Seite wird vom Browser dargestellt, und die Interaktion zwischen Nutzer, Formular, Server, Skript und Browser ist beendet. *Ausgabeseite*

Der HTML-Text eines Formulars besteht aus dem umschließenden Tag `<form>`...`</form>`, einer Reihe von Eingabe- und Auswahlfeldern sowie Buttons, mit denen die Eingaben bestätigt werden können. `<form>`

Bei <form> gibt man zumindest die beiden Attribute action und method an. Die Eingaben eines Formulars werden an den Server übergeben, damit er eine Verarbeitung durchführt. Zuständig ist auf der Seite des Servers ein Skript oder Programm. Seine URL wird in dem Attribut action angegeben.

Formulareingabe
mit get

Es gibt zwei Arten, die Formulareingaben an dieses Programm zu übermitteln. Bei der Methode get werden sämtliche Eingaben an die URL angehängt, die im Attribut action steht. Das Skript ist in der Lage, diesen Anhang zu ermitteln und entsprechend zu verarbeiten.

Als Beispiel verwenden wir ein Formular, in dem die Eingabefelder Nachname und Vorname vom Benutzer ausgefüllt werden können. Nehmen wir im Folgenden an, mit

```
action="http://www.info.berlin.de/cgi-bin/reserv"
```

sei ein Skript zur Verarbeitung angegeben. Mit method="get" fordert der Browser bei Eingabe von »Hans Otto« als Vor- und »Meier« als Nachname vom Server das Dokument an:

http://www.info.berlin.de/cgi-bin/reserv?Vorname=Hans+Otto&
Nachname=Meier

Durch den in Kapitel 18 auf Seite 225 genauer erläuterten Mechanismus kann das Skript die Namensinformation ermitteln und ein entsprechendes HTML-Dokument als Antwort erzeugen.

Nachteil der get-Methode ist, dass die meisten Server ein Limit von 256 Zeichen für die Länge einer URL setzen. Daher könnte bei längeren Formularen oder Benutzereingaben ein Teil der Formularinformation abgeschnitten werden.

Formulareingabe
mit post

Abhilfe schafft man mit method="post", bei dessen Angabe der Browser Formulareingaben mit derselben Kodierung schickt, sie aber nicht an die URL anhängt, sondern sie dem Skript über dessen Standardeingabe übermittelt.

Als »Standardeingabe« versteht man einen Datenkanal, über den Programme Eingaben erhalten. Normalerweise werden bei einem laufenden Programm alle Eingaben auf der Tastatur in diesen Kanal geleitet. Betriebssysteme können Mittel anbieten, um diese Zuordnung umzulenken, so dass Eingaben statt von der Tastatur beispielsweise aus einer Datei gelesen werden. Dieser Mechanismus wird von einem Server so benutzt, dass die über die HTTP-Netzverbindung vom Browser eintreffenden Zeichen in die Standardeingabe gelenkt werden.

Die Details der Arbeitsweise von Skripten sind in Kapitel 18 auf Seite 225 einführend erklärt.

✘ Lässt sich absehen, dass die Benutzereingaben in das 256-Zeichen-Limit für die Anfrage passen, kann man get verwenden. Hat man Ele-

mente im Formular, bei denen die Länge der Eingabe nicht vorhersehbar ist – wie `<textarea>` –, muss man den `post`-Mechanismus verwenden.

Zur Darstellung mehrerer HTML-Seiten in einem Browser steht *Framesets und*
einem der Frameset-Mechanismus zur Verfügung, den Sie in Kapi- *Formulare*
tel 11 auf Seite 137 genauer kennen lernen. Ein Frameset teilt das
Browserfenster in mehrere – mit Namen versehene – Darstellungsberei-
che, den *Frames*, auf. In jedem Frame kann eine komplette HTML-Seite
dargestellt werden und beispielsweise mit eigenen Rollbalken versehen
sein.

Die HTML-Seite, die das Skript zur Formularverarbeitung erzeugt,
soll vielleicht nicht das komplette Browserfenster einnehmen, sondern
gezielt den Inhalt eines Frames ersetzen. Daher können Sie beim Tag
`<frame>` das `target`-Attribut verwenden, mit dem Sie ein Ziel für die
Darstellung mit einem Fenster- oder Framenamen oder einen der vordefinierten Namen angeben (siehe Abschnitt 5.5 auf Seite 65).

Zusätzlich kann das `<form>`-Tag das Attribut `enctype` tragen,
das einen so genannten MIME-Typ enthält, nach dem der Inhalt der
Formularfelder kodiert ist. Als Standardwert gilt hier die Zeichenkette
`application/x-www-form-urlencoded`.

MIME steht für *Multipurpose Internet-Mail Extensions* – ein Inter- *MIME*
netstandard ([2, 16]), der ursprünglich für die Einbettung multimedia-
ler Informationen in E-Mail entwickelt wurde. MIME definiert einen
Satz von Medienbeschreibungen; beispielsweise beschreibt `text/html`
einen HTML-Text, während durch `image/gif` eine Grafik im GIF-
Format beschrieben ist. Notwendiger Teil des MIME-Mechanismus
sind Darstellungsprogramme, die je nach Medialität unterschiedlich
sind – `text/html` kann ein Web-Browser darstellen, während für
den Typ `application/postscript` ein Darstellungsprogramm für
PostScript-Daten zuständig ist.

Im obigen Beispiel haben wir `Vorname` und `Nachname` verwen- *Eindeutige*
det. In HTML-Formularen erhalten alle Elemente einen Namen, der *Feldnamen*
mit dem Attribut `name` bei allen Tags vermerkt werden muss. Eingabefelder benötigen einen eindeutigen Namen, der nur einmal im Formular benutzt werden darf. Bei Auswahlfeldern werden mehrere HTML-
Elemente für je eine Auswahlmöglichkeit eingesetzt. Alle verwendeten
Tags in einer Auswahlgruppe müssen in `name` denselben Namen tragen,
um ihre Zusammengehörigkeit anzuzeigen.

Bei der Wahl von Namen sind Sie völlig frei; es gibt keine reservier-
ten Zeichenketten. Beachten Sie die Groß- und Kleinschreibung von
Namen – `Feld` und `feld` sind also unterschiedliche Feldnamen.

Schließlich gibt es Knöpfe, mit denen der Nutzer die Formulareingaben abschicken kann und so ihre Verarbeitung beim Server auslöst.

Die gezeigten Teile eines Beispielformulars ergeben zusammen das
folgende HTML-Formular:

```
<form method="get" action=
 "http://www.info.berlin.de/cgi-bin/reserv">
Vorname: <input type="text" name="Vorname">
Nachname: <input type="text" name="Nachname">
<input type="submit">
</form>
```

<input>

Im Folgenden stellen wir die Tags für die Auszeichnung innerhalb von Formularen dar, wobei wir eine inhaltliche Gliederung nach Eingabe- und Auswahlfeldern vornehmen. Das Tag <input> wird dabei an verschiedenen Stellen vorkommen, da es je nach Attributen unterschiedliche Funktionen übernimmt. Alle Tags in den folgenden Abschnitten dürfen nur innerhalb von <form>...</form> verwendet werden.

> **Aufgabe 6–1:** Die Wahl von get als Methode zur Übermittlung von Formulareingaben öffnet ein Sicherheitsloch. Welches ist das?

6.2   Eingabefelder

Text

<input>

Die einfachste Eingabemöglichkeit in einem Formular ist ein Textfeld. Es wird innerhalb von <form>...</form> folgendermaßen ausgezeichnet:

```
<input name="Name" type="text" value="Vorgabetext"
 size="Feldbreite" maxlength="Eingabelänge">
```

Mit diesen Angaben stellt der Browser ein Eingabefeld dar, dessen Breite im Browserfenster *Feldbreite* Zeichen entspricht. Der Benutzer kann maximal *Eingabelänge* Zeichen in das Feld eingeben. Ist das value-Attribut vorhanden, so wird *Vorgabetext* als Eingabe vorgegeben, die der Nutzer verändern kann.

<input>

Eine Variante des Felds für Texteingaben ist:

```
<input name="Name" type="password"
 value="Vorgabetext"
 size="Feldbreite" maxlength="Eingabelänge">
```

Passwörter

Der Browser stellt das Feld wie bei type="text" dar, nur werden Eingaben nicht als Klartext, sondern zumeist als * dargestellt. Damit eignet es sich zur Eingabe von Passwörtern, die nicht auf dem Bildschirm erscheinen sollen. value kann eine Vorgabe für das Passwort enthalten.

<textarea>

Für längere Eingaben kann mit HTML ein kleiner Texteditor auf einer Seite dargestellt werden. Das entsprechende Tag lautet:

```
<textarea name="Name"
 rows="Zeilenanzahl" cols="Spaltenanzahl">
Vorgabetext
</textarea>
```

Für die Eingabe stellt der Browser eine Editierfläche auf der Seite dar. Ihre Breite in Zeichen entspricht *Spaltenanzahl* (`cols` steht für »columns«). *Zeilenanzahl* bestimmt ihre Höhe in Zeilen. Üblicherweise werden am Rand Scrollbars angebracht und es sind einige Editierfunktionen vorhanden. Wie beim Texteingabefeld kann ein Vorgabetext angegeben werden; er steht aber zwischen dem Start- und Ende-Tag von `<textarea>` und nicht in einem Attribut.

Als Beispiel für die Eingabefelder wird im Formular in Abbildung 6.1 ein Name und eine Adresse erfragt.

```
<form method="POST" action=
"http://info.berlin.de/snd">
Senden Sie Infomaterial
über:<br>
<input name="name"
 type="text"
 size="20"
 maxlength="40"><br>
Adresse:<br>
<textarea name="adresse"
 rows="3" cols="19">
Herrn/Frau
</textarea>
```

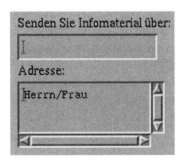

Abbildung 6.1
Eine Adresseneingabe

Seit Netscape 2.x kann das `<textarea>`-Tag zusätzlich das Attribut `wrap` tragen, das einen automatischen Zeilenumbruch in dem Editierfeld steuert. Es kann drei Werte annehmen:

❏ `off`: In einem `<textarea>`-Feld wird vom Browser kein Zeilenumbruch bei der Eingabe vorgenommen. Dies ist die Standardeinstellung.

❏ `soft`: Der Browser bricht die Zeilen bei der Eingabe um, schickt den Feldwert aber ohne die eingefügten Zeilenumbrüche.

❏ `hard`: Der Browser bricht um und schickt die Eingabe einschließlich der von ihm erzeugten zusätzlichen Umbrüche an den Server.

Um dem Leser die Eingabe so einfach wie möglich zu machen, sollten Sie auf jeden Fall `wrap="soft"` verwenden, wenn Fließtext – beispielsweise eine Mitteilung – eingegeben werden soll. Die Standardeinstellung `off` erweist sich dabei als sehr umständlich.

Im Internet Explorer 5 ist eine Variante von `<textarea>` vorhanden, die einen kleinen Editor mit HTML-Formatierungen bereitstellt. `<htmlarea>` bietet eine solche Eingabefläche. Der Browser kann darin beispielsweise Fettschrift ermöglichen und der Inhalt wird beim Abschicken des Formulars an den Server als HTML-Text übermittelt.

`<htmlarea>`

Wie bei `<textarea>` bestimmen die Attribute `name`, `rows` und `cols` den Feldnamen sowie die Anzahl der Zeilen und Spalten im Feld. Wie oben beschrieben steuert das Attribut `wrap` mit den Werten `off`, `soft` und `hard` die Behandlung von darin enthaltenen langen Zeilen und Umbrüchen durch den Browser.

Das Attribut `disabled` zeigt die Editorfläche anfangs als nicht benutzbar an, `readonly` lässt zwar beispielsweise das Bewegen im HTML-Text zu, verbietet aber jegliche Eingaben.

6.3 Auswahlelemente

Mit den Tags aus dem vorhergehenden Abschnitt können Benutzer Text frei eingeben. In diesem Abschnitt lernen Sie die Tags kennen, mit denen Auswahlen aus vorgegebenen Eingabemengen getroffen werden können.

Checkboxes

`<input>`

Checkboxes (»Kästchen zum Abhaken«) sind einfache Schalterflächen, auf die der Benutzer klicken kann. Für sie wird das `<input>`-Tag mit `checkbox` als Wert des `type`-Attributs verwendet:

```
<input name="Name" type="checkbox"
 value="Schalterwert" checked="checked">
```

Hat der Benutzer die Checkbox ausgewählt, wird als Formulareingabe der Wert *Schalterwert* unter dem Namen *Name* an den Server übermittelt. `value` kann man auch weglassen, in diesem Fall trägt der Browser den Wert `on` als Standardwert ein. Mit dem Attribut `checked` kann man den Schalter als vorausgewählt auszeichnen.

Radiobuttons

Gibt es eine Gruppe von Schaltern, von denen immer nur einer ausgewählt sein kann, spricht man von *Radiobuttons* bzw. *Radioboxes*. Der Begriff stammt von alten Radios, bei denen man mit Schaltern beispielsweise zwischen UKW, Lang-, Mittel- und Kurzwelle auswählen konnte. Drückt man einen Knopf, springt der vorher gewählte heraus. Das entsprechende Tag ist `<input>` mit `radio` als Wert vom `type`-Attribut:

`<input>`

```
<input name="name" type="radio"
 value="Schalterwert" checked>
```

Die Schalter, die eine Gruppe von Radioboxes bilden, müssen denselben Namen im `name`-Attribut haben. Im Gegensatz zu Checkboxes muss auch das `value`-Attribut gesetzt sein, da der Benutzer ja zwischen ver-

schiedenen Werten auswählen soll. Im Beispiel in Abbildung 6.2 ist eine
Anwendung von Check- und Radioboxes zu sehen.

```
<form action="http://www.info.berlin.de/cgi-bin/reservierung"
 method="GET">...
<p>Zimmerausstattung:<br>
<input name="WC"
 type="checkbox" checked> WC
<input name="Dusche"
 type="checkbox"> Dusche
<input name="Minibar"
 type="checkbox"> Minibar
<p>Hotelklasse:<br>
<input name="Klasse"
 type="radio" value="2"> **
<input name="Klasse"
 type="radio" value="3"
 checked> ***
<input name="Klasse" type="radio"
 value="4"> ****<br>
...
</form>
```

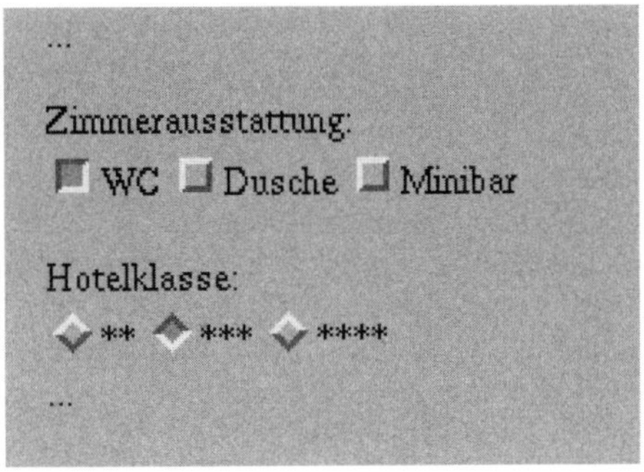

Abbildung 6.2
Check- und
Radioboxes

Auswahlen aus längeren Listen von Optionen lassen sich besser mit
Pop-Up-Menüs oder Listen durchführen. Dafür gibt es in HTML das
`<select>`-Tag. Die einzelnen Auswahlmöglichkeiten werden innerhalb
von `<select>...</select>` mit `<option>` ausgezeichnet. `<select>`
hat die Form

`<select>`

`<option>`

```
<select name="Name" size="Listenlänge" multiple>
```

`Name` ist der Name des Eingabefeldes wie bei allen Formularelemen-
ten. `Listenlänge` bestimmt, ob der Browser die Auswahl als Liste
der Optionen in einer bestimmten Größe oder als Pop-Up-Menü darstellt. Bei `size="1"` erscheint ein Pop-Up-Menü, ansonsten eine Liste
der angegebenen Länge, in der die Optionen untereinander angeordnet
sind und der Benutzer scrollen kann. Ist das Attribut `multiple` angegeben, können mehrere Optionen gleichzeitig ausgewählt werden, ansonsten zeigt die Liste das Verhalten von Radiotasten. `size="1"` und
`multiple` zusammen zu verwenden macht keinen Sinn.

Innerhalb der Klammerung `<select>...</select>` sind die einzelnen Auswahlmöglichkeiten mit `<option>` ausgezeichnet:

```
<option value="Auswahlwert" selected>
Auswahltext
</option>
```

```
<form ...>
<b>Preislage:</b><br>
<select name="preis" size="3">
<option value="billig">20-40 EUR</option>
<option value="einfach">40-70 EUR</option>
<option value="gut">70-100 EUR</option>
<option value="teuer">&uuml;ber 100 EUR</option>
</select><br>
<b>Ausstattung:</b><br>
<select multiple>
<option value="WC"> WC
</option>
<option value="Dusche"> Dusche
</option>
<option value="Bad"> Bad
</option>
<option value="Fernseher">
</option>
Fernseher
<option value="Minibar"> Minibar
</option>
</select><br>
<b>Preislage:</b>
<select name="preis" size="1">
<option value="billig">20-40 EUR
</option>
<option value="einfach">40-70 EUR</option>
<option value="gut">70-100 EUR</option>
<option value="teuer">&uuml;ber 100 EUR</option>
</select>
</form>
```

Abbildung 6.3
*Einige Variationen
von Auswahllisten*

Auswahlwert ist der Wert, der bei Auswahl der Option an *Name* vom umschließenden <select>-Tag gebunden wird. Soll eine Option oder – bei multiple in <select> – mehrere Optionen vorausgewählt sein, sind sie mit selected ausgezeichnet. In diesem Fall werden Name-Wert-Paare für jede gewählte Option übertragen: *name=wert1&name=wert2*.

Das Beispiel in Abbildung 6.3 zeigt einige der Auswahllisten.

6.4 Formulare bestätigen und rücksetzen

Die Eingaben in einem Formular schickt der Browser als Name-Wert-Paare an den Server zur Verarbeitung zurück. Dazu muss der Benutzer die Eingaben bestätigen. Es gibt in HTML dafür zwei Möglichkeiten. Bei der ersten hat das `type`-Attribut von `<input>` den Wert `submit`:

Buttons

`<input>`

```
<input name="Name" type="submit"
       value="Aufschrift">
```

`Aufschrift` ist der Text, den der Browser auf dem Button anzeigt. Fehlt `value`, wird ein – zumeist englischsprachiger – Standardtext, z.B. »Submit«, verwendet. `name` ist optional, da kein Wert eingegeben werden kann.

Es ist möglich, mehrere `submit`-Buttons in einem Formular zu haben. Gibt man ihnen unterschiedliche Namen, kann man beispielsweise Auswahlen einfacher gestalten. Beim Klick auf einen dieser Buttons wird sofort die Verarbeitung beim Server gestartet und dem Nutzer wird eine Interaktion mit dem Browser erspart – normalerweise muss er die Auswahl treffen und dann das Formular abschicken. Das Skript kann an der Übermittlung eines Wertes (`on` oder der Inhalt von `value`) erkennen, mit welchem Knopf das Formular abgeschickt wurde.

✘

Anstelle des Buttons lässt sich auch eine Grafik verwenden, über die der Leser das Formular abschickt. Dafür wird `image` für das `type`-Attribut des `<input>`-Tags verwendet:

Grafiken

```
<input name="Name" type="image" src="URL"
 align="Ausrichtung">
```

`URL` bezeichnet wie beim `<img>`-Tag eine Grafikdatei und `align` deren vertikale Ausrichtung bezüglich der Textlinie mit den möglichen Attributwerten `top`, `middle` und `bottom`. Zusätzlich sind die Werte `left` – horizontale Ausrichtung am linken Rand – und `right` – Ausrichtung am rechten Rand – möglich.

Das `name`-Attribut kann man hier sinnvoll einsetzen. Klickt der Benutzer die Grafik an, sendet der Browser unter den Namen `Name.x` und `Name.y` die Koordinaten des Klicks innerhalb der Grafik an den Server.

Neben den Editiermöglichkeiten, die der Browser für Formulare anbietet, sieht HTML einen weiteren Button vor, durch den alle Eingaben rückgängig gemacht und die Vorgabewerte wieder angezeigt werden:

Reset

`<input>`

```
<input name="Name" type="reset" value="Aufschrift">
```

`value` enthält wie bei `submit` die Aufschrift des Buttons. Fehlt sie, zeigt der Browser wieder einen Standardtext an, der zumeist »Reset« lautet. Die Verwendung demonstriert das Beispiel in Abbildung 6.4 auf der nächsten Seite.

Abbildung 6.4
Submit- und
Reset-Buttons

```
<form ...>...
<input type="submit"
 value="Abschicken">
<input type="reset"
 value="Zur&uuml;cksetzen">
```

6.5   Erweiterte Formulare mit HTML 4

HTML 4 führte weitere Konzepte für die Gestaltung von Formularen ein, mit denen sich HTML immer mehr an Eingabedialoge in grafischen Oberflächen annähert.

Buttons (»Schaltknöpfe«) sind ein Standardelement von Nutzeroberflächen. In HTML-Formularen sind sie mit Varianten des `<input>`-Tags nur sehr eingeschränkt möglich. Im HTML-4-Entwurf wird das Tag `<button>...</button>` eingeführt, mit dem etwas mehr realisierbar ist. Seine Attribute sind:

`<button>`

❑ `name`: Der Name des Buttons innerhalb des Formulars.

❑ `value`: Der Wert, der für das Button-Feld an den Server geschickt werden soll.

❑ `type`: Die Art des Buttons. Folgende Werte sind vorgesehen:

  ❑ `submit`: Ist ähnlich `<input>` mit `type="submit"`, nur dass die Beschriftung innerhalb der Tag-Klammerung steht. Falls sich dort aber eine Grafik mit `<img>` befindet, ähnelt das Tag einem `<input>` mit `type="image"`, allerdings soll es anders dargestellt werden. Beim Tag `<input>` stellt der Browser die Grafik ohne dreidimensionalen Effekt dar. Bei `<button>` wird sie mit einem Rand versehen, der sie leicht erhöht erscheinen lässt.

  ❑ `reset`: Ähnlich `<input>` mit `type="reset"`, nur dass auch hier eine Grafik für den Button in der beschriebenen Weise verwendet werden kann.

  ❑ `button`: Während `submit` und `reset` ein Abschicken der Eingaben an den Server oder ihr Rücksetzen bewirken, kann es bei der Verwendung von eingebetteten Skripten eine ganze Reihe sinnvoller Aktionen geben, die ein Button auslösen kann. In Abschnitt 22.4 auf Seite 271 lernen Sie mehr über Ereignisse in HTML-Seiten und wie sie Skriptaufrufe bewirken. Falls ein Button diesen Effekt haben soll, ist `button` der richtige Wert.

```
<input name="antwort" value="ja"
 type="submit">
<button name="antwort" value="ja"
 type="submit">Ja</button>
<button name="antwort" value="ja"
 type="submit"><u>Ja,
 <i>unbedingt</i></u></button>
<input name="antwort" value="nein"
 type="image" src="nono.gif">
<button name="antwort" value="nein"
 type="submit">
<img src="nono.gif"></button>
```

Abbildung 6.5
*Unterschiedliche
Eingabebuttons mit*
`<input>` *und*
`<button>`

In Abbildung 6.5 sehen Sie verschiedene Buttons, die mit `<input>` und `<button>` erzeugt werden. Folgende Unterschiede sind deutlich:

❏ Die Beschriftung des Buttons ist bei `<input>` gleich dem Wert des `value`. Bei `<button>` ist er von diesem Attribut unabhängig, da der Beschriftungstext von `<button>`...`</button>` umschlossen ist. Im Beispiel beginnt die Beschriftung bei `<button>` mit einem Großbuchstaben, während das `value` unverändert kleingeschrieben ist.

❏ Die Beschriftung bei `<button>` kann selber auch Auszeichnungen enthalten, die der Browser darstellen kann. Das Beispiel nutzt Unterstreichung und Kursivschrift.

❏ Die Darstellung eines mit einer Grafik versehenen Buttons entspricht optisch der Darstellung normaler Text-Buttons.

Im Vergleich zu modernen grafischen Oberflächen haben HTML-Auswahlfelder ein weiteres Manko: Man kann sie nur durch Klicken auf die Auswahlfläche schalten, aber nicht per Klick auf die dazugehörige Beschreibung.

In HTML 4 ist daher das Tag `<label>` eingeführt worden. In seiner einfacheren Form umschließt es ein Eingabefeld und den Beschreibungstext:

`<label>`

```
<label>
 <input name="ausst" value="Dusche"
  type="checkbox"> Dusche
</label>
```

Dadurch wird das Wort »Dusche« zum Beschreibungstext für das Auswahlfeld. Der Nutzer kann dann nicht nur das Kästchen zur Auswahl anklicken, sondern auch diesen Text.

Getrennte
Beschriftung

Es ist auch möglich, die Beschriftung getrennt vom Eingabefeld im HTML-Text zu notieren. Dazu führte HTML 4 zwei Attribute ein.

Mit dem ersten, `id`, kann an alle Elemente eine Zeichenkette vergeben werden, die als Bezeichner für das Element dient. Diese Bezeichner müssen innerhalb eines Dokuments eindeutig sein. `id` ähnelt damit etwas dem `name`-Attribut der Formularelemente, nur dass es bei fast allen HTML-Tags vorkommen kann und nicht zur Kommunikation mit dem Server verwendet wird.

Da man auf diese Weise Elemente benennen kann, muss `<label>` das dazugehörige Eingabefeld nicht mehr umschließen. Mit dem Attribut `for` können Sie einen Elementenbezeichner angeben, auf den sich der Beschreibungstext bezieht.

Die getrennte Markierung von Beschreibungstext und Eingabeelement ist oftmals notwendig: Wenn Text und Element beispielsweise in unterschiedlichen Zeilen einer Tabelle vorkommen sollen, ist ein umschließendes `<label>` nicht möglich. Abbildung 6.6 zeigt eine solche Verwendung von `<label>`.

Abbildung 6.6
Ein ausgewählter
Beschreibungstext

```
<table>
<tr align="center"><td>
  <label for="dusche">Dusche
  </label>
</td></tr>
<tr align="center"><td>
  <input name="ausst"
   value="Dusche"
   type="checkbox" id="dusche">
</td></tr>
</table>
```

Felder gruppieren

In grafischen Oberflächen ist es üblich, in einer Dialogbox thematisch zusammengehörige Felder auch optisch zu gruppieren. Oft wird dazu eine Gruppe von Feldern mit einem Rahmen umgeben, an dem wiederum eine Kurzbeschreibung der Gruppe angebracht ist.

HTML 4 sieht einen solchen Gruppierungsmechanismus mit dem `<fieldset>`-Tag vor. Dabei umfasst das Tag einfach eine Reihe zusammengehöriger Felder und zusätzlichen HTML-Text.

`<fieldset>`

`<legend>`

Innerhalb von `<fieldset>`...`</fieldset>` kann mit `<legend>` ...`</legend>` die Beschreibung der Gruppe ausgezeichnet werden. Die Ausrichtung der Beschreibung in Bezug zum Rahmen legt das Attribut `align` fest, das die Werte `left` – links –, `right` – rechts –, `top` – oben – oder `bottom` – unten – annehmen kann.

Neben diesen neuen Tags für Eingabefelder und Strukturen defi- *Weitere Tags*
niert HTML 4 weitere Attribute, mit denen die Eingabemöglichkeit in
Feldern und die Feldauswahl per Tastatur feiner gesteuert werden kann.

Durch das Attribut `disabled` lassen sich mit den Tags `<input>`,
`<textarea>`, `<select>`, `<option>`, `<button>` und `<label>` markierte Felder ausschalten. Der Browser wird sie dann vielleicht grau
darstellen und es verbieten, sie auszuwählen oder den Cursor dorthin
zu bewegen.

Damit können Sie Formulare sehr ansprechend gestalten, weil nur
die jeweils relevanten Felder auswählbar sind, der Nutzer aber immer
dieselbe Formulargestaltung vorfindet. Beim Abschicken eines Formulars werden diese Felder nicht an den Server übermittelt.

Eine Variante von `disabled` ist das Attribut `readonly`, das bei
den Tags `<textarea>` und bei `<input>` – mit Attribut `type="text"`
oder mit `type="password"` – verwendet werden kann.

Mit ihm enthält ein Eingabetext einen – mit `value` vorgegebenen
– Text, der vom Benutzer aber nicht verändert werden kann. Dieser
Inhalt wird beim Abschicken des Formulars zum Browser übermittelt.
Auf diese Weise lassen sich konstante Felder in ein Formular setzen,
ohne einen optischen Bruch zwischen Feldinhalten und umgebenden
HTML-Text zu haben.

6.6 Tasten zum Wechsel zwischen Feldern

HTML 4 erweitert Formulare darüber hinaus um Mechanismen zur
tastaturgesteuerten Navigation zwischen Formularfeldern. Auch hier ist
eine Annäherung zu Dialogboxen in modernen grafischen Oberflächen
festzustellen.

In solchen Oberflächen ist es üblich, bestimmte Menüelemente oder
Felder in Dialogboxen durch eine kurze Tastatureingabe aktivieren zu
können. In herkömmlichen HTML-Formularen kann man lediglich mit
der Maus ein Feld auswählen, die meisten Browser erlauben auch eine
Navigation mit der Tabulatortaste.

In HTML 4 wird das Attribut `accesskey` eingeführt, das bei den
Tags `<label>`, `<legend>` und `<a>` verwendet werden kann. Sein Wert
ist ein Zeichen in der HTML-Kodierung.

Der Entwurf gibt dafür folgendes Beispiel:

```
<label for="user" accesskey="U">User Name</label>
<input type="text" name="user">
```

Dabei bezieht sich `<label>` auf das folgende Eingabefeld. Ihm wird
durch `accesskey` die Tastatureingabe »U« zugewiesen. Der Browser
wird also bei Anzeige des Formulars auf die Eingabe »U« so reagieren,
dass er den Cursor in das Eingabefeld setzt und dort auf weitere Tasten

wartet. So kann man leicht ohne Wechsel zur Maus Felder auswählen. Eine solche Navigation zwischen des Feldern per Tastatur ist heute schon in Browsern über die Tabulatortaste implementiert: Üblicherweise springt man mit ihr zwischen Texteingabefeldern in der Reihenfolge ihrer Darstellung. In HTML 4 ist dieses Verhalten verfeinert und durch HTML-Attribute definiert. Für die Tags `<select>`, `<input>`, `<textarea>`, `<button>`, `<object>`, `<area>` und `<a>` wird das Attribut `tabindex` beachtet.

Die durch die Tabulatortaste anwählbaren Felder und Links werden dadurch in eine durchnummerierte Reihenfolge gebracht. Dementsprechend ist der Wert von `tabindex` eine Zahl. Bei dem Beispiel

```
<label for="Nachname">Name</label>
<input type="text" tabindex="2" name="Nachname">
<label for="Vorname">Name</label>
<input type="text" tabindex="1" name="Vorname">
```

wird der Browser zunächst den Cursor im Vornamen-Feld aktivieren und dann per Tabulator zum Nachnamen schalten. Ein Browser, der `tabindex` nicht kennt, verhält sich genau andersherum.

6.7   Versteckte Formularfelder

Neben den beschriebenen Tags für Eingabe, Auswahl und Bestätigung in einem Formular gibt es noch eine `<input>`-Variante mit `hidden` als Wert des `type`-Attributs:

```
<input name="Name" type="hidden" value="Wert">
```

Die Aufgabe dieses Tags wird klar, wenn man sich beispielsweise eine Interaktion zwischen Benutzer und Server vorstellt, in der mehrere Formulare nacheinander ausgefüllt werden sollen.
Eine solche Interaktion ist schwierig, da alle Zugriffe im Web anonym und zustandslos sind. Zustandslos bedeutet hier, dass aus einem Zugriff nicht ablesbar ist, welche vorhergehenden Zugriffe stattfanden.

Nehmen wir an, bei einem Webserver kann ein Hotelzimmer und der Besuch eines Musicals gebucht werden. Im Formular für das Hotelzimmer gebe es ein Textfeld mit `name="Name"`, in dem man seinen Namen eingeben kann. Beim Verarbeiten des Formulars liefert der Server ein zweites Formular, auf dem das Datum des Musicalbesuchs eingetragen werden kann.

Beim Abschicken dieses zweiten Formulars müsste man seinen Namen erneut angeben, da der Server keinen Zusammenhang mit dem vorhergehenden Formular erkennen kann.

An dieser Stelle kommt ein verstecktes Eingabefeld ins Spiel. Zunächst erzeugt das Skript zur Verarbeitung der Hotelreservierung als

Ausgabe die HTML-Seite zur Ticketbestellung. Dann wird dem nach Nutzereingaben erzeugten zweiten Formular ein Feld mit dem Typ `hidden` eingefügt:

```
<form ....>...
<input name="Name" type="hidden"
 value="Hans Otto Meier">...
</form>
```

Wird dieses Formular angezeigt, sieht man den versteckten Namen nicht. Schickt man es an den Server, enthält die Anfrage ein Feld `Name=Hans+Otto+Meier`, und dadurch kennt der Server den Absender und kann das Musicalticket reservieren.

6.8 Ein Beispielformular

Abschließend soll ein Beispielformular einige Formularelemente in Kombination demonstrieren. Der HTML-Text in Abbildung 6.7 auf der nächsten Seite kombiniert verschiedene der besprochenen Eingabe- und Auswahlfelder. Das Formular stellt der Browser in Abbildung 6.8 auf Seite 83 dar.

Mit Formularen können Sie Ihre Webseiten interaktiv machen und sehr attraktive Dienste anbieten. Für eine noch ansprechendere Darstellung lassen sich Tabellen einsetzen. Sie finden dazu mehr in Abschnitt 10.8 auf Seite 130.

6.9 Dateien per Formular schicken

Mit den bisher vorgestellten Elementen lässt sich viel Interaktivität im Web realisieren, wobei aber alle Eingaben von Hand eingetippt werden müssen. Man möchte aber auch im Web Dateien übertragen können, die beim Benutzer in einem beliebigen Format vorliegen. Um für diese Aufgabe nicht mehr das FTP-Protokoll benutzen zu müssen, gibt es eine Erweiterung von HTML, die im RFC 1867 ([17]) standardisiert wurde: der File-Upload in Formularen. »Upload« ist die übliche Bezeichnung für die Übertragung einer Datei zu einem Server.

Upload

Dazu verwendet man einen weiteren Typ des `<input>`-Tags, bei dem das Attribut `type` den Wert `file` hat. Es dient als Eingabefeld für einen Dateinamen im Dateisystem des Benutzer-Rechners. Ein Browser kann zusätzlich einen Button bereitstellen, mit dem man eine Datei per Mausklick auswählen kann.

`<input>`

Diese Datei wird vom Browser eingelesen, kodiert und als Eingabe für ein Skript an den Server übermittelt. Für diese spezielle Kodierung muss das `<form>`-Tag einen anderen Wert für das `enctype`-Attribut

`<form>`

```
<form
 action="http://www.info.berlin.de/cgi-bin/reserv"
 method="POST">
<b>Ihr Name:</b>
<input name="name" type="text"  size="30" maxlength="50"><br>
<b>Ihre Adresse:</b><br>
<textarea name="adresse" cols="39" rows="3"></textarea><br>
<b>Gew&uuml;nschte Lage:</b>
<select name="gebiet" size="1">
<option name="city" checked>Citylage</option>
<option name="stadt">Stadtgebiet</option>
<option name="aussen">Au&szlig;enbezirke</select><br>
<b>Kategorie:</b>
<input name="kat" value="1stern" type="radio"> *
<input name="kat" value="2stern" type="radio"> **
<input name="kat" value="3stern" type="radio" checked> ***
<input name="kat" valuc="4stern" type="radio"> ****
<br>
<b>Ausstattung:</b>
<input name="ausst" value="WC" type="checkbox"> WC
<input name="ausst" value="Dusche" type="checkbox"> Dusche
<input name="ausst" value="Bad" type="checkbox"> Bad
<input name="ausst" value="Fernseher" type="checkbox"> Fernseher
<br>
<b>Preislage:</b><br>
<select name="preis" size="4">
<option value="billig">20-40 EUR</option>
<option value="einfach">40-70 EUR</option>
<option value="gut">70-100 EUR</option>
<option value="teuer">&uuml;ber 100 EUR</option>
</select>
</form>
```

Abbildung 6.7
Ein größeres
Formular

tragen, und zwar den speziellen MIME-Typ `multipart/form-data`. Er bewirkt, dass alle Eingabefelder als mehrteilige MIME-Mitteilung geschickt werden. Mehrere Teile sind notwendig, weil ein Teil die normalen Feldwerte enthält und jede mitgeschickte Datei in einen separaten Block übertragen wird. Für das Übersenden von Dateien muss das Attribut `method` immer den Wert `post` haben.

Zusätzlich können Sie bei `<input>` das Attribut `accept` verwenden, in dem eine durch Kommata getrennte Liste von MIME-Typen steht. Sie beschränkt die Auswahlmöglichkeit auf einzelne Dateiar-

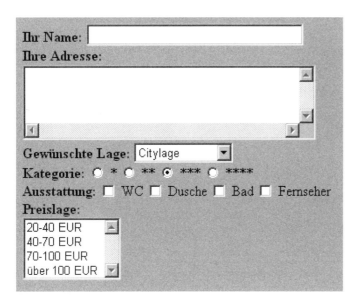

Abbildung 6.8
Das Beispielformular im Browser

ten, beispielsweise würde man durch das Attribut `accept="image/*,video/*"` nur Bilder und Videofilme zulassen.

Das Beispiel in Abbildung 6.9 auf der nächsten Seite zeigt ein Formular, in dem ein Benutzer seine E-Mail-Adresse und den Namen einer zu übertragenden Datei angeben kann. Klickt man auf `Browse...`, zeigt Netscape eine Dialogbox an, in der man Dateien auswählen kann. Dieser Button wird übrigens automatisch vom Browser erzeugt.

Wird das Formular bestätigt, lädt der Browser die angegebene Datei, kodiert sie für die Übertragung und kombiniert sie zusammen mit den anderen Formularfeldern in eine MIME-Mitteilung. Diese wird an den Server geschickt, der sie an das Verarbeitungsskript weiterleitet. Dieses Skript muss die Mitteilung dekodieren – die folgenden Absätze sollen Ihnen einen Eindruck der notwendigen Schritte geben.

Das in `action` bezeichnete Skript erhält diese Mitteilung auf seiner Standardeingabe, da `method` den Wert `post` hat. An der Umgebungsvariablen `CONTENT_TYPE` kann das Skript erkennen, dass es sich um eine kombinierte MIME-Mitteilung mit Formulareingaben handelt (der Inhalt ist hier wegen der Seitenbreite umgebrochen, tatsächlich bildet er eine einzige Zeile):

```
multipart/form-data;
boundary=------------186306805817377307337481 2892
```

Der `boundary`-Teil enthält eine Zeichenkette, die die einzelnen Teile der Mitteilung trennt. Der Browser muss sicherstellen, dass sie in den Feldinhalten selber nicht vorkommt.

Abbildung 6.9
Upload einer Datei
per Formular

```
<form
 action="http://www.info.berlin.de/cgi-bin/upload"
 enctype="multipart/form-data" method="POST">
Absender:<br>
<input type="text" size="33,2" name="absender"><br>
Datei schicken:<br>
<input type="file" size="40" name="upload"><br>
<input type="submit" value="Schicken">
</form>
```

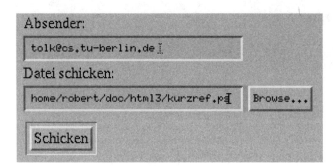

In der Standardeingabe des Skripts steht die MIME-Mitteilung. Für
das Beispiel, in dem eine PostScript-Datei ausgewählt wurde, sieht sie
wie folgt aus:

```
--------------1863068058173773073374812892
Content-Disposition: form-data; name="absender"

tolk@cs.tu-berlin.de
--------------1863068058173773073374812892
Content-Disposition: form-data; name="upload"; filename="kurzref.ps"
Content-Type: application/postscript

%!PS-Adobe-2.0
%%Creator: dvipsk 5.58a Copyright 1986, 1994 Radical Eye Software
%%Title: kurzref.dvi
%%Pages: 9
%%PageOrder: Ascend
%%BoundingBox: 0 0 596 842
%%DocumentFonts: Courier Courier-Bold
%%DocumentPaperSizes: a4
%%EndComments
/TeXDict 250 dict def TeXDict begin /N{def}def /B{bind def}N
...
```

Das erste Eingabefeld bildet den ersten Teil der MIME-Mitteilung, der durch den `boundary`-Teil der Umgebungsvariablen `CONTENT_TYPE` definiert wurde. Der `Content-Disposition:`-Header des Mitteilungsteils beschreibt, dass es sich um einen Teil eines Formulars handelt, und gibt an, wie der Feldname lautet.

Der zweite Mitteilungsteil enthält den »Inhalt« des zweiten Eingabefeldes, nämlich die Datei, die übermittelt wird. Für das Beispiel fügt der Browser im `Content-Disposition:`-Header den ursprünglichen Dateinamen in `filename` an. Zusätzlich hat er ermittelt, dass es sich um eine PostScript-Datei handelt, und daher den `Content-Type:`-Header für den Mitteilungsteil mit dem MIME-Wert `application/postscript` erzeugt.

Das Skript zur Verarbeitung des Formulars ist dafür verantwortlich, die MIME-Mitteilung zu behandeln, d.h. die Feldinhalte zu extrahieren und beispielsweise die übermittelte Datei geeignet abzuspeichern.

Interaktion war ein Grund für den Durchbruch des Web. Ein weiterer war die optische Aufwertung des Informationsangebots mit Grafiken. Im nächsten Kapitel lernen Sie die dafür notwendigen Mechanismen kennen.

6.10 Antwort zu der Aufgabe

Aufgabe 6–1:

Da die Eingaben in der URL kodiert werden, können sie beispielsweise in der Nutzungsgeschichte des Browsers gespeichert werden. Sie können dann, beispielsweise bei öffentlichen Terminals, an andere Nutzer geraten.

7 Grafik

In diesem Kapitel lernen Sie,

❏ wie Sie Grafiken erstellen und verwenden,
❏ welche Sonderformate es für Bilder gibt und
❏ welche Tricks Sie mit Grafiken machen können.

Im Abschnitt 4.5 auf Seite 45 haben Sie das `<img>`-Tag kennen gelernt, mit dem man Grafiken in HTML-Seiten einbindet. In diesem Kapitel erfahren Sie mehr über die Aufbereitung von Grafiken für das Web und deren geschickte Verwendung auf Ihren Seiten.

Grafiken sind wichtige Bestandteile von Webseiten. Sie sind einerseits Informationsträger – wie bei einem Foto –, andererseits wiederkehrende Layoutbestandteile – wie bei einer Hintergrundgrafik. Baut man ein eigenes Informationssystem auf, bedeutet die Erstellung von Grafiken einen ebenso hohen Aufwand wie das Schreiben der HTML-Seiten.

7.1 Grafiken erstellen und verwenden

Formate und Werkzeuge

Für die Erstellung von Grafiken lassen sich alle Tools verwenden, mit denen Sie auch sonst auf Ihrem Rechner Bilder erstellen, wenn Sie auf irgendeinem Wege zum GIF- oder JPEG-Format gelangen. Zwar beherrschen immer mehr Browser auch andere Formate, GIF und JPEG sind jedoch die dominierenden Grafikformate im WWW.

Es gibt keine speziellen Bildeditoren für das Web. Sie können vorhandene Grafiken nutzen oder eigene mit einem Bildeditor erstellen. Wollen Sie Ausschnitte aus der Bildschirmdarstellung eines Programms verwenden, brauchen Sie ein Tool, das diese speichern kann – ein so genanntes Screen-Capture-Programm.

Wenn Sie Grafiken nicht selber erstellen wollen oder können, haben Sie die Möglichkeit, auf schon vorhandene zurückzugreifen. Vielleicht benutzen Sie ein Grafikprogramm, das eine Clipart-Sammlung enthält. Nach einer entsprechenden Konvertierung können Sie diese problemlos im Web verwenden – zumeist erhalten Sie zusammen mit der Lizenz für das Programm Nutzungsrechte an den mitgelieferten Cliparts.

Ein anderer Weg besteht darin, Bilder aus anderen Webseiten zu verwenden. Bei vielen Browsern kann man ein Image einfach auslesen, so beispielsweise bei Netscape mit einem Druck auf die rechte Maustaste über der Grafik. Sie können die Grafik dann auf Ihren Server kopieren, manipulieren und verwenden.

✗ Sie müssen dabei allerdings bedenken, dass Sie damit Grafiken benutzen, an denen jemand anders das Urheberrecht besitzt. Die rechtliche Situation dabei ist ungeklärt und sehr unübersichtlich. Sie sollte immer davon ausgehen, dass Rechte existieren und eventuell durchgesetzt werden können.

✗ Eine rechtlich sichere Lösung sollte die Verwendung eines Verweises auf eine Grafik im Netz sein, indem Sie beim src-Attribut von <img> eine vollständige URL angeben, die auf einen anderen Server verweist.

Allerdings haben Sie damit keine Kontrolle darüber, ob die Grafik tatsächlich vorhanden ist, und beim Nutzer werden die Grafiken unterschiedlich schnell geladen.

Archive Abhilfe können auch die verschiedenen Archive mit frei verwendbaren Grafiken im Internet bieten. Der Verzeichnisdienst Yahoo bietet bei *http://dir.yahoo.com/Arts/Design_Arts/Graphic_Design/Web_Page_ Design_and_Layout/Graphics* eine riesige, thematisch geordnete Link-Sammlung zu praktisch allen Aspekten von Grafiken im Web, einschließlich Verweisen auf Bilderarchive in verschiedensten Formaten.

Zwei gute Sammlungen mit frei verwendbaren Grafiken aus allen möglichen Themenbereichen sind der Icon Bazaar unter *http://www. iconbazaar.com* und der Server von Pixelsight bei der URL *http://www. pixelsight.com*.

7.2   Transparente GIFs

Ein wichtiges Format von GIFs speziell für das Web sind transparente Bilder. Nehmen wir an, Sie haben ein kleines Logo vorliegen, bei dem das eigentliche Logo in Schwarz auf weißem Hintergrund gezeichnet ist. Wenn Sie es mit <img> in Ihre Seite einbinden, haben Sie auf dem vielleicht grauen Hintergrund der Seite ein weißes Rechteck, auf dem dann das schwarze Logo steht.

Optisch ansprechender wäre es, wenn man den weißen Logohintergrund ausblenden könnte. Genau dazu gibt es transparente GIFs. Bei ihnen ist eine Farbe als durchsichtig vermerkt. Der Browser stellt alle Pixel dieser Farbe nicht dar, sondern lässt den Seitenhintergrund unverändert.

Macht man für das Beispiel die Farbe Weiß transparent, erscheint das Logo wie gewünscht schwarz auf dem grauen Seitenhintergrund.

Zudem ist die rechteckige Form des GIFs nicht mehr erkennbar. Die folgende Abbildung zeigt den Unterschied für ein Logo.

Abbildung 7.1
Ein Bild mit transparentem Weiß

Zumeist braucht man für das Ausblenden einer Farbe kein spezielles Werkzeug. Die meisten Bildverarbeitungsprogramme erlauben eine sehr einfache Auswahl einer transparenten Farbe bei der Abspeicherung eines GIFs. In Abbildung 7.2 sehen Sie den entsprechenden Dialog für ein Beispiel in Corel Photopaint.

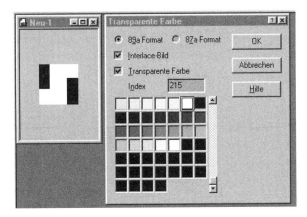 

Abbildung 7.2
Corel Photopaint

Für Unix existiert das Hilfsprogramm giftool, mit dem wir diese Bearbeitung demonstrieren. Es gibt für andere Betriebssysteme komfortablere Programme, an den einzelnen Schritten mit giftool können Sie aber die Arbeitsweise besser erkennen. Das Programm finden Sie im Web über *http://thelabs.com/GIFTool*.

giftool

Zunächst muss man angeben, welche Farbe denn überhaupt ausgeblendet werden soll. Dafür gibt es drei Möglichkeiten: Man benennt den Namen der Farbe, man beschreibt die Farbe in ihren Rot-, Grün und Blauanteilen oder man gibt den Index der Farbe in dem Bild an.

In einem GIF werden zunächst Informationen über die verwendeten Farben gespeichert. Dazu erhält jede eine Zahl, ihren Index. Für das Beispiellogo könnte Weiß die Farbe 0 oder 1 des Bildes sein. Um Informationen über ein GIF `logo.gif` zu erfragen, kann man

```
giftool -p logo.gif
```

aufrufen. Man erhält für das Beispielbild die folgende Ausgabe:

```
GIF Image berlin.gif (11x14)
Image Colormap
```

```
1:   0   0   0 (0x00 0x00 0x00) black
2: 255 255 255 (0xff 0xff 0xff) white
Image at 0,0 size 11x14
```

Damit haben Sie die nötigen Informationen über die verwendeten Farben. Um den weißen Hintergrund transparent zu machen, teilt man dem Programm entweder die zukünftig transparente Farbe oder den Index der transparenten Farbe mit. Bei giftool sind dabei folgende Programmaufrufe möglich:

```
giftool -rgb 255,255,255 -B logo.gif
giftool -2 -B logo.gif
```

Zur Kontrolle kann man sich nochmals die Informationen über das Bild ausgeben lassen – giftool vermerkt den Index der transparenten Farbe:

```
GIF Image berlin.gif (11x14)
Image Colormap
  1:   0   0   0 (0x00 0x00 0x00) black
  2: 255 255 255 (0xff 0xff 0xff) white
  Image at 0,0 size 11x14
        Transparent pixel = 2
```

7.3   Interlaced GIFs

Eine weitere für GIF-Bilder im Web interessante Technik heißt Interlacing. Normalerweise baut sich eine Grafikdatei Zeile um Zeile von oben nach unten auf. Beim Interlacing hat sie ein anderes Speicherformat: Zuerst kommt die erste Zeile, danach die neunte, und so geht es weiter mit einem Abstand von acht Zeilen. Ist der untere Rand des Bildes erreicht, folgen die fünfte, dreizehnte Zeile und so weiter, so dass nun jede vierte Grafikzeile vorliegt. Im nächsten Durchlauf kommen die Zeilen drei, sieben und so fort, worauf nur noch jede zweite Zeile fehlt, die im letzten Durchlauf angezeigt wird. Man spricht dabei von einem »Zwischenzeilenverfahren«.

Bei der Darstellung von GIF-Bildern mit Interlacing kann man so nach einem Viertel der Übertragung das komplette Bild schon grob darstellen: Man zeigt einfach die erste Zeile vierfach an, dann folgt die fünfte Zeile viermal untereinander. Beim Eintreffen des zweiten Viertels der Zeilen kann die Darstellung schärfer werden: Jede Zeile braucht man nur noch doppelt darstellen. Abbildung 7.3 auf der nächsten Seite zeigt einen solchen Bildaufbau vergrößert.

Abbildung 7.3
Aufbau eines
Interlaced GIFs

Das Interlacing ist als Speicherformat für GIF-Bilder vorgesehen. In Abbildung 7.2 auf Seite 89 haben Sie vielleicht bemerkt, dass dort neben der Auswahl einer transparenten Farbe auch das Interlacing-Format durch Mausklick beim Speichern gewählt werden kann. Eine solche Option sollten Ihnen die meisten ernst zu nehmenden Bildbearbeitungsprogramme bieten.

Falls Sie unter Unix arbeiten, stehen Ihnen mit giftool (im Netz unter *ftp://ftp.freebsd.org/pub/FreeBSD/FreeBSD-current/ports/graphics/ giftool*) oder giftrans (*ftp://ftp.freebsd.org/pub/FreeBSD/ FreeBSD-current/ports/graphics/giftrans*) diverse Programme zur Verfügung, mit denen ein »normales« GIF in das Interlace-Format konvertiert werden kann. *giftool* *giftrans*

Eine große Sammlung von Verweisen auf Software zur Erstellung transparenter und Interlaced GIFs für die wichtigsten Betriebssysteme finden Sie bei *http://dir.yahoo.com/Arts/Design_Arts/Graphic_Design/ Web_Page_Design_and_Layout/Graphics/Transparent_Images*.

7.4   Progressive JPEG-Bilder

Bei Interlaced GIFs bildet sich die Darstellung durch Wiederholung der horizontalen Zeilen. Beim JPEG-Format gibt es eine ähnliche Variante, die »Progressive JPEG« genannt wird. Sie ist etwas komplexer und arbeitet mit der sukzessiven Übertragung von horizontalen und vertikalen Bildzeilen und -spalten. Der dadurch entstehende Effekt ist entsprechend zweidimensional: Das Bild ist zunächst insgesamt unscharf und wird mit fortlaufender Übertragung des Bildes flächig schärfer.

Progressive JPEG wurde zuerst vom Netscape-Browser unterstützt. Im Vergleich zu Interlaced GIFs besteht der Vorteil dieses Formats in der durch die JPEG-Komprimierung kleineren Dateigröße des Bildes. Informationen und Verweise zum JPEG-Format finden Sie unter *http:// www.w3.org/Graphics/JPEG*.

7.5   Animierte GIFs

Mit der Version 3.0 des Netscape-Browsers wurden Webseiten zunehmend durch kleine Animationen ergänzt, ohne dass Filme in einem Videoformat übertragen werden mussten. Der Schlüssel zu blinkenden

Linien, rotierenden Pfeilen und Textanimationen ist eine Variante des GIF-Formats, die »animierten GIFs«.

Mit diesem Format kann man in einer GIF-Datei mehrere Bilder hintereinander speichern. Der Browser spielt sie nacheinander ab und erzeugt so eine kleine Animation.

Zur Erzeugung von animierten GIFs benötigen Sie ein Tool, mit dem Sie entweder die Einzelbilder manuell zusammensetzen oder einen Film in einem Videoformat entsprechend konvertieren.

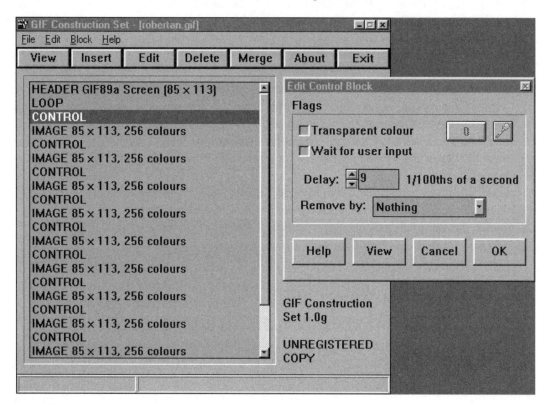

Abbildung 7.4
Das GIF Construction Set für animierte GIFs

GIF Construction Set

Ein Beispiel für die erste Kategorie ist das GIF Construction Set, das Sie in Abbildung 7.4 in Aktion sehen (erhältlich bei *http://www.mindworkshop.com/alchemy/alchemy.html*). In einem animierten GIF befinden sich die jeweiligen Bilder und Kontrollblöcke, mit denen der Ablauf der Animation gesteuert werden kann.

Einer davon steuert die Wiederholung der Animation. Sie werden diesen Block unter dem Namen »Loop« in Tools finden. Wenn Sie ihn in das animierte GIF einfügen, spielt der Browser die Animation immer wieder ab. Der Parameter »Loop count« oder »Repeat count« stellt eine bestimmte Anzahl von Wiederholungen ein.

Für jedes Einzelbild können Sie folgende Eigenschaften in einem Kontrollblock festlegen:

❏ Die transparente Farbe eines Einzelbilds. Auf diese Weise können alle Einzelbilder zu transparenten GIFs gemacht werden.
❏ Die Verzögerung zwischen zwei Einzelbildern (»Duration« oder »Delay«). Der Browser wartet beim Abspielen nach der Bilddarstellung die entsprechende Zeitspanne, die Sie zumeist in Hundertstelsekunden angeben.
❏ Auf welche Weise das Einzelbild ersetzt wird.

Bei der letzten Eigenschaft haben Sie verschiedene Steuermöglichkeiten, wie der Browser mit dem gerade dargestellten Einzelbild umgeht, nachdem die Verzögerung abgelaufen ist. Besonders wichtig ist dieses Verhalten beim letzten Bild einer Animation, die nicht fortlaufend wiederholt wird. Die möglichen Aktionen sind:

❏ Das Einzelbild bleibt unverändert angezeigt (oft als »Leave« bezeichnet).
❏ Das Bild wird durch das vorherige ersetzt (meistens unter der Bezeichnung »Restore previous«).
❏ Der ursprüngliche Seitenhintergrund wird erneut dargestellt (»Restore background«).

Das Zusammensetzen eines animierten GIFs aus Einzelbildern ist sehr mühevoll. Einfacher ist es, ein geeignetes Tool zu verwenden, das ein kleines digitales Video erstellt, und es von dort aus als animiertes GIF zu speichern.

Da erst wenige Videotools dieses Format unterstützen, bietet sich auch die Konvertierung aus einem Videoformat an. Für das AVI-Format von Windows stellt Microsoft auf seinen Servern (*http://www.microsoft.com* oder *http://www.microsoft.de*) das Programm GIF Animator kostenlos bereit, das Sie in Abbildung 7.5 auf der nächsten Seite sehen. *GIF Animator*

Für Apple Macintosh gibt es ein entsprechendes Tool unter dem Namen GifBuilder unter der URL *http://homepage.mac.com/piguet/gif.html*. Es ist auf die Konvertierung von Filmen im Macintosh-spezifischen Format Quicktime spezialisiert. *GifBuilder*

7.6 PNG: Portable Network Graphics

Das GIF-Format hat verschiedene Nachteile. Einer ist technischer Natur: Ein normales GIF kann nur maximal 256 Farben verwenden. Damit ist das Format nicht für hochwertige Abbildungen geeignet.

Der zweite Nachteil ist komplexer: Das GIF-Format ist durch Patentrechte belastet, deren Eigentümer die Firma CompuServe war. 1995

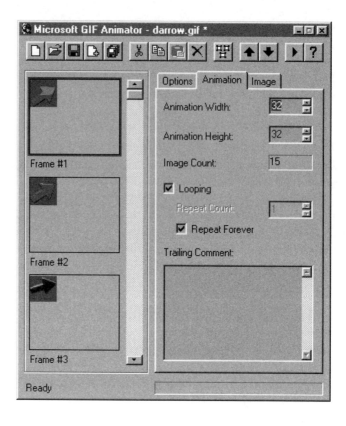

Abbildung 7.5
*Der GIF Animator
von Microsoft*

beging CompuServe einen Fehler, der den Internet-Gepflogenheiten zuwider läuft: Für die Nutzung von GIF-Bildern und den patentierten Algorithmen sollten Lizenzgebühren verlangt werden.

Ersatz für GIF   Dieser Vorgang hatte dazu geführt, dass versucht wurde, die Nutzung von GIFs einzuschränken und schließlich überflüssig zu machen. Auch wenn CompuServe seinen Vorstoß zur Kommerzialisierung des Formats eingestellt hat, wurde ein Ersatzformat definiert. Diese Entwicklung heisst »Portable Network Graphics«, kurz PNG.

Speziell für das Web   PNG ist ein Format, das speziell für das Web geeignet ist. Es kom-
geeignet   biniert verschiedene Vorteile von GIF und JPEG. So sind verschiedene Komprimierungsverfahren wie bei JPG vorhanden, die aber keinen Verlust an Bildqualität bewirken. Ähnlich den Progressive JPEGs ist ein gradueller Bildaufbau mit dem Format möglich. Im Gegensatz zu GIF unterstützt PNG eine erheblich größere Farbtiefe – bis zu 24 Bit pro Pixel. Schließlich stehen zur Erkennung von Übertragungsfehlern verschiedene Verfahren für Prüfsummen bereit.

Eine wirklich eingehende Darstellung von PNG würde an dieser Stelle den Rahmen sprengen und Ihnen als Web-Nutzer auch wenig bringen. Für Details sollten Sie im Web unter der URL *http://www.w3. org/Graphics/PNG* nachschauen. Die Spezifikation des PNG-Formats ist inzwischen als Internet RFC 2083 ([3]) veröffentlicht.

PNG ist als Speicherformat mittlerweile in einigen Bildbearbeitungsprogrammen vorhanden, hat sich aber noch nicht wirklich durchgesetzt. Da die technischen Qualitäten des Formats allerdings überzeugend sind, ist damit zu rechnen, dass es zu einem Standardformat wird.

7.7 Neue Linienformen mit Minigrafiken

Mit bestimmten Grafiken kann man die Seitengestaltung noch weiter beeinflussen, als das eigentlich mit HTML möglich ist. Der Trick dabei ist folgender: Man erstellt eine Grafik, die lediglich aus einem Pixel besteht. Verwendet man die Attribute width und height des <img>-Tags, kann man sie auf beliebige Ausmaße bringen. Und anders als bei normalen Grafiken treten keinerlei Verzerrungen und Effekte wie Pixeltreppen auf, da die Grafik ja nur aus einem Pixel aufgebaut wird.

Minigrafiken vergrößern

Für die folgenden Beispiele benötigen Sie zwei Dateien, white.gif und black.gif, die jeweils nur ein Pixel enthalten. Diese Minigrafiken bestehen aus einem weißen bzw. einem schwarzen Punkt. Sie können damit neue Linientypen erzeugen, indem Sie sie einfach bei einer bestimmten Höhe auf volle Seitenbreite mit width="100%" bringen.

```
<hr>
<img src="black.gif" width="100%" height="2"><p>
<img src="white.gif" width="100%" height="2"><p>
<img src="black.gif" width="100%" height="2"
><img src="white.gif" width="100%" height="2"><p>
```

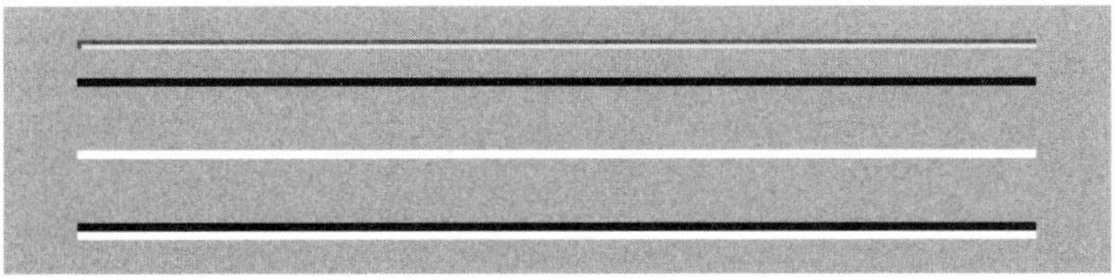

*Abbildung 7.6
Neue Linien*

Im Beispiel in Abbildung 7.6 entsteht so eine weiße und eine schwarze Linie als Alternative zum normalen <hr>. Achtet man darauf, dass kein Leerraum entsteht, kann man zwei solche Linien auch direkt untereinander platzieren.

Aufgabe 7–1: Bitte erzeugen Sie folgende Darstellung aus den Grafiken mit schwarzem, weißem und transparentem Punkt:

Sie können so horizontale Linien beliebiger Farbe und Dicke erstellen. Kombiniert man diese Möglichkeit mit der Ausrichtung von Grafiken, so lassen sich auf einfache Weise Linien am Textrand darstellen, um beispielsweise eine Änderung hervorzuheben. Das Beispiel in Abbildung 7.7 zeigt dies.

Abbildung 7.7
Randmarkierung für
Absätze

```
<p><img src="black.gif" width="2" height="50"
align="left">Ein Absatz mit einer Markierung
am linken Rand
```

Ein Absatz mit einer Markierung
am linken Rand

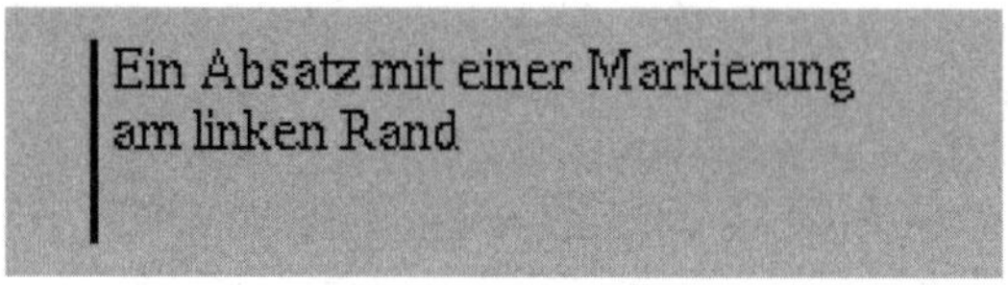

Im Gegensatz zu den horizontalen Linien gibt man einfach einen größeren Wert für `height` an und schon hat man eine vertikale Linie. Durch den Wert `left` für das `align`-Attribut veranlasst man den Browser, den Text daneben zu formatieren. Die passende Höhe der Linie müssen Sie allerdings per Hand herausfinden.

Die Wahl dieser Höhe ist schwierig, da ja nicht bekannt ist, welche Fensterbreite der Nutzer verwendet. Damit ist auch nicht klar, wie viel vertikalen Raum der Absatz belegt – selbst wenn man Annahmen über die im Browser gewählte Schriftgröße macht.

Will man als Dekoration eine Linie am Rand der gesamten Seite, kann man für das Attribut `height` einfach `"100%"` verwenden. Durch `align` bestimmt man wieder, ob die Randlinie links oder rechts platziert wird. Es lassen sich auch doppelte Linien erzeugen, wie das Beispiel in Abbildung 7.8 auf der nächsten Seite zeigt.

7.8   Leerraum und transparente Minigrafiken

Der Trick mit den Minigrafiken aus dem letzten Abschnitt lässt sich noch weiter verwenden. Macht man in einer solchen Grafik genau die Farbe des einzigen Pixels transparent, wird die Minigrafik in der Browserdarstellung unsichtbar. Wenn man mit `height` und `width` eine bestimmte Größe der Grafik vorgibt, nimmt sie aber dennoch Raum bei der Formatierung ein. Mit anderen Worten: Es entsteht Leerraum an beliebiger Stelle, den man pixelgenau definieren kann.

Dieser Effekt ist im Netscape-Browser mit dem `<spacer>`-Tag einfacher zu erreichen (siehe Abschnitt 4.6 auf Seite 51) – allerdings verstehen nicht alle Browser dieses Tag.

```
<img src="white.gif" width="2"
 height="100%" align="left">
<img src="white.gif" width="2"
 height="100%" align="left">
<img src="white.gif" width="2"
 height="100%" align="right">
Eine ganze Seite, auf der an den linken und
rechten R&auml;ndern eine Linie steht.
```

Abbildung 7.8
Linien am Seitenrand

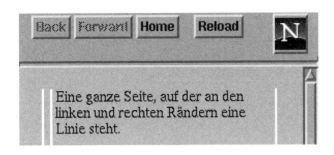

Mit normalen HTML-Mitteln hat man keinen Einfluss auf den Abstand zwischen Wörtern. Eine transparente Minigrafik gibt einem aber genau diese Möglichkeit. Nehmen wir an, dass die Datei `spacet.gif` eine solche transparente Grafik enthält, die jeweils ein Pixel breit und hoch ist. Im Beispiel in Abbildung 7.9 wird damit mitten im Absatz ein Leerraum erzeugt.

Wortabstände

```
Normaler Text, der von einem gro&szlig;en
Leerraum <img src="spacet.gif" width="40"
 height="1"> unterbrochen wird.
```

Abbildung 7.9
Leerraum innerhalb
eines Absatzes

> Normaler Text, der von einem großen
> Leerraum   unterbrochen wird.

> **Aufgabe 7–2**: Zeichnen Sie einen Absatz so aus, dass er eine Grafik und Leerraum enthält. Dabei wird die Grafik nicht skaliert:
>
> > Normaler Text, der von einem großen
> > Leerraum   ★   mit Grafik
> > unterbrochen wird.

Verwendet man das `align`-Attribut bei `<img>`, kann man Text um eine Grafik herumfließen lassen. Wenn die Grafik aber auf die beschrie-

Abbildung 7.10
Absatzgestaltung
mit transparenten
Grafiken

```
<p><img src="spacet.gif" width="20" height="20"
 align="left">Ein anfangs um 20 Pixel
einger&uuml;ckter Absatz, der dann in normaler
Breite weiterl&auml;uft. Damit man nichts sieht,
ist die Grafik transparent und nur 1 Pixel breit
und hoch. <img src="spacet.gif" width="80"
 height="30" align="right">Man kann ihn auch
rechts einr&uuml;cken, indem man die
Grafik an den rechten Rand r&uuml;ckt.
```

Ein anfangs um 20 Pixel
  eingerückter Absatz, der dann
in normaler Breite weiterläuft.
Damit man nichts sieht, ist die
Grafik transparent und nur 1 Pixel
breit und hoch. Man kann ihn auch
rechts einrücken,
indem man die Grafik
an den rechten Rand
rückt.

bene Weise transparent ist, kann man mit ihr die Absatzform beeinflussen. Mit jeder an den linken oder rechten Rand geschobenen Grafik bewirkt man eine Einrückung des Textflusses an dieser Stelle, wie das Beispiel in Abbildung 7.10 zeigt. Dieser Effekt ist mit `<spacer>` übrigens nicht zu realisieren.

Abbildung 7.11
Eingerückte Seite

```
<img src="spacet.gif" width="20" height="100%"
align="left">Eine ganze Seite, die um zwanzig
Pixel einger&uuml;ckt ist.
```

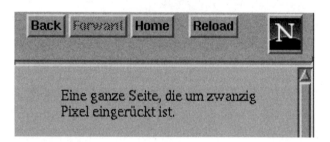

Wie bei den vertikalen Linien am Seitenrand lässt sich auch dieser Trick wieder mit der Größenangabe `"100%"` für `height` kombinieren. Das Ergebnis ist eine Einrückung der gesamten Seite um den in `width` angegebenen Wert, wie in Abbildung 7.11 zu sehen ist.

Besser als diese Tricks ist die Verwendung von Stylesheets, die mit HTML 4 eingeführt wurden. Sie finden in Abschnitt 13.10 auf Seite 166 die relevanten Mechanismen und Elemente.

```
<hr>
<hr><img src="spacet.gif" height="10">
<hr><img src="spacet.gif" height="20">
<hr><img src="spacet.gif" height="30">
```

Abbildung 7.12
Vertikale Abstände

Neben horizontalem Leerraum mit transparenten Grafiken kann man auch vertikale Abstände erzeugen. Das Beispiel in der Abbildung 7.12 stellt mehrere <hr>-Linien in verschiedenen Abständen dar.

Vertikale Abstände

```
<p>S<br>
<img src="spacet.gif" width="5"
  height="1">c<br>
<img src="spacet.gif" width="10"
  height="1">h<br>
<img src="spacet.gif" width="15"
  height="1">r<br>
<img src="spacet.gif" width="20"
  height="1">&auml;<br>
<img src="spacet.gif" width="25"
  height="1">g<br>
```

Abbildung 7.13
Schräge Schrift

Schließlich lassen diese Möglichkeiten auch viel Raum für die feine Ausrichtung einzelner Buchstaben und können auch für ausgefallene Effekte mit Text verwendet werden. Im Beispiel in Abbildung 7.13 stellt Netscape ein Wort schräg auf der Seite dar.

7.9 Antworten zu den Aufgaben

Aufgabe 7–1:

Für die Lösung bauen Sie durch Vergrößerung der Minigrafiken entsprechende Linienteile:

```
<p
><img src="black.gif" width="90%" height="4"><br
><img src="spacet.gif" width="2%" height="1"
><img src="white.gif" width="90%" height="4"><br
><img src="spacet.gif" width="4%" height="1"
><img src="black.gif" width="90%" height="4"><br
><img src="spacet.gif" width="6%" height="1"
><img src="white.gif" width="90%" height="4"><br
></p>
```

Aufgabe 7–2:

Der Leerraum wird durch zwei unsichtbare Grafiken erzeugt, zwischen denen die eigentliche steht.

```
Normaler Text, der von einem großen
Leerraum
<img src="spacet.gif" width="20" height="1">
<img src="star.gif">
<img src="spacet.gif" width="20" height="1">
mit Grafik unterbrochen wird.
```

8   Imagemaps

In diesem Kapitel lernen Sie,

❑ wie Sie anklickbare Grafiken in Ihre Seiten einbinden,

❑ wie Sie dem Server mitteilen, zu welchen Seiten die Bereiche der Grafik führen,

❑ welche Tools Ihnen bei der Vermessung der Grafiken helfen und

❑ wie Sie Klicks schon browserseitig verarbeiten lassen können.

Interaktion und grafische Darstellung lässt sich kombinieren, wenn in einer Grafik für den Nutzer eine Auswahlmöglichkeit existiert. Dazu dienen die Imagemaps.

8.1   Anklickbare Grafiken – Imagemaps

Grafiken, die mit dem `<img>`-Tag ausgezeichnet sind, können in einem Anker verwendet werden, wie Sie schon in Abschnitt 4.5 auf Seite 46 gesehen haben. Bei ihnen wartet der Browser auf einen Klick innerhalb der Grafik und folgt dann dem Link. Dabei ist es aber unerheblich, wo innerhalb der Grafik geklickt wurde.

`<img>`

Mit den Imagemaps kann man Klicks auf verschiedene Stellen einer Grafik unterscheiden und dementsprechend verschiedenen Links folgen. Dazu muss die Grafik das Attribut `ismap` tragen. Als Ziel des Links muss ein Skript im `href`-Attribut von `<a>` angegeben sein.

Als Beispiel soll die Grafik in Abbildung 8.1 auf der nächsten Seite verwendet werden. Der Nutzer soll auf die drei kreisförmigen Symbole klicken können und unterschiedliche Informationen zu unterschiedlichen Verkehrsmitteln erhalten.

In einer HTML-Seite wird die Grafik in einem Link eingebunden:

```
<a href=
 "http://www.info.berlin.de/cgi/imagemap/verkehr"
```

Abbildung 8.1
Die Beispielgrafik

```
><img
  src="http://www.info.berlin.de/berlinfo.gif"
  ismap="ismap"></A>
```

Klick-Koordinaten an
das Skript

Klickt man im Browser beispielsweise in die ungefähre Mitte des Autos, dann stellt der Browser die Koordinaten des Klicks innerhalb der Grafik fest und schickt sie als Anfrage an das angegebene Skript. Die URL, die er anfordert, lautet dann

http://www.info.berlin.de/cgi/imagemap/verkehr?194,118

Das Skript imagemap kann die angehängten Informationen auswerten und feststellen, dass es sich um einen Klick an den Koordinaten 194,118 handelte, die zu einer Imagemap gehören, deren Maße unter dem Namen *verkehr* beim Server gespeichert sind. Aus diesen Informationen kann er entscheiden, welche HTML-Seite für einen Klick in das Auto geliefert werden soll. Mehr zur Skriptprogrammierung finden Sie in Kapitel 18 auf Seite 225.

Nun wäre es aber sehr aufwendig, für jede einzelne anklickbare Grafik ein extra Skript zu schreiben; zudem wäre es ziemlich mühsam, alle Koordinaten einzeln abzutesten. Daher liegen fast allen Webservern kleine Programme bei, die die Ermittlung einer URL aus Grafikkoordinaten übernehmen. Sie kann man so konfigurieren, dass einer bestimmten Fläche eine URL zugeordnet ist. Diese Zuordnung nimmt man in so genannten Map-Dateien vor.

8.2 Map-Dateien

Für die Verarbeitung von Map-Dateien ist jeweils ein kleines CGI-Programm zuständig, das den Servern beiliegt. Als ein Beispiel soll imagemap des NCSA-Servers dienen. Leider ist das Format der Map-Dateien abhängig vom verwendeten Programm und es gibt keinen Standard dafür.

Wir gehen im Folgenden auf die Map-Dateien des NCSA-Programms imagemap ein. Es besteht aus einer Reihe von Zeilen, die jeweils einen Bereich innerhalb einer Grafik beschreiben und eine URL angeben, die beim Klick auf diesen Bereich ausgewählt werden soll. Für unser Beispiel könnte man die Map-Datei in Abbildung 8.2 verwenden.

imagemap

```
circle http://www.info.berlin.de/auto.html 188,119 230,119
circle http://www.info.berlin.de/flugzeug.html 51,119 93,119
circle http://www.info.berlin.de/fahrrad.html 326,119 368,119
rect http://www.info.berlin.de/about.html 45,20 365,66
default http://www.info.berlin.de/help.html
```

Abbildung 8.2
Eine Map-Datei für den NCSA-Server

Das jeweils erste Wort der Zeile gibt an, welche Form der beschriebene Bereich hat. Darauf folgt die URL und Angaben über die Ausmaße des Bereichs. imagemap kann folgende Flächenarten verarbeiten:

❑ `rect URL x1,y1,x2,y2`
Der Klick muss in einem Rechteck mit der oberen linken Ecke bei den Koordinaten $x1,y1$ und der unteren rechten Ecke bei $x2,y2$ liegen.

❑ `circle URL x1,y1,x2,y2`
Der Klick muss in einem Kreis liegen, der die Koordinate $x1,y1$ als Mittelpunkt hat und den Punkt $x2,y2$ schneidet.

❑ `poly URL x1,y1 x2,y2 ...xn,yn`
Der Klick muss in einer Fläche liegen, die von dem Polygonzug $x1,y1$ $x2,y2$ ... xn,yn umrissen ist.

❑ `default URL`
Der Klick muss auf der Fläche liegen, die von den anderen Flächen nicht abgedeckt ist.

Das Programm htimage, das beim CERN-Server verwendet wird, hat ein anderes Format, das sich aber nur leicht von den Map-Dateien von imagemap unterscheidet:

htimage

❑ `rectangle (x1,y1) (x2,y2) URL`
Der Klick muss in einem Rechteck mit der oberen linken Ecke bei $x1,y1$ und der unteren rechten Ecke bei $x2,y2$ liegen.

❑ `circle (x,y) Radius URL`
Der Klick muss in einem Kreis um die Koordinate x,y mit dem Radius *Radius* liegen.

```
circle (188,119) 42 http://www.info.berlin.de/auto.html
circle (51,119) 42 http://www.info.berlin.de/flugzeug.html
circle (326,119) 42 http://www.info.berlin.de/fahrrad.html
rectangle (45,20) (365,66) http://www.info.berlin.de/about.html
default http://www.info.berlin.de/help.html
```

Abbildung 8.3
Eine Map-Datei für
den CERN-Server

❏ `poly` (*x1,y1*) (*x2,y2*) ... (*xn,yn*) *URL*
   Der Klick muss in einer Fläche liegen, die von dem Polygonzug
   x1,y1 x2,y2 ... xn,yn umrissen ist.

❏ `default` *URL*
   Der Klick muss auf der Fläche liegen, die von den anderen Flächen
   noch nicht abgedeckt ist.

Dem obigen Beispiel entspricht in dieser Schreibweise die Map-Datei in
Abbildung 8.3.

Die Map-Datei muß nun noch dem imagemap-Skript bekannt gemacht werden. Beim NCSA-Server existiert die Datei `imagemap.conf`
in der Sie eintragen, welche Map-Datei die Einstellungen für welche
Grafik enthält. Wenn die obige Map-Datei für den NCSA-Server unter
dem Namen `/maps/verkehr.map` abgelegt ist, dann muss in der Datei
`imagemap.conf` eine Zeile

```
verkehr: /maps/verkehr.map
```

stehen, damit das Skript die richtige Map-Datei lädt. Weitere Details
zur Konfigurierung müssen Sie Ihrem Server-Handbuch entnehmen, da
dieser Mechanismus abhängig von der jeweiligen Implementierung ist.

8.3　Map-Dateien erstellen

Das Erstellen von Map-Dateien per Hand für eine Grafik ist eine sehr
mühsame Angelegenheit: Man muss geeignete Koordinaten im Bild und
die dazu entsprechenden Flächen ermitteln sowie in die Map-Datei eintragen.

Nahe liegend ist es, sich durch ein Programm helfen zu lassen, das
einem erlaubt, Flächen interaktiv per Maus in der Grafik auszumessen,
ihnen URLs zuzuordnen und eine Map-Datei aus diesen Angaben zu
erstellen. Ein solches Programm kann auch sehr einfach verschiedene
Map-Dateiformate unterstützen.

Windows-Benutzer finden dafür sehr komfortable Editoren als Pu-
Web Hotspots　blic Domain. Einer davon ist Web Hotspots (siehe Bildschirmausschnitt
in Abbildung 8.4 auf der nächsten Seite), der eine praktische und sehr

übersichtliche Oberfläche hat. Im Internet findet man Web Hotspots über die Webseite *http://www.1automata.com/hotspots/sedition.html*.

Abbildung 8.4
Der Web Hotspots-Editor für Windows

Unix-Benutzer müssen sich mit dem Programm mapedit zufrieden geben, das seit den ersten Versionen des NCSA-Servers existiert. Es läuft unter der X Window-Oberfläche und ist nicht ganz so komfortabel wie Hotspots, da es erheblich weniger Editierfunktionalität anbietet. In Abbildung 8.5 auf der nächsten Seite finden Sie einen Bildschirmausschnitt. mapedit ist im Netz unter der URL *ftp://sunsite.doc.ic.ac.uk/computing/information-systems/WWW/mapedit* zu finden.

mapedit

Besitzer eines Apple Macintosh Rechners können das Programm Mac-ImageMap verwenden, das im Web bei der Adresse *http://weyl.zib.de/imagemap/Mac-ImageMap.html* zu finden ist.

Mac-ImageMap

8.4 Browserseitige Imagemap-Verarbeitung

Die beschriebenen Mechanismen zur Verarbeitung von Klicks in Grafiken beruhen auf einer serverseitigen Verarbeitung, denn dort wird ja das imagemap-Skript ausgeführt. Dies ist aber ein umständlicher Weg, denn der Browser könnte ja auch selber eine entsprechende URL bei einem Klick auswählen.

Diese Überlegung beschreibt ein Internet-RFC zu den browserseitigen Imagemaps ([20]). Er definiert unter der englischsprachigen Originalbezeichnung »Client-side Image Maps« eine HTML-Erweiterung, mit der die Map-Dateien in das HTML-Dokument verlagert werden. In Netscape 2.x wurde dieser Mechanismus zuerst implementiert. Er be-

Abbildung 8.5
Der mapedit-Editor für Unix

wirkt eine schnelle Verarbeitung, da der Browser nicht mehr mit dem Server kommunizieren muss.

Grundlage dafür ist die Verwendung des Attributs usemap bei <img>. Es besagt, dass es sich um eine Grafik handelt, für die der Browser Klicks auswerten soll. Der Wert des Attributs ist eine URL, allerdings kann es sich auch um einen Verweis auf einen lokalen Namen handeln (wird mit # eingeleitet).

Im ersten Fall ist die Map-Datei in HTML-Notation auf einem Webserver verfügbar und wird von dort geladen. Bei einem Verweis auf einen lokalen Namen befindet sich die Definition der Map-Datei im HTML-Text der Seite und ist dort mit einem Namen versehen worden.

`<map>` Die HTML-Notation einer Map-Datei ähnelt dem Format bei der serverseitigen Verarbeitung. Sie wird mit den Tags <map>...</map> umschlossen. Das Tag kann einen Namen im Attribut name tragen. Handelt es sich um eine externe Datei mit mehreren Flächendefinitionen, kann mit der URL bei usemap durch Anhängen des Namens nach einem # eine bestimmte ausgewählt werden. Ist die Map-Datei in das HTML-Dokument eingebettet, muss name verwendet werden.

`<area>` In der auf diese Weise ausgezeichneten Fläche wählt das Tag <area> anklickbare Bereiche aus. Die Form dieser Bereiche werden durch die Attribute shape (von »Form«) und coords (von »Coordinates«) beschrieben. Folgende Formen sind möglich:

❏ shape="rect"coords="$x1,y1,x2,y2$"
  shape="rectangle"coords="$x1,y1,x2,y2$"
  Der Klick muss in einem Rechteck mit der oberen linken Ecke bei $x1,y1$ und der unteren rechten Ecke bei $x2,y2$ liegen.

- ❏ `shape="circ"coords="`*x,y,Radius*`"`
  `shape="circle"coords="`*x,y,Radius*`"`
  Der Klick muss in einem Kreis um Koordinate *x,y* mit dem Radius *Radius* liegen.
- ❏ `shape="poly"coords="`*x1,y1,...,xn,yn*`"`
  `shape="polygon"coords="`*x1,y1,...,xn,yn*`"`
  Der Klick muss in einer Fläche liegen, die von dem Polygonzug *x1,y1 x2,y2 ... xn,yn* umrissen ist.

Für jede dieser durch `<area>` beschriebenen Flächen ist mit weiteren Attributen festgelegt, welchem Link bei einem Klick gefolgt werden soll:

- ❏ `href`: Bei einem Klick in die Fläche soll das Dokument mit der angegebenen URL geladen werden.
- ❏ `nohref`: Bei einem Klick in die Fläche soll keinem Link gefolgt werden.

Für die Auswertung der einzelnen `<area>`-Tags ist ihre Reihenfolge entscheidend. Damit lassen sich auch die `default`-Definitionen der serverseitigen Map-Dateien verwirklichen: Als letztes Tag wird ein `<area>`-Tag aufgeführt, das die gesamte Grafikfläche umfasst und auf die URL verweist, die bei einem Klick auf noch nicht beschriebene Flächen gewählt wird.

Das schon verwendete Beispiel für Maps wird in HTML damit notiert wie in Abbildung 8.6 zu sehen.

```
<map>
  <area shape="circle" coords="188,119,42"
      href="http://www.info.berlin.de/auto.html">
  <area shape="circle" coords="51,119,42"
      href="http://www.info.berlin.de/flugzeug.html">
  <area shape="circle" coords="326,119,42"
      href="http://www.info.berlin.de/fahrrad.html">
  <area shape="rectangle" coords="45,20,365,66"
      href="http://www.info.berlin.de/about.html">
  <area shape="rectangle" coords="0,0,374,189"
      href="http://www.info.berlin.de/help.html">
</map>
```

Abbildung 8.6
Eine Map-Datei zur browserseitigen Verarbeitung

Damit Sie das Tag `<area>` auch auf framebasierten Seiten verwenden können, lässt sich im `target`-Attribut der Name eines Zielframes für die zu ladende HTML-Seite angeben. Mögliche Werte sind natürlich auch die in Abschnitt 5.5 auf Seite 65 aufgelisteten vordefinierten Namen.

Wie bei <img> können Sie für die einzelnen Flächen mit dem Attribut alt bei <area> auch eine textuelle Repräsentation beschreiben, so dass ein zeichenorientierter Browser die Auswahlgrafik näherungsweise darstellen kann.

Das usemap-Attribut lässt sich zusammen mit ismap verwenden, wodurch man auch sehr veraltete Browser anspricht, die diesen Mechanismus nicht beherrschen. »Alte« Browser ignorieren alle <map>- und <area>-Definitionen und wenden sich an den Server zur Verarbeitung des in die Grafik erfolgten Klicks – neuere erkennen, dass usemap eine schnellere Verarbeitung ermöglicht.

9 Objekte in Webseiten einbetten

In diesem Kapitel lernen Sie,

❏ welche Objekte sie außer Grafiken in Seiten einbetten können,

❏ was Browser-Plug-ins sind und

❏ wie Sie Objekte in Webseiten einbetten, die von solchen Plug-ins dargestellt werden.

Grafiken,…

Die in Kapitel 7 auf Seite 87 vorgestellten Grafiken mit dem `<img>`-Tag unterscheiden sich von allen anderen HTML-Tags dadurch, dass sie *innerhalb* eines HTML-Dokuments dargestellt werden. Dabei sind sie aber nicht tatsächlich im Dokument vorhanden, sondern werden in einer anderen, durch eine URL bezeichneten Datei gehalten, die vom Browser in die Seite eingebettet wird.

… Videos und andere Medienarten

Grafiken sind sicherlich nur eine Spielart von Objekten, die man in eine Seite einbetten will – weitere nahe liegende Beispiele sind digitalisierte Videofilme oder andere Medienarten. `<img>` ist allerdings auf Grafiken spezialisiert und ist nicht hinreichend allgemein gehalten, um andere Medienarten aufzunehmen.

Daher unterstützen Browser das Tag `<embed>`, mit dem man beliebige Medienarten einbetten kann. Es wurde in überarbeiteter Form als `<object>`-Tag vom W3-Konsortium aufgenommen und in der dabei definierten Weise zuerst vom Internet Explorer neben `<embed>` akzeptiert.

Browser werden mit einer Ausstattung für einen festen Satz von Medienarten (hauptsächlich JPG- und GIF-Bilder) ausgeliefert. Will man beliebige Medienarten einbetten, muss der Browser entsprechend erweitert werden. In der Anfangszeit des Web geschah dies durch externe Programme – die »Helper Applications« –, heute sind Browser in der Lage, solche Programme als »Plug-in« nachzuladen.

9.1   Plug-ins in Browsern

Browser beherrschen die Darstellung eines festen Satzes von Objekten. Typischerweise sind dies zumindest HTML-Seiten, Textseiten, GIF- und JPG-Bilder etc. Will man nun auch andere Objektarten in Seiten einbetten, entsteht für einen Browserhersteller das Problem, für praktisch jede erdenkliche Objektart ein Darstellungsmodul zu implementieren.

Seit Netscape 2.x   Um dieses Problem zu umgehen, wurde in Netscape 2.x der Mechanismus der Plug-ins eingeführt. Er ermöglicht es, einen Browser nachträglich durch Module zu erweitern, die bestimmte Objektarten darstellen können. Dazu ist eine Programmierschnittstelle im Browser definiert, die ein solches Plug-in nutzt, um beispielsweise ein Video im Browserfenster darzustellen.

Offene Schnittstellen   Da diese Schnittstellen offen gelegt sind, ist es Drittanbietern möglich, eigene Datenformate zu definieren und die entsprechenden Darstellungsmodule als Plug-ins anzubieten.

Ein Plug-in ist wie »normale« Software abhängig vom verwendeten Betriebssystem und Prozessor. Es muss geladen und in den Browser installiert werden. Haben Sie ein solches Plug-in, beispielsweise für MPEG-Videofilme, von einem Anbieter in einer Windows-Version geladen, startet ein Installationsprogramm, das einige Dateien in die Verzeichnisse Ihres Browsers kopiert.

Registrierung für   Ein Plug-in registriert sich beim Browser, indem es angibt, für wel-
MIME-Typen   che MIME-Inhaltstypen es die Darstellung beherrscht. Bei dem Video-Plug-in könnte dies der Typ `video/mpeg` sein. Ohne ein entsprechendes Plug-in erscheint bei der Darstellung eine Seite mit eingebettetem Film lediglich eine Dialogbox zum Speichern dieses Objekts. Mit einem passenden Plug-in lädt der Browser den Film und übergibt ihn dem Plug-in zur Darstellung.

Plug-ins sind üblicherweise kostenlos erhältlich – praktisch immer für Windows-Rechner, meistens auch für Apple Macintosh und eher selten für Unix und dessen Varianten.

Der Grund dafür ist zumeist, dass spezielle Datenformate von Herstellern entwickelt wurden, deren Details aber nicht offen gelegt werden sollen. Die Hersteller sind an einer möglichst weiten Verbreitung des Formats interessiert, da sie ihr Geschäft mit der Software zur Erstellung dieser Daten machen.

Ein Beispiel dafür sind Radio-Übertragungen nach dem Real-Audio-Format. Hier hat der Hersteller Progressive Networks, Seattle, ein besonderes Datenformat für Audiodaten entwickelt. Das Abspielprogramm ist als Plug-in frei verfügbar, während man als Radio-Anbieter für entsprechende Serverprogramme Lizenzen bezahlen muss.

Doch zurück zur Einbindung beliebiger Objekte in HTML-Seiten. Es gibt dafür zwei etwas konkurrierende Alternativen, die Sie in den nächsten Abschnitten kennen lernen werden.

9.2   Das <embed>-Tag von Netscape

Die Einbettung eines Objekts in einer HTML-Seite wurde erstmals in
Netscape 2.x durch die Einführung des <embed>-Tags ermöglicht. Die
Definition dieses Tags unterscheidet sich von allen anderen Tags – ein
Teil der möglichen Attribute ist vorgegeben, aber es lassen sich beliebige
weitere Attribute verwenden, die ein Plug-in, abhängig vom dargestell-
ten MIME-Typ, benutzt.

`<embed>`

Die folgenden Attribute sind vorgegeben:

❑   `name` vergibt an das eingebettete Objekt einen Namen, der als
    Zielanker verwendet werden kann.
❑   `height` enthält die Höhe des eingebetteten Objekts in Pixel oder
    in der in `units` festgelegten Einheit.
❑   `width` gibt die Breite des Objekts an. `width` und `height` ermög-
    lichen es dem Browser – wie die gleichen Attribute bei <img> –,
    die Seite vollständig zu formatieren, während das Objekt noch
    geladen wird.
❑   `units` legt fest, in welchen Einheiten `height` und `width` ange-
    geben sind. Mögliche Werte sind `pixels` für Bildpunkte und `en`
    für die halbe Höhe der verwendeten Schriftgröße.
❑   Mit dem Attribut `hidden` kann ein Objekt bei Bedarf »unsicht-
    bar« gemacht werden. Abhängig von der Medialität des eingebet-
    teten Objekts kann dies notwendig sein – ein eingebettetes Mu-
    sikstück benötigt ja keinen Raum für die Darstellung in der Seite.
    Als Wert für das Attribut ist eigentlich nur `true` interessant, das
    die Sichtbarkeit ausschaltet; das ebenfalls mögliche `false` belässt
    alles bei der Normaleinstellung – das Objekt nimmt in der Seite
    Raum ein.
❑   `src` enthält die URL des einzubettenden Objekts.
❑   Trifft man auf ein Objekt, das noch nicht von einem installier-
    ten Plug-in dargestellt werden kann, dann muss der Browser das
    Objekt nach der HTML-4-Definition ignorieren. Tatsächlich im-
    plementiert wird aber eine Nachfrage beim Benutzer, ob er das
    Plug-in laden und installieren will. Dazu enthält das Attribut
    `pluginspage` eine URL, die für diesen Download und die In-
    stallation dargestellt werden soll. Um Ihre Nutzer nicht mit einem
    ihnen unbekannten Objekttyp alleine zu lassen, sollten Sie dieses
    Attribut immer verwenden.

✗

❑   Der MIME-Typ des Objekts wird in seinem `type`-Attribut ver-
    merkt. Normalerweise schickt ein Webserver diese Information
    im HTTP-Header mit – es kann aber auch Objekte geben, die
    keine Informationen von einem Server benötigen und lediglich ein
    Plug-in starten. In diesem Fall verwendet man kein `src`-Attribut,
    sondern nur `type`.

❏ palette legt die in dem Objekt zu verwendenden Vorder- und Hintergrundfarben fest. Das Attribut hat die Form *Vordergrundfarbe|Hintergrundfarbe* und benutzt die gewohnte RGB-Kodierung oder die symbolischen Farbwerte.

Daneben lassen sich weitere Plug-in-abhängige Attribute verwenden. Das bei Netscape mitgelieferte Plug-in zum Abspielen von Animationen im Video-for-Windows-Format AVI kennt beispielsweise zwei Attribute: autostart und loop. Abbildung 9.1 zeigt ein Beispiel für eine solche Einbettung.

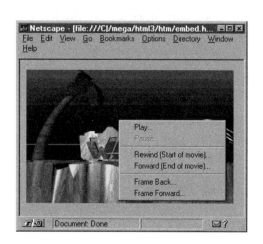

```
<html><body>
<embed src="film.avi" width="320"
 height-"200" autostart="true">
</embed>
<noembed>
Kein Plugin für AVI-Filme...
</noembed>
</html>
```

Abbildung 9.1
Ein mit <embed>
eingebetteter Film

9.3   Das <object>-Tag des W3C

Das Vorpreschen von Netscape mit einer Einbettungslösung, die sich nicht formal korrekt als DTD ausdrücken ließ, rief das W3-Konsortium auf den Plan, eine technisch bessere Lösung zu erarbeiten. Das so entstandene <object>-Tag wurde als Erstes im Microsoft Internet Explorer implementiert.

<object>

<object> ähnelt <embed> in der Konzeption, benutzt aber teilweise unterschiedliche Attribute und übergibt Parameter an ein Plug-in durch das <param>-Tag, das innerhalb einer Klammerung durch <object>...</object> verwendet wird.

Die für <object> vorgesehenen Attribute sind:

❏ id vergibt an das eingebettete Objekt einen Namen, der als Zielanker verwendet werden kann. Das Attribut entspricht damit name bei <embed>.

❑ `name` dagegen spielt eine Rolle bei der Verwendung von Objekten innerhalb eines Formulars mit `<form>`. Da `<object>` möglichst allgemein definiert werden sollte, wurden damit auch Objekte in Betracht gezogen, die einen vom Leser eingebbaren Wert enthalten. Der Mechanismus, wie aus einem Plug-in ein solcher Wert ausgelesen werden kann, bleibt der Browser-Implementierung überlassen. Falls er vorhanden ist, kann der Browser den Wert in einem Formular mit dem angegebenen Namen zur Verarbeitung übertragen.

❑ `width` legt die Breite des Objekts fest. Bei Abweichungen von der Originalbreite kann der Browser oder das Plug-in die Darstellung entsprechend skalieren. Im Gegensatz dazu wird bei `width` in `<embed>` das Objekt bei dieser Breite abgeschnitten – jedenfalls in den zur Drucklegung dieses Buchs vorhandenen Implementierungen.

❑ `height` gibt die Höhe des Objekts in Pixel an. Bei Abweichungen von der Originalhöhe kann der Browser das Objekt wieder skalieren. Im Vergleich zu `<embed>` gilt hier das Gleiche wie bei `width`.

Wie bei `<img>` sollten Sie bei der Verwendung von `width` oder **✗** `height` möglichst nur Vielfache der originalen Breite oder Höhe angeben, da es sonst zu sehr ungleichmäßigen Vergrößerungen und Verkleinerungen kommt.

Durch die Angabe von `width` und `height` kann der Browser mit **✗** der Formatierung der Seite fortfahren, während er das Objekt lädt. Sie sollten daher beide Attribute angeben.

❑ `hspace` enthält die Angabe eines Leerraums in Pixel, den der Browser links und rechts vom Objekt darstellt.

❑ Mit `vspace` legt man fest, wie viel Leerraum der Browser über und unter dem Objekt zusätzlich erzeugen soll.

❑ `align` bestimmt die Ausrichtung des Objekts. Für die vertikale Ausrichtung sind folgende Werte möglich, die denen bei `<img>` ähneln, aber doch leicht unterschiedlich sind:

  ❑ `texttop`: Ausrichtung der Oberkante des Objekts mit der Oberkante der umgebenden Textzeile.

  ❑ `middle`: Ausrichtung der vertikalen Mitte des Objekts mit der Grundlinie des Textes.

  ❑ `textmiddle`: Ausrichten der vertikalen Mitte des Objekts mit der Mitte der Textzeile, die auf halber Höhe eines »x« definiert ist.

  ❑ `baseline`: Ausrichtung der Unterkante des Objekts mit der Grundlinie der Textzeile.

❏ `textbottom`: Ausrichtung der Unterkante des Objekts mit der Unterkante der Textzeile, also an den Unterlängen wie beim Buchstaben »g«.

Alternativ können folgende Werte eine horizontale Ausrichtung festlegen. Sie entsprechen den Ihnen schon von `<img>` bekannten Attributwerten.

❏ `left`: Das Objekt wird am linken Rand dargestellt, der restliche Text der Seite fließt rechts um das Objekt herum.

❏ `center`: Das Objekt wird in der horizontalen Mitte der Seite dargestellt. Dafür wird umschließender Text zunächst darüber oder darunter platziert, so dass er – anders als bei `left` und `right` – nicht um das zentrierte Objekt herumfließt.

❏ `right`: Das Objekt wird am rechten Rand dargestellt, der restliche Text der Seite fließt links um das Objekt herum.

❏ `data` enthält die URL des Objekts. Das Attribut entspricht damit `src` bei `<embed>`.

❏ `codebase` findet bei einigen URL-Typen Verwendung. Es kann sein, dass das Laden eines Objekts abhängig von einer zweiten URL ist. Dazu ein kleiner Vorgriff auf Kapitel 22 auf Seite 265: Ein in der Programmiersprache Java geschriebenes Objekt gehört zu einer Klasse, die in einer Klassenhierarchie angesiedelt ist. Die URL in `data` würde dann lediglich den vollständigen Klassenbezeichner enthalten, beispielsweise wie `java:office.word.asciieditor`. Damit soll das einzubettende Objekt von einer Klasse `asciieditor` sein, die in einer Klassenhierarchie in der Klassensammlung `word` angesiedelt ist, die wiederum zu `office` gehört.
Sind diese Klassen lokal auf der Platte installiert, kann der Browser das entsprechende Objekt ohne Netzzugriff laden. Die Angabe eines Servers macht in einem solchen URL-Schema also keinen Sinn.
Falls die Klasse aber lokal nicht vorhanden ist, muss der Browser sie über das Netz holen, und dazu braucht er eine Serveradresse. In `codebase` kann man diese dann angeben, beispielsweise als *http://www.office.software.com*.

Diese Netzadresse ist fiktiv!

❏ `type` enthält den MIME-Typ der durch `data` bezeichneten Daten und entspricht so dem gleichnamigen Attribut bei `<embed>`. Für den Browser ist diese Angabe nützlich, weil er so auch ohne Netzzugriff auf das Objekt dessen Art kennt.

❏ Das Attribut `classid` ist vorgesehen, um auf Entwicklungen im Web einzugehen, die vor allem von Microsoft vorangetrieben werden. In Windows gibt es unter dem Namen OLE (»Object

Linking and Embedding«) seit langem einen Mechanismus, um Objekte in Dokumente einzubetten. Microsoft versucht, mit internetfähigen Erweiterungen unter dem Namen »ActiveX« seine Technologie in das Web einzubringen und so diesen spät entdeckten Markt zu besetzen.

Vereinfacht beschrieben, sollen damit komplexere Anwendungen aus kleinen, als Objekte repräsentierte Komponenten zusammengesetzt werden – beispielsweise ein Objekt, das einen Text editieren kann, oder ein anderes, das aus einer Tabelle eine Balkengrafik aufbaut. Jedes dieser Objekte ist einer Klasse zugeordnet, die durch einen eindeutigen Bezeichner beschrieben wird. Für Videofilme im AVI-Format ist beispielsweise der Schlüssel `00022602-0000-0000-C000-000000000046` vorgesehen.

Ein Windows-System ist in der Lage, aus einem solchen Identifizierer abzuleiten, dass es sich um ein Filmobjekt handelt. Microsoft entwickelt Mechanismen, mit denen ein solches Objekt geladen und ausgeführt werden kann.

Im `classid`-Attribut wird ein solcher Bezeichner als URL vermerkt – für das Beispiel hätte sie die Form

`clsid:00022602-0000-0000-C000-000000000046`.

Die Definition von `<object>` ist offen bezüglich anderer Objektsysteme und deren Klassenbezeichner – das Ausmaß der Marktmacht von Microsoft wird an diesem Attribut aber sehr deutlich. Es ist anzunehmen, dass Entwicklungswerkzeuge von Microsoft die Erstellung einbettbarer Objekte in Webseiten stark unterstützen werden.

Durch die Einführung von Technologien wie ActiveX wird das ✗ Internet zum Objekt starker kommerzieller Bestrebungen, wobei Hersteller versuchen, ihre proprietäre – also firmeneigene – Technologie durchzusetzen. Damit soll die frei verfügbare, oftmals bessere Internettechnologie wie MIME abgelöst werden. Welcher Ansatz sich durchsetzt und welche Technologie zu bevorzugen wäre, ist momentan völlig offen.

❑ `codetype` gibt den MIME-Inhaltstyp des durch `classid` bezeichneten Objekts an. Der Browser kann so auch ohne Netzzugriff erfahren, dass es sich beim Beispielschlüssel um einen Verweis auf ein Objekt vom MIME-Typ `video/avi` handelt.

❑ `standby` kann einen Kurztext enthalten, der während des Ladens des Objekts angezeigt wird. Damit entspricht es dem Attribut `alt` bei `<img>`.

In Bezug auf die Verwendung eines Objekts als Ausgangsanker bietet `<object>` noch eine Reihe weiterer Attribute:

❏ Falls ein Objekt innerhalb eines `<a>...</a>`-Ankers liegt, umrahmt ein Browser das Objekt normalerweise. Mit `border` lässt
sich die Breite dieses Rahmens – wie bei `<img>` – bestimmen.
Durch `border="0"` schaltet man ihn ab.

❏ `usemap` gibt die URL einer Map-Datei an nach dem in Abschnitt 8.4 auf Seite 106 beschriebenen Format.

❏ Ist das Attribut `shapes` vorhanden, dann befinden sich innerhalb
von `<object>...</object>` mehrere `<a>`-Anker, die zusätzlich
in den Attributen `shape` und `coords` einen Bereich innerhalb des
eingebetteten Objekts beschreiben, der als Ausgangsanker dient.
Die dabei verwendbaren Werte entsprechen denjenigen, die in Abschnitt 8.4 auf Seite 106 bei browserseitigen Imagemaps beschrieben sind.

Mit dieser Sammlung von Attributen hat das W3C eine Definition geschaffen, die einen allgemein gültigen Mechanismus für eingebettete
Objekte bereitstellt.

Parameterübergabe   Die Parameterübergabe an ein Objekt wird nicht wie bei `<embed>`
durch weitere Attribute vorgenommen, sondern durch ein oder mehrere
Parameter-Tags innerhalb der `<object>...</object>`-Klammerung.
`<param>`   Das Tag hat den Namen `<param>` und kann folgende Attribute tragen:

❏ `name` ist der Name des Parameters.

❏ `value` enthält seinen Wert.

❏ `valuetype` gibt die Art des Wertes an. Durch die folgenden Attributwerte lassen sich verschiedene Mechanismen erreichen:

❏ `ref`: Der Parameterwert ist eine URL. Dadurch wird sie vor
der Übergabe an das Plug-in vom Browser in Sachen Sonderzeichen nicht verändert. In diesem Fall kann `<param>`
zusätzlich das Attribut `type` tragen, dessen Wert der MIME-
Typ des in der URL verwiesenen Objekts ist.

❏ `object`: Der Parameterwert ist der Name eines anderen Objekts innerhalb desselben Dokuments. Damit lässt sich bei
mehreren Objekten aufeinander verweisen.

❏ `data`: Beim Parameterwert handelt es sich um eine normale Zeichenkette, die vom Browser direkt verwendet werden
kann. Dies ist der Normalfall.

Ohne enthaltenen weiteren Text entspricht die Verwendung einer HTML-
Klammerung `<object>...</object>` formal nicht mehr ganz der
DTD. Falls Sie Ihre Seiten von einem Programm auf Korrektheit hin
überprüfen lassen und dabei Probleme entstehen, können Sie das Tag
`<bodytext>`   `<bodytext>` innerhalb der Klammerung `<object>...</object>` verwenden. Sie tragen damit lediglich der formalen Korrektheit Rechnung
– das Tag selber hat keinerlei Funktion.

10 Tabellen

In diesem Kapitel lernen Sie, wie Sie

❑ Tabellen in HTML-Seiten auszeichnen,

❑ die Zeilen und Zellen darin steuern,

❑ Zeilen und Spalten gruppieren,

❑ die Rahmen in Tabellen festlegen,

❑ Layouteffekte mit Tabellen erzielen und

❑ Formulare mit Tabellen übersichtlich gestalten.

Tabellen finden sich in fast jeder Textverarbeitung und werden häufig benötigt. In HTML wurden sie aber erst in der Version 3 definiert und zuerst in den Browsern Netscape und Arena implementiert. Heute sind sie in allen Browsern verfügbar. Das Erstellen von Tabellen kann im Detail kompliziert werden; in HTML ist es aber einfach, ansprechende und übersichtliche Tabellen zu erzeugen.

Abbildung 10.1 zeigt ein Beispiel einer Tabelle, in der schon verschiedene Möglichkeiten der Formatierung eingesetzt sind. HTML-Tabellen bestehen aus Tabellenzeilen, die wiederum aus Tabellenzellen gebildet werden.

```
<table border="border">
<tr align="center"><th></th>
<th>1968</th><th>1978</th><th>1987</th></tr>
<tr align="right">
<td align="left">Gesamt</td>
<td>2141</td><td>1910</td><td>2013</td></tr>
<tr align="center">
<td align="left">Davon weiblich</td>
<td>59,6%</td><td>55,4%</td><td>53,5%</td></tr>
</table>
```

Abbildung 10.1
Einwohner in Berlin (West)

`<table>`   Das Tag `<table>` (für »Tabelle«) umschließt eine Tabelle in HTML und kann verschiedene Attribute besitzen. Das Beispiel legt mit `border` fest, das die Zellen der Tabelle umrahmt werden.

`<tr>`   `<tr>` (für »table row«) umschließt eine Tabellenzeile. Dabei kann `align` eine horizontale Ausrichtung aller Zellen festlegen, wobei `left` für linksbündig steht und der Normalwert ist, `center` eine Zentrierung aller Zelleninhalte und `right` rechtsbündige Ausrichtung bewirkt.

`<td>`   In einer Tabellenzeile werden Einträge als normale Zellen mit `<td>`
`<th>`   (für »table data«) umschlossen oder mit `<th>` (für »table header«) als Bestandteil einer Kopfzeile ausgezeichnet. Der Unterschied dieser beiden Tags besteht eigentlich nur in der Darstellung: Zellen von Kopfzeilen werden fett dargestellt.

Im Beispiel ist zu sehen, dass auch für Zeilen und Zellen jeweils mit dem `align`-Attribut die horizontale Ausrichtung gesondert definiert werden kann. Der Browser stellt die Beispieltabelle wie folgt dar:

Abbildung 10.2
Die Beispieltabelle
mit Netscape

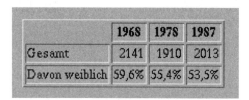

	1968	1978	1987
Gesamt	2141	1910	2013
Davon weiblich	59,6%	55,4%	53,5%

Aufgabe 10–1: Bitte zeichnen Sie die folgende Tabelle mit HTML aus:

Währung	1 EUR
Deutschland (DEM)	1,95583
Frankreich (FRF)	6,55957
Italien (ITL)	1936,27000
Spanien(ESP)	166,38600

10.1   Tabellenauszeichnung

Leerraum zwischen Zellen   Der Leerraum um und zwischen den Tabellenzellen ließ sich erstmalig mit dem Netscape-Browser beeinflussen. Mit Hilfe des Attributs `cellspacing` legt man fest, wie viel Raum zwischen den Zellen gelassen werden soll. Das Attribut `cellpadding` bestimmt, wie groß der Abstand zwischen dem Zelleninhalt und seiner Umrandung ist. Das Beispiel in der Abbildung 10.3 auf der nächsten Seite demonstriert die beiden Attribute.

```
<table border="border"
 cellspacing="1"
 cellpadding="2">
<tr><td>1</td><td>2</td></tr>
<tr><td>3</td><td>4</td></tr>
</table>
<p><br>


<table border cellspacing="4"
 cellpadding="2">
<tr><td>1</td><td>2</td></tr>
<tr><td>3</td><td>4</td></tr>
</table>
<p><br>


<table border cellspacing="2"
 cellpadding="6">
<tr><td>1</td><td>2</td></tr>
<tr><td>3</td><td>4</td></tr>
</table>
```

Abbildung 10.3
Unterschiedliches
cellspacing *und*
cellpadding

Aufgabe 10–2: Ergänzen Sie Ihre Lösung der Aufgabe 10–1 auf der vorherigen Seite so, dass wirklich nur eine Haarlinie die einzelnen Tabellenzellen trennt.

Aufgabe 10–3: Ergänzen Sie diese Lösung so, dass um die Zelleninhalte sehr viel Platz ist, die Trennlinien aber gleich dünn bleiben.

Sollen die Inhalte der Tabellenzellen nicht vom Browser automatisch umgebrochen werden, kann man das Attribut nowrap verwenden. In diesem Fall müssen entsprechende
-Tags in den Zelleninhalten vorkommen. Diese Einstellungen können für einzelne Spalten und Tabellenzellen durch Attribute außer Kraft gesetzt werden.

Die gesamte Breite der Tabelle kann mit dem Attribut width bestimmt werden. Verwendbar sind absolute Pixelangaben oder ein Prozentwert, der die Breite relativ zur Fensterbreite angibt.

In HTML 4 ist das Attribut cols für <table> eingeführt worden. *Anzahl der Spalten* Sein Wert gibt die Anzahl der Spalten der Tabelle an. Ein Browser kann so mit der Formatierung der Tabelle sofort beginnen, da er nicht mehr den gesamten HTML-Code der Tabelle zur Ermittlung der Spaltenzahl durcharbeiten muss.

Textfluss

In HTML 3 kann der laufende Text wie bei Grafiken mit `<img>` um eine Tabelle herumfließen. Die horizontale Ausrichtung der Tabelle steuert das `align`-Attribut. Es kann die folgenden Werte annehmen:

❏ `left`: Die Tabelle kommt an den linken Rand, der Text fließt rechts um sie.

❏ `center`: Die Tabelle wird zentriert dargestellt und der Text umfließt die Tabelle nicht. Dies ist der Standardwert für die Tabellenausrichtung.

❏ `right`: Ausrichtung am rechten Seitenrand und Fluß des Textes auf der linken Seite der Tabelle.

Vertikale Ausrichtung

Die vertikale Ausrichtung der Tabelle in Bezug auf ihre Umgebung steuern Sie mit dem `valign`-Attribut. Es kann die Werte `top` und `bottom` annehmen.

Farbe

Die Farbe der gesamten Tabelle können Sie mit Hilfe des Attributs `bgcolor` festlegen. Dazu kann die aus Abschnitt 3.7 auf Seite 28 bekannte RGB-Kodierung oder ein vordefinierter Farbname verwendet.

Rahmen

Tabellen, ihre Zeilen und Zellen können von einem Rahmen umgeben werden. Mit dem Attribut `border` wird diese Umrahmung eingeschaltet. Für `border` kann ein Wert angegeben werden, der die Dicke der Rahmen in Pixel festlegt.

Linienfarben

Für den Internet Explorer können Sie die Farbgebung der Linien in der Tabelle genauer beeinflussen. Die Attribute sind:

❏ `bordercolor`: Die Farbe der Linien.

❏ `bordercolorlight`: Die Farbe des einen Linienrands, der für einen 3D-Effekt heller dargestellt wird.

❏ `bordercolordark`: Die Farbe des Linienrands, der beim 3D-Effekt dunkler dargestellt wird. Abbildung 10.4 zeigt die Wirkung der beiden Attribute.

Abbildung 10.4
Die `bordercolor`-*Attribute*

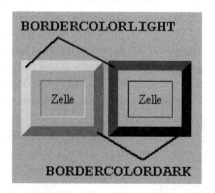

Aufgabe 10–4: Was ist das?

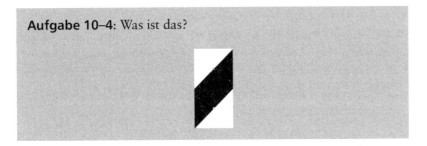

Mit HTML 4 können Sie zusätzlich auch festlegen, welche Seiten der Tabelle einen Rahmen haben und welche Linien zwischen den Tabellenzellen zu verwenden sind. In Abschnitt 10.6 auf Seite 128 finden Sie die dafür definierten Attribute beschrieben.

    Zu einer Tabelle kann eine erläuternde Tabellenunter- oder -überschrift mit dem `<caption>`-Tag ausgezeichnet werden. Der Browser zeigt eine solche Zeile entsprechend dem Beispiel in Abbildung 10.5.

Tabellenunterschrift
`<caption>`

```
<table ...><tr>...</tr>
<caption>Quelle: Stat.
Landesamt</caption>
</table>
```

Quelle: Stat. Landesamt			
Einheit	Alt-Berlin		
	1871	1895	1910
qkm	59	63	63

Abbildung 10.5
Tabelle mit Quellenangabe

    Die Position dieser Zeile steuert das `align`-Attribut von `<caption>`. Mögliche Werte sind `left` für Positionierung links neben der Abbildung, `right` für Platzierung rechts, `top` zum Stellen der Zeile über die Abbildung und `bottom` für darunter. Der Standardwert ist .

10.2 Tabellenzeilen

Jede Tabellenzeile in `<table>...</table>` wird von der Klammerung `<tr>...</tr>` umschlossen. `<tr>` kann Attribute zur horizontalen und vertikalen Ausrichtung aller Zellen sowie zum Zeilenumbruch enthalten. Alle Attribute lassen sich für einzelne Zellen wieder ändern.

    `align` beschreibt die horizontale Ausrichtung. Es kann die folgenden Werte annehmen:

- ❏ `left`: Linksbündige Ausrichtung der Zelleninhalte (der Standardwert bei normalen Zellen).
- ❏ `center`: Zentrierte Ausrichtung (Standardwert bei Zellen in der Kopfzeile).
- ❏ `right`: Rechtsbündige Ausrichtung.
- ❏ `justify`: Linker und rechter Randausgleich.

In HTML 4 ist zusätzlich eine Ausrichtung an einem beliebigen Zeichen vorgesehen. Dazu enthält das Attribut char dieses Zeichen, beispielsweise das Kommazeichen für eine Tabelle mit Zahlen. align muss den Wert char tragen, damit der Browser die Zellen der Spalte an diesem Zeichen ausrichtet. Eine mögliche Verwendung sieht so aus:

```
<tr><th>Währung</th>
<th>1 EUR</th></tr>
<tr align="char" char=",">
<td>DEM</td><td>1,95583</td></tr>
<tr align="char" char=",">
<td>FRF</td><td>6,55957</td></tr>
<tr align="char" char=",">
<td>ITL</td><td>1936,27</td></tr>
</table>
```

✗   Die HTML-Spezifikation schreibt ausdrücklich, dass Browser diese Ausrichtung nicht unterstützen müssen.

Falls eine Zelle das Ausrichtungszeichen nicht enthält, soll der Browser es vor der Ausrichtungsposition darstellen. Ist dieses Verhalten nicht gewünscht, dann lässt sich der Abstand des Inhalts solcher Zellen mit dem Attribut charoff als Länge angeben.

Die vertikale Ausrichtung der Zelleninhalte in einer Reihe legt das Attribut valign fest. Es kann die folgenden Werte erhalten:

❏   top: Ausrichtung an der Oberkante der Zellen (Standardwert).
❏   middle: Mittige Ausrichtung aller Zellen.
❏   bottom: Ausrichtung an der Unterkante der Zellen.
❏   baseline: Ausrichtung an der Grundlinie der ersten Zeile der Zellen.

Farbe einer Zeile   Schließlich können Sie die Farbe sämtlicher Zellen in der Zeile mit bgcolor festlegen. Der Internet Explorer unterstützt auch für <tr> bordercolor, bordercolorlight und bordercolordark als Attribute zur Farbsteuerung der Rahmen.

Sprachausgabe   HTML 4 legt besonderen Wert auf Mechanismen, die die Ausgabe von HTML als gesprochene Sprache unterstützen. Bei Tabellen ist es dabei nützlich, Spaltenüberschriften und Zellennamen zu kennen, um beim Vorlesen des Texts eine bessere Orientierung zu erlauben.

Eine Tabelle als Ganzes können Sie mit dem Attribut summary mit einer Erläuterung versehen, die bei Sprachausgabe dargestellt wird:

```
<table summary="Diese Tabelle enthält aktuelle
            Kurse für verschiedene Währungen">
```

Ein Sprachbrowser könnte die jeweilige Spaltenüberschrift bei jeder Zelle neu vorlesen, um dem Zuhörer Orientierung zu geben. Dazu vermerkt man bei `<th>` im Attribut `id` einen eindeutigen Bezeichner, beispielsweise als `<th id="waehr">Währung</th>`.

In der Tabelle können Sie dann in den Zellen eine Referenz auf diese Überschrift im Attribut `headers` geben: `<td headers="waehr">US Dollar</td>`. Ein Sprachbrowser kann die Überschrift dann bei jeder Zelle entsprechend vorlesen.

Falls die Spaltenüberschrift nun wieder zu lang ist, um sinnvoll vorgelesen zu werden, kann man im `abbr`-Attribut bei `<th>` eine Abkürzung vermerken:

```
<th id="staat" abbr="Land">EU Mitgliedsland</th>
```

Für `<th>` ist daher das Attribut `axis` vorgesehen, das einen kurzen Spaltentitel enthalten kann. Für normale Zellen, die mit `<td>` ausgezeichnet sind, erlaubt das Attribut `axes`, eine durch Kommas getrennte Liste von Spalten- und Zeilentiteln anzugeben, die für die Zelle gelten.

10.3   Tabellenzellen

Es gibt zwei Tags für Zelleninhalte. Zellen, die zu einer Kopfzeile in der Tabelle gehören, werden mit `<th>` (von »table header«) ausgezeichnet, normale Zellen mit `<td>` (von »table data«). Der Unterschied zwischen diesen Tags liegt in ihrer Darstellung: Zellen von Kopfzeilen werden üblicherweise fett und zentriert dargestellt, während für normale Zellen normale Schrift und linksbündige Ausrichtung verwendet wird. `<th>` muss übrigens nicht immer in der allerersten Zeile vorkommen, man kann es beliebig verwenden.

`<th>`
`<td>`

Die Attribute `align`, `valign` und `nowrap` können bei `<th>` und `<td>` dieselben Werte wie bei `<tr>` annehmen und haben dieselbe Bedeutung. Sie überlagern die für die gesamte Zeile festgelegten Ausrichtungen. In HTML 4 sind die Attribute `char` und `charoff` auch für `<th>` und `<td>` definiert.

Ebenso können Sie die Farbgebung einzelner Zellen mit `bgcolor` festlegen. Beim Internet Explorer gibt es auch für die Rahmen die Attribute `bordercolor`, `bordercolorlight` und `bordercolordark`.

Farbe einer Zelle

Bei vielen Tabellen benötigt man Zellen, die nicht in die uniforme Zeilen-Reihenaufteilung passen. Aus diesem Grund kann man festlegen, dass sie mehrere Spalten oder Zeilen umfassen. Das Attribut `colspan` (von »column spanning«) enthält die Anzahl der Spalten, über die eine Zelle reicht.

Zellen über mehrere Zeilen oder Spalten

So hat die Tabelle in Abbildung 10.6 auf der nächsten Seite vier Spalten. In der ersten Zeile soll aber eine Zelle über die gesamten letzten drei Spalten reichen. Dazu gibt man in der zweiten Zelle das Attribut `colspan="3"` an. Sie erstreckt sich nun über drei Spalten – der gewünschte Effekt ist erreicht.

Abbildung 10.6
Eine Tabelle mit
Flächenangaben zu
Alt-Berlin

```
<table border>\todo
<tr><td rowspan="2">Einheit</td>
 <td colspan="3">
 Alt-Berlin</td>
</tr>
<tr><td>1871</td>
 <td>1895</td>
 <td>1910</td></tr>
<tr><td>qkm</td><td>59</td>
 <td>63</td><td>63</td></tr>
</table>
```

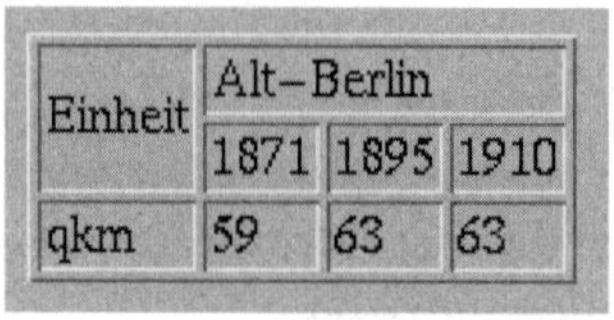

Einheit	Alt-Berlin		
	1871	1895	1910
qkm	59	63	63

Entsprechend gibt es das Attribut `rowspan` (von »row spanning«), in dem angegeben ist, über wie viele Zeilen sich die Zelle erstreckt. Im Beispiel soll die Zelle links oben über zwei Reihen reichen. Sie trägt dazu das Attribut `rowspan="2"`.

Verwendet man diese Attribute, dann verringert sich auch die Zahl der Tabellenzellen. Das Beispiel hat in der ersten Zeile lediglich zwei `<td>`-Einträge. Die zweite Zeile benötigt nur drei Zellen, da ja die erste Zelle links oben in den Anfang dieser Zeile »hineinragt«. Erst die dritte Zeile hat wieder die zu erwartenden vier Zelleneinträge.

Mehrspaltiger
Textsatz

Mit Hilfe von Tabellen ist auch mehrspaltiger Textsatz auf einer Seite möglich. Mit `<multicol>` geht dies zwar, es handelt sich dabei aber nicht um ein standardisiertes Tag.

Für zwei Spalten definiert man einfach eine Tabelle mit zwei Tabellenspalten, in denen jeweils nur eine Zeile und eine Zelle stehen. In ihnen befindet sich der laufende Text der Textspalten. Nachteil dieser Lösung ist, dass der Browser den unteren Rand der Spalten nicht ausgleichen kann. Dennoch bietet sich diese Lösung an, wenn die Länge der Spalten vorhersehbar ist. Das Beispiel in Abbildung 10.7 auf der nächsten Seite demonstriert die Auszeichnung.

10.4　Zeilengruppen

HTML 4 sieht ein erweitertes Tabellenmodell vor. Nach diesem Modell können die Zeilen einer Tabelle in Gruppen als logische Abschnitte zusammengefasst werden. Dabei unterscheidet man zwischen einem Tabellenkopf, einem Tabellenkörper und einem Tabellenfuß.

```
Normaler einspaltiger Text, der jetzt von einem
zweispaltigen unterbrochen wird:

<table><tr>
<td valign="top">Die erste Spalte in dem
zweispaltigen Text, die in der ersten Tabellenzelle
dieser Reihe steht.</td>
<td valign="top">Die zweite Spalte in dem
zweispaltigen Text, die in der zweiten Tabellenzelle
dieser Reihe steht.</td>
</tr></table>
Hier geht es wieder einspaltig über die ganze Breite
weiter.
```

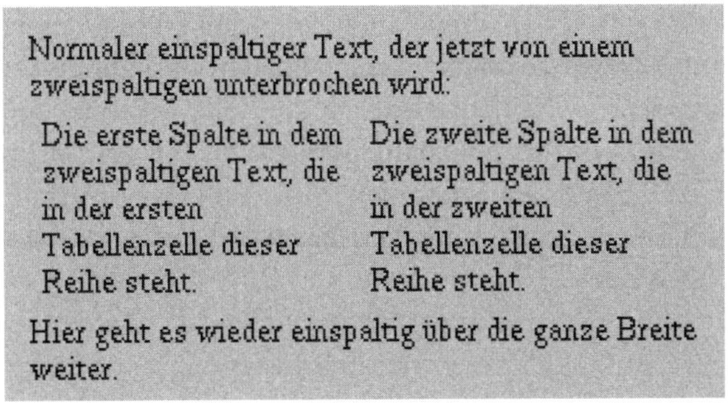

Abbildung 10.7
Zweispaltiger
Textsatz mit Tabellen

Den Tabellenkopf schließt `<thead>`...`</thead>` ein, während der eigentliche Tabellenkörper von `<tbody>`...`</tbody>` eingeschlossen wird, und `<tfoot>`...`</tfoot>` umfasst den Tabellenfuß. Ihre logische Gruppierung dient hauptsächlich dazu, den einzelnen Abschnitten Stileigenschaften zuordnen zu können und das Erscheinungsbild der Tabelle genauer zu steuern. Alle drei Tags können Sie mit den folgenden Attributen versehen:

`<thead>`

`<tbody>`

`<tfoot>`

- ❑ `class` legt fest, welche in einem Stylesheet festgelegte Klasse für den Tabellenteil verwendet werden soll.
- ❑ `style` legt weitere, zusätzliche Stileigenschaften fest.
- ❑ `id` vergibt einen Namen an den Tabellenteil, auf den im Rest des Dokuments verwiesen werden kann.

Bei `<thead>` lässt sich mit weiteren Attributen die Ausrichtung der Tabelle steuern. In `align` legen Sie die Orientierung von Text im Kopfteil mit den Werten `left`, `center`, `right` und `justify` fest. Die vertikale Ausrichtung von Text bestimmt `valign` mit den möglichen Werten `top`, `middle` und `bottom`.

10.5   Spaltengruppen

Neben den Tabellenzeilen lassen sich seit HTML 4 auch Spalten gruppieren und Attribute für alle darin enthaltenen Zellen setzen. In den früheren Versionen von HTML ist dies nicht möglich – um beispielsweise alle Zellen der zweiten Spalte zu zentrieren, müssen Sie bei den jeweiligen Tabellenzellen das `align`-Attribut setzen.

`<colgroup>`

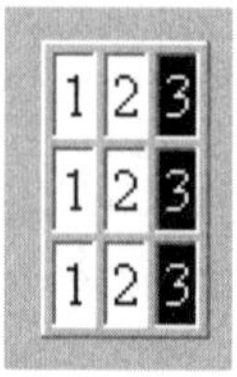

HTML 4 bietet das Tag `<colgroup>` an, das lediglich zum Setzen der Attribute verwendet wird und keinerlei Ausgabe erzeugt. Sie sollten es am Anfang der Tabelle direkt nach dem Tag `<table>` verwenden. Das Attribut `span` legt fest, für wie viele Spalten die Angaben in `<colgroup>` gelten sollen. `width` bestimmt die gemeinsame Breite dieser Spalten.

Für die Breite können Sie entweder einen Pixelwert verwenden oder den speziellen Wert `0*`, durch den alle Spalten den minimal notwendigen Raum erhalten. `0*` entspricht damit dem normalen Verhalten von Browsern beim Darstellen einer Zeile.

Die Ausrichtung der Zellen in den Spalten steuern Sie mit den Attributen `align` und `valign` und den bekannten Werten. Bei Ausrichtung an einem Dezimalzeichen können zusätzlich die Attribute `char` und `charoff` verwendet werden.

Abbildung 10.8
Spaltengruppen

```
<table border="1">
<colgroup span="2"
 bgcolor="white"></colgroup>
<colgroup bgcolor="black"
 style="color: white">
</colgroup>
<tr><td>1</td><td>2</td>
 <td>3</td></tr>
<tr><td>1</td><td>2</td>
 <td>3</td></tr>
<tr><td>1</td><td>2</td><td>3</td></tr>
</table>
```

Abbildung 10.8 zeigt ein Beispiel. Hier werden die Zellen der ersten beiden Spalten mit der Hintergrundfarbe Weiß versehen. Die dritte Spalte ist schwarz gefärbt. Gleichzeitig wird hier durch das `style`-Attribut die Schriftfarbe auf Weiß eingestellt. Sie lernen mehr zu solchen Stil-Attributen im Kapitel 13 auf Seite 153.

`<col>`

Sollen die Spalten innerhalb einer Gruppe unterschiedliche Eigenschaften haben, so können Sie mit dem Tag `<col>` Attribute für einzelne Spalten in der Gruppe setzen.

Das Attribut `span` gibt an, für wie viele Spalten die Festlegungen gelten sollen. Bei einer positiven Zahl beeinflusst das Tag genau diese

Anzahl von Spalten. Bei dem Wert 0 gelten die Attribute für die restlichen Spalten in der Spaltengruppe. Ist span nicht verwendet, legen sie Eigenschaften für genau eine Spalte fest.

Das width-Attribut bei <col> erlaubt eine Einteilung der Spaltenbreiten. In Abbildung 10.9 sehen Sie dazu ein Beispiel.

```
<table border="1">
<colgroup span="4" bgcolor="white">
<col width="100">
<col width="0">
<col width="30">
<col width="50"></colgroup>
<tr><td>1</td><td>2</td>
 <td>3</td><td>4</td></tr>
<tr><td>1</td><td>2</td>
 <td>3</td><td>4</td></tr>
<tr><td>1</td><td>2</td>
 <td>3</td><td>4</td></tr>
</table>
```

Abbildung 10.9
Unterschiedliche
Spaltenbreiten

Aufgabe 10–5: Bitte zeichnen Sie die Tabelle so aus, dass die ersten drei Spalten in fetter Schrift auf weißem Hintergrund dargestellt werden und die vierte Spalte weiß auf schwarz (Sie brauchen dafür wieder das style-Attribut).

Für die Ausrichtung der Zellen der Spalte stehen wieder die Attribute align und valign bereit. Zusätzlich können char und charoff verwendet werden.

Aufgrund der fast identischen Attribute bei den Tags <colgroup> und <col> stellt sich vielleicht die Frage, warum zwei Tags existieren und nicht eventuell eins davon reichen würde. Der Grund liegt in der Unterscheidung von Eigenschaften. So wollen Sie vielleicht die Ausrichtung der Tabellenzellen mit einem Schlag setzen, während die Breite der Spalten jeweils unterschiedlich ist.

In diesem Fall verwenden Sie align zusammen mit einem entsprechenden span-Attribut in einem <colgroup>-Tag, um die allgemeinen Eigenschaften zu setzen. Die Breiten legen Sie individuell für die Spalten in gesonderten <col>-Tags fest.

10.6   Tabellenlinien

Bei Tabellen nach dem Internet-Explorer-Modell lässt sich die Verwendung von Linien um die Tabelle und darin genauer steuern. Dazu können Sie bei `<table>` zwei weitere Attribute verwenden:

❏ `frame` bestimmt, an welchen Rändern außen an der Tabelle eine Linie dargestellt wird. Es gibt acht mögliche Werte:

Kürzel	Beispiel	Beschreibung
`void`	Tabelle	Kein Rahmen
`above`	Tabelle	Rand oben
`below`	Tabelle	Rand unten
`hsides`	Tabelle	Rand oben und unten (»horizontal sides«)
`lhs`	Tabelle	Rand links (von »left hand side«)
`rhs`	Tabelle	Rand rechts (von »right hand side«)
`vsides`	Tabelle	Rand links und rechts (»vertical sides«)
`box` und `border`	Tabelle	Rand an allen Seiten

❏ `rules` steuert die Verwendung von Linien zwischen den Tabellenzellen. Hier gibt es fünf Werte:

Wert	Bedeutung
`none`	Keine Linien zwischen Zellen
`basic`	Linien nur zwischen den Tabellenabschnitten
`rows`	Horizontale Linien zwischen Tabellenzeilen
`cols`	Vertikale Linien zwischen Tabellenspalten
`all`	Linien zwischen allen Tabellenzellen

Aufgabe 10–6: Bitte modifizieren Sie Ihre Lösung der Aufgabe 10–1 auf Seite 118 so, dass die Tabelle im Internet Explorer so aussieht:

Währung	1 EUR
Deutschland (DEM)	1,95583
Frankreich (FRF)	6,55957
Italien (ITL)	1936,27000
Spanien(ESP)	166,38600

10.7   Effekte mit Tabellen

Mit Tabellen lassen sich einige visuelle Effekte realisieren, ohne auf Grafiken ausweichen zu müssen. Die Abbildung 10.10 zeigt, wie Sie einen interessanten Effekt für Überschriften erzeugen können.

Für Überschriften

```
<table border="0" cellspacing="0"
 cellpadding="0"><tr>
<td bgcolor="gray"><font
 size="-2"> </font></td>
<td><font size="+2">Effekte
mit Tabellen</font></td></tr>
<tr>
<td bgcolor="gray"><font
 size="-3"> </font></td>
<td bgcolor="gray"><font
 size="-3"> </font></td>
</tr></table>
```

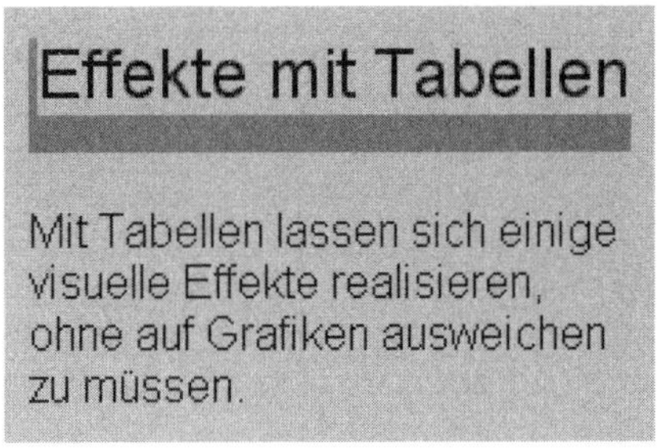

Effekte mit Tabellen

Mit Tabellen lassen sich einige visuelle Effekte realisieren, ohne auf Grafiken ausweichen zu müssen.

Abbildung 10.10
Umrandungen mit Tabellen

Der Trick besteht darin, einfach leere Tabellenspalten und Zeilen zu erzeugen und diese farbig zu hinterlegen. Die Zellen darin müssen aber zumindest ein wirkliches Leerzeichen enthalten, das Sie mit   erzeugen müssen.

Abbildung 10.11 auf der nächsten Seite zeigt Ihnen einen weiteren Trick: Eine Textfläche ist scheinbar mit einem Schatten hinterlegt.

Schatten

Tatsächlich handelt es sich aber auch hier nur um eine normale Tabelle, die geschickt mit leeren Zellen und Hintergrundfarben arbeitet. Die Tabelle hat drei Spalten und drei Zeilen. Der Schatten besteht aus zwei Zellen – die eine belegt die obersten beiden Zeilen der ersten Spalte, die andere die oberste Zeile der zweiten Spalte.

Das eigentlich Textfeld sitzt in der Mitte der Tabelle und wird rechts und unten von zwei leeren, aber gleich gefärbten Zellen vergrößert. Die Zellen links unten und rechts oben bleiben ungefärbt und erzeugen so den Versatzeffekt für den Schatten.

Aufgabe 10–7: Stellen Sie eine gestrichelte Linie (– – – –) ohne Verwendung von Grafiken dar. Die Striche sollten 3 Pixel hoch und 10 Pixel lang sein, zwischen ihnen soll 5 Pixel Freiraum liegen.

```
<table border="0" cellspacing="0"
 cellpadding="0"><tr>
<td rowspan="2"
 bgcolor="gray"> </td>
<td bgcolor="gray"> </td>
<td></td></tr>
<tr>
<td valign="top" bgcolor="red">
<h2>Die Sprachen des Web</h2></td>
<td bgcolor="red"> </td>
</tr>
<tr>
<td></td>
<td colspan="2"
 bgcolor="red"> </td>
</tr>
</table>
```

Abbildung 10.11
Schatteneffekt mit Tabellen

10.8   Formulare und Tabellen

Formulare gestalten   Die Gestaltung von Formularen wird durch Tabellen erheblich vereinfacht. Formulare haben ja das Problem, dass man nur schwer Vorgaben über deren Aufbau machen kann, da man nur die normalen Formatierungsmöglichkeiten von HTML hat. Oft möchte man ein Formular aber sehr strukturiert darstellen und Eingabefelder in Reihen und Spalten ordnen. Genau dafür lassen sich Tabellen hervorragend mit Formularen verbinden.

Nehmen wir als Beispiel das Formular in Abschnitt 6.3 auf Seite 74. Hier könnte es sinnvoller sein, die beiden Auswahlfelder zur Preislage und zur Ausstattung nebeneinander darzustellen. Ohne Tabellen ist dies aber nicht möglich, weil der Browser die Überschriften nicht weit genug auseinander darstellt, wie Abbildung 10.12 zeigt.

```
<form ...>
<table><tr><td valign="top">
<b>Preislage:</b><br>
<select name="preis" size="3">
<option value="billig">20-40 EUR</option>
<option value="einfach">40-70 EUR</option>
<option value="gut">70-100 EUR</option>
<option value="teuer">&uuml;ber 100 EUR</option>
</select>
</td>
<td valign="top">
<b>Ausstattung:</b><br>
<select multiple>\todo
<option value="WC">WC</option>
<option value="Dusche">Dusche</option>
<option value="Bad">Bad</option>
<option value="Fernseher">Fernseher</option>
<option value="Minibar">Minibar</option>
</select>
</td></tr>
</table>
...
</form>
```

Abbildung 10.13
Ein Formular mit Hilfe einer Tabelle

Mit Tabellen ist dies jedoch kein Problem, wenn man die Überschrift zusammen mit dem Auswahlfeld in eine Tabellenzelle steckt und diese entsprechend ausrichtet, wie das Beispiel in Abbildung 10.13 zeigt.

10.9   Antworten zu den Aufgaben

Aufgabe 10–1:

Eine passende Auszeichnung sieht so aus:

```
<table border="1">
<tr><th align="center">Währung</th>
 <th align="center">1 EUR</th></tr>
<tr><td>Deutschland (DEM)</td>
 <td align="right">1,95583</td></tr>
<tr><td>Frankreich (FRF)</td>
 <td align="right">6,55957</td></tr>
<tr><td>Italien (ITL)</td>
 <td align="right">1936,27000</td></tr>
<tr><td>Spanien(ESP)</td>
 <td align="right">166,38600</td></tr>
</table>
```

Aufgabe 10–2:

Sie müssen cellpadding und cellspacing bei <table> ergänzen:

```
<table border="1" cellpadding="0" cellspacing="0">
```

Aufgabe 10–3:

Dazu muss der Wert von cellpadding massiv erhöht werden und cellspacing gleich bleiben:

```
<table border="1" cellpadding="20" cellspacing="0">
```

Aufgabe 10–4:

Das sind zwei Tabellen in der Darstellung des Internet Explorer. Sie haben einen sehr breiten Rand und entsprechend eingestellte Randfarben:

```
<table border="20" cellpadding="0" cellspacing="0"
 bordercolorlight="white" bordercolordark="black">
<tr><td></td></tr>
</table>
<table border="20" cellpadding="0" cellspacing="0"
 bordercolorlight="black" bordercolordark="white">
<tr><td></td></tr>
</table>
```

Aufgabe 10–5:

Sie brauchen ein `<colgroup>` für die ersten drei Spalten und eines für die vierte. Dabei stellen Sie die Hintergrundfarbe entsprechend ein.

```
<table border="1">
<colgroup span="3" bgcolor="white"
 style="font-weight: bold">
<col width="100">
<col width="0">
<col width="30"></colgroup>
<colgroup span="1" bgcolor="black"
 style="color: white">
<col width="50"></colgroup>
<tr><td>1</td><td>2</td><td>3</td><td>4</td></tr>
<tr><td>1</td><td>2</td><td>3</td><td>4</td></tr>
<tr><td>1</td><td>2</td><td>3</td><td>4</td></tr>
</table>
```

Aufgabe 10–6:

Sie brauchen dazu nur die Attribute von `<table>` zu ergänzen:

```
<table frame="vsides" rules="rows"
 border="1" bordercolor="black"
 cellpadding="0" cellspacing="0">
<tr>...
```

Aufgabe 10–7:

Dazu können Sie eine Tabelle verwenden, bei der Sie die Spaltenbreite abwechselnd mit 10 und 5 Pixeln festschreiben. In die breiten Tabellenzellen legen Sie mit `<hr>` eine Linie mit 3 Pixeln Höhe. Natürlich müssen mit `cellspacing` und `cellpadding` alle weiteren Leerräume zwischen und in Zellen abgeschaltet sein.

```
<table border="0" cellspacing="0" cellpadding="0">
 <tr>
  <td width="10"><hr size="3"
                      noshade="noshade"></td>
  <td width="5"></td>
  <td width="10"><hr size="3"
                      noshade="noshade"></td>
  <td width="5"></td>
  <td width="10"><hr size="3"
```

```
                                        noshade="noshade"></td>
   <td width="5"></td>
   <td width="10"><hr size="3"
                                        noshade="noshade"></td>
  </tr>
</table>
```

Aufgabe 10–8:

Die zugegeben komplexe Frage erfordert das Zusammenbauen einer Tabelle mit je sieben Zeilen und Spalten. Die Rahmen werden durch die entsprechende Farbgebung der Zellen erzeugt. Durch Verwendung von colspan bringen Sie die Zellen auf die jeweils richtige Breite. Einmal pro Spalte eingestreute Breitenangaben in width stellen sicher, dass die Rahmen gleich breit sind.

```
<table border="0" cellpadding="0" cellspacing="0">
 <tr>
  <td colspan="5" bgcolor="#DF0F0F"> </td>
 </tr>
 <tr>
  <td width="20" bgcolor="#DF0F0F"> </td>
  <td colspan="3">Die Sprachen</td>
  <td width="20" bgcolor="#DF0F0F"> </td>
 </tr>
 <tr>
  <td bgcolor="#DF0F0F"> </td>
  <td> </td>
  <td colspan="5" bgcolor="#DF0F0F"> </td>
 </tr>
 <tr>
  <td bgcolor="#DF0F0F"> </td>
  <td> </td>
  <td bgcolor="#DF0F0F"> </td>
  <td> </td>
  <td bgcolor="#DF0F0F"> </td>
  <td width="20" > </td>
  <td bgcolor="#DF0F0F" width="20" > </td>
 </tr>
 <tr>
  <td colspan="5"bgcolor="#DF0F0F"> </td>
  <td> </td>
  <td bgcolor="#DF0F0F"> </td>
 </tr>
 <tr>
```

```
  <td colspan="2"> </td>
  <td bgcolor="#DF0F0F"> </td>
  <td colspan="3">des Web</td>
  <td bgcolor="#DF0F0F"> </td>
 </tr>
 <tr>
  <td colspan="2"> </td>
  <td bgcolor="#DF0F0F" colspan="5"> </td>
 </tr>
</table>
```

11 Framesets

Netscape hat mit der Version 2.x einen Mechanismus eingeführt, mit dem man mehrere Dokumente gleichzeitig in einem Browserfenster darstellen kann. Diese »Framesets« werden von einem speziellen HTML-Dokument gesteuert, das eine andere Struktur als normale Seiten hat. Microsoft hat mit dem Internet Explorer 3 eine Variante eingeführt, die »Floating Frames«, mit denen eine HTML-Seite in eine andere eingebettet werden kann. Das W3C hat diese Entwicklungen mit HTML 4 unverändert übernommen.

11.1 Framesets

In einem Frameset werden mehrere HTML-Seiten mit unterschiedlichen URLs vom Browser geladen und zusammen innerhalb eines Browserfensters dargestellt. Für jede der geladenen Seiten wird ein rechteckiger Bereich – ein »Frame« – verwendet. Die Definition des Layouts dieser Bereiche und die Festlegung, welche Seiten der Browser jeweils darin darstellt, nennt man »Frameset«.

Mehrere URLs in einem Browserfenster

Auf den folgenden Seiten lernen Sie den entsprechenden Mechanismus schrittweise kennen. Ausgangspunkt ist eine Reihe von Beispielseiten, die wie in Abbildung 11.1 auf der nächsten Seite aufgebaut sind.

Nun sollen zwei solcher Seiten in einem Frameset zusammengefasst werden. In Abbildung 11.2 auf der nächsten Seite finden Sie die dafür notwendige HTML-Datei. Bei ihr umschließt anstelle von `<body>`...`</body>` das Tag-Paar `<frameset>`...`</frameset>` den Inhalt der Seite. Dieser Inhalt besteht nur aus Definitionen für Darstellungsrahmen im Browserfenster. In jedem dieser Rahmen wird ein HTML-

`<frameset>`

```
<html><head></head>
<body bgcolor="white">
<b>Seite A</b>
</body></html>
```

Dokument dargestellt. Die Attribute von `<frameset>` bestimmen das Layout der Gesamtseite, bei den einzelnen `<frame>`-Tags legt das Attribut `src` fest, welche anderen Seiten in den Teilbereichen darzustellen sind.

```
<html><head></head>
<frameset cols="*,*">
 <frame src="frameA.html">
 <frame src="frameB.html">
</frameset></html>
```

Als Attribute kann `<frameset>` Angaben über die Verteilung der Rahmen im Browserfenster enthalten. Dabei ist das Frameset in Spalten und Zeilen unterteilt, die die einzelnen Rahmen bilden. Das Attribut `cols` bestimmt die Anzahl und Breite der Spalten, während `rows` die Anzahl und Höhe der Zeilen festlegt.

Der Wert beider Attribute ist eine Zeichenkette, in der die Breiten oder Höhen der Spalten oder Reihen jeweils durch Kommas getrennt notiert werden. Im Beispiel definiert `cols="*,*"`, dass zwei gleich breite Spalten verwendet werden sollen. Für drei Spalten würde man einfach `cols="*,*,*"` schreiben. Der Stern ist nur eine von drei möglichen Arten von Werten, mit denen Sie die Breiten oder Höhen ausdrücken können:

❏ Prozentwerte als `"Prozent%"` definieren die Breite oder Höhe relativ zur Gesamtbreite oder -höhe des Browserfensters.

❏ Absolute Zahlen beschreiben die Ausmaße in Pixel.

❏ `*` bezeichnet einen gleichen Anteil am restlichen Platz im Browserfenster. Bei `rows="70%,*"` erhält die letzte Zeile 30% des Platzes, bei `rows="70%,*,*"` bleiben für die beiden letzten Zeilen jeweils 15% übrig.

Der Stern kann auch durch Angabe einer Zahl gewichtet werden. Mit `rows="70%,1*,2*"` werden für die zweite Spalte ein Drittel des verbleibenden Platzes, also 10%, und für die dritte zwei Drittel, also 20%, reserviert.

Abbildung 11.3 zeigt Ihnen ein weiteres Beispiel eines einfachen Framesets, wobei diesmal zwei Zeilen unterschiedlicher Höhe mit Frames gefüllt sind.

```
<html><head></head>
<frameset cols="*,*"
 rows="30%,*">
 <frame src="frameA.html">
 <frame src="frameB.html">
 <frame src="frameC.html">
 <frame src="frameD.html">
</frameset></html>
```

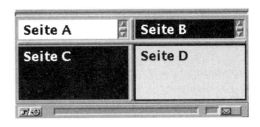

Abbildung 11.3
Ein weiteres
Frameset mit Zeilen
unterschiedlicher
Höhe

Aufgabe 11–1: Definieren Sie ein Frameset mit drei Seiten, die übereinander angeordnet sind. Dabei soll der oberste Frame die Hälfte der Fensterhöhe beanspruchen, die beiden anderen nehmen jeweils ein Viertel davon ein:

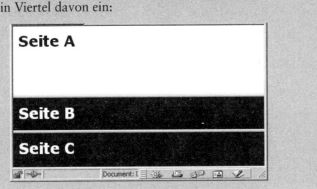

Die gleichmäßige Aufteilung in Zeilen und Spalten schränkt einen in der *Schachtelung* Frameset-Gestaltung ein. Um mehr Flexibilität zu ermöglichen, lassen sich Framesets schachteln. Während in den obigen Beispielen in jedem Bereich mit `<frame>` eine HTML-Seite dargestellt wurde, können Sie auch ein weiteres `<frameset>` einfügen, in dem eine eigene Rahmengestaltung möglich ist.

In Abbildung 11.4 auf der nächsten Seite sehen Sie ein solches geschachteltes Frameset. In ihm wird zunächst ein Layout in zwei Zeilen definiert. Der Frame in der ersten Zeile ist aber wiederum selber ein

Frameset, das zwei Spalten enthält. In jedem dieser Frames befindet sich dann eine eigene Seite.

```html
<html><head></head>
<frameset rows="*,*">
 <frameset cols="*,*">
  <frame src="frameA.html">
  <frame src="frameB.html">
 </frameset>
 <frame src="frameC.html">
</frameset></html>
```

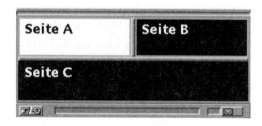

Abbildung 11.4
Ein geschachteltes
Frameset

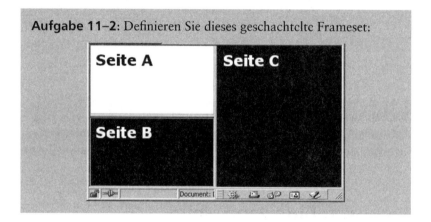

Da in einem `<frame>` ja ein Verweis auf eine HTML-Seite enthalten ist, könnte man in dem Beispiel anstelle des inneren `<frameset>`... `</frameset>` ein `<frame>` verwenden, das im `src`-Attribut auf die URL des Framesets aus Abbildung 11.2 auf Seite 138 verweist.

✘   Bedenken Sie, dass die Verwendung von Frames die Ladezeit einer kompletten Seite auf ein Vielfaches verlängern kann. Während eine beispielsweise mit Tabellen gegliederte Seite mit einer HTTP-Verbindung geladen wird, benötigt eine framebasierte Seite mit vier Frames wie in Abbildung 11.3 auf der vorherigen Seite schon fünf Übertragungen – eine für das Frameset und vier für die Frameinhalte. Bei vielen Nutzern sind Frames daher nicht beliebt – Sie sollten alternative Gestaltungsmittel in Betracht ziehen und vielleicht auch Seiten gleichen Inhalts ohne Frames anbieten.

✘   `<frame>` kann auf beliebige Webseiten verweisen, also auch auf Seiten auf anderen Servern, die nicht von Ihnen stammen.

Aussehen der   Mit den folgenden Attributen von `<frameset>` können Sie das
Rahmen   Aussehen der Rahmen bestimmen:

❑ `border` legt die Rahmenbreite in Pixel fest. Mit `border="0"` kann man die Darstellung des Rahmens abschalten, während ohne dieses Attribut der Normalwert von 5 Pixel verwendet wird.

❑ `frameborder` legt fest, ob der Rahmen mit einem 3D-Effekt dargestellt wird. Der Wert `1` schaltet diesen Effekt ein, mit `0` erzeugt man eine einfache Linie als Rahmen. Der Normalwert ist die Darstellung mit 3D-Effekt.

Anstelle der Werte `1` und `0` verlangten ältere Browserversionen `yes` und `no`. HTML 4 benutzt allerdings die Werte `1` und `0`.

❑ `bordercolor` definiert die Farbe des Rahmens in der gewohnten RGB-Schreibweise oder mit einem vordefinierten Farbnamen.

Mit rahmenlosen Frames lassen sich Seitenteile wie Navigationsleisten definieren, die z.B. am Kopf der Seite feststehen.

Framesets sind eine einschneidende Erweiterung von HTML, da sie das `<body>`-Tag für das Dokument verbieten. Ein Browser, der Framesets nicht kennt, wird alle genannten Tags ignorieren und deshalb eine leere Seite darstellen. Damit keine solchen unerwünschten leeren Seiten entstehen, können Sie mit der Klammerung `<noframes>` ... `</noframes>` HTML-Text auszeichnen, den ein solcher Browser darstellt. Da er auch das Tag `<noframes>` selber ignoriert, findet er dadurch eine normale HTML-Seite vor und zeigt sie an.

Browser, die Framesets unterstützen, arbeiten genau andersherum: Sie erkennen die Frameset-Tags und ignorieren den Text innerhalb von `<noframes>` ... `</noframes>`.

Alte Browser

`<noframes>`

11.2   Attribute von Frames

Das `<frame>`-Tag kann eine Reihe von Attributen tragen – in den Beispielen haben Sie schon `src` kennen gelernt, das die URL des HTML-Dokuments enthält, das in dem Rahmen dargestellt werden soll. Ist es nicht vorhanden, bleibt der Rahmen leer. Die weiteren Attribute sind:

`<frame>`

❑ `scrolling`: Steuert die Darstellung von Scrollbars in dem Rahmen. Mit dem Wert `yes` werden sie wie im Beispiel in Abbildung 11.3 auf Seite 139 angezeigt. Bei `no` sind sie abgeschaltet und bei `auto` – der Voreinstellung – errechnet der Browser anhand der Seitengröße selber, ob sie notwendig sind.

❑ `noresize`: Durch Ziehen per Maus an den Rahmen kann man die Größe der einzelnen Rahmen verändern. Trägt ein Frame dieses Attribut, bleibt seine Größe fest.

❑ `marginwidth`: Die Breite eines linken und rechten Rands, den der Browser um die Seite in einem Rahmen lässt.

❑ `marginheight`: Die Breite eines Rands oben und unten, den der Browser um die Seite in einem Rahmen lässt.

11.3   Seiten gezielt in Frames laden

Beim Laden einer Seite durch Verfolgen eines Links stellt sich die Frage, in welchem Frame sie dargestellt werden soll. Durch die Einführung des Attributs `name` bei `<frame>` und die Verwendung des Attributs `target` bei Links lässt sich dies steuern.

Freigewählte Frame-Namen

Jedem Frame kann durch `name` ein beliebiger Name gegeben werden. Diese Namen werden vom Browser vermerkt und können als Ziel für einen Ladevorgang verwendet werden. Der Schlüssel dafür ist das Attribut `target`, das als Wert einen solchen Namen erhält. Das Attribut ist bei den Tags möglich, durch die eine Seite geladen werden kann:

❑ `<base>`: Alle Links auf der Seite zielen in den Frame mit dem angegebenen Namen.

❑ `<a>`: Die angeführte URL wird in den bezeichneten Frame geladen.

❑ `<form>`: Die Ausgabe des Verarbeitungsskripts kommt in den entsprechenden Frame.

❑ `<area>`: Die in der Imagemap ausgewählte Seite wird in den angegebenen Frame geladen.

❑ `<link>`: Wertet der Browser die Beziehungen zu anderen Dokumenten, die im `<link>`-Tag definiert sind, aus, so wird bei einem Verfolgen dieser Beziehung das Dokument in den genannten Frame geladen.

Sieht man also beispielsweise eine Fläche im Frameset für Hilftexte vor, so wird man bei dem entsprechenden Frame `<frame src= "hilfeallgemein.html" name="hilfe">` notieren. Befinden sich auf den Inhaltsseiten in anderen Frames Links für weitere speziellere Hilfestellungen, wird man das entsprechende Tag als `<a href= "hilfebuchung.html" target="hilfe"` schreiben. Ein Klick darauf bewirkt das Neuladen des `hilfe`-Frames, während die anderen Teile des Framesets unverändert bleiben.

Zwei Frames auf einen Klick laden

Eine häufig gestellte Frage ergibt sich aus den komplexen Interaktionen, die in Framesets möglich sind: Wie kann man zwei Frames mit einem Klick neu laden? In Abbildung 11.4 auf Seite 140 hatten Sie die Schachtelung von Framesets kennen gelernt. Genau darin ist der Schlüssel zum Neuladen mehrerer Frames versteckt.

Angenommen, die Frames »Seite A« und »Seite B« sollen auf einen Schlag durch »Seite E« und »Seite F« ersetzt werden. Dazu sind insgesamt drei HTML-Dateien notwendig. Die erste ähnelt dem Beispiel, allerdings ist das innere Frameset nicht mehr direkt notiert, sondern in einer Datei `framesetAB.html` enthalten:

```
<html><head></head>
<frameset rows="*,*">
```

```
<frame name="oben" src="framesetAB.html">
<frame src="frameC.html">
</frameset></html>
```

`framesetAB.html` enthält das innere Frameset mit zwei Spalten und den Verweisen auf die Seiten A und B:

```
<html><head</head>
 <frameset cols="*,*">
 <frame src="frameA.html">
 <frame src="frameB.html">
</frameset></html>
```

Schließlich benötigt man ein drittes Frameset – `framesetEF.html` –, das die Verweise auf die Seiten E und F enthält:

```
<html><head</head>
 <frameset cols="*,*">
 <frame src="frameE.html">
 <frame src="frameF.html">
</frameset></html>
```

Verwendet man an einer Stelle einen Link `<a href="framesetEF. html" target="oben">`, dann lädt der Browser in den Frame mit Namen `oben` – der ja die Seiten A und B enthielt – das Frameset, das auf die Seiten E und F verweist. Damit sind die beiden oberen Frames in einem Klick neu geladen worden.

Doch zurück zu der Namensgebung bei Frames. Neben den von Ihnen frei gewählten Namen gibt es vier vordefinierte Frameziele, die jeweils mit dem Unterstrich _ beginnen. Diese Namen sind reserviert und werden vom Browser wie folgt verarbeitet.

Vordefinierte Frame-Namen

Name	Zielfenster ist . . .
_blank	ein neues, leeres Fenster
_self	der Frame, in dem der Link steht – der Normalfall
_parent	das Frameset, in dem der Frame enthalten ist. Falls es sich nicht um ein geschachteltes Frameset handelt, wird das Ziel in denselben Frame geladen
_top	das gesamte Browserfenster

Eine Reihe von Beispielen soll dies verdeutlichen. Wir verwenden dazu wie oben ein geschachteltes Frameset, das mit dem folgenden HTML-Text beginnt:

```
<html><head></head>
<frameset rows="*,*">
 <frame src="framesetA2B.html">
```

```
  <frame src="frameC.html">
</frameset></html>
```

framesetA2B.html enthält wieder ein neues Frameset mit zwei Rahmen:

```
<html>
<frameset cols="*,*">
<frame src="frameA2.html">
<frame src="frameB.html">
</frameset></html>
```

In frameA2.html befinden sich vier Links mit jeweils unterschiedlichem target-Attribut:

```
<html><head></head>
<body bgcolor="white">
<b>Seite A</b>
<a href="frameD.html" target="_blank">_blank</a>
<a href="frameD.html" target="_self">_self</a>
<a href="frameD.html" target="_parent">_parent</a>
<a href="frameD.html" target="_top">_top</a>
</body></html>
```

Beim Verfolgen der Links in Seite A lösen die Linkziele beim Browser unterschiedliche Ladevorgänge aus. Beim Klick auf den Link mit target="_blank" erscheint ein neues Browserfenster, in das frameD. html geladen wird:

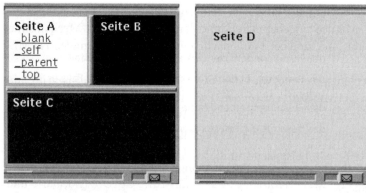

Ausgangs-Frameset   _blank

Die anderen drei Links lösen ein jeweils unterschiedliches Laden von frameD.html in dasselbe Browserfenster aus:

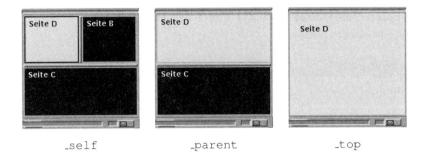

_self   _parent   _top

_self führt zum Überladen des Frames, in dem der Link stand. Der Wert _parent überschreibt das Frameset, in dem der Frame mit dem Link stand. _top schließlich lädt die neue Seite in das gesamte Browserfenster.

> **Aufgabe 11–3:** Was bewirken die folgenden Links:
>
> ```
> <a href="http://www.tu-berlin.de"
>    target="_blank">TU Berlin</a>
> <a href="http://www.tu-berlin.de"
>    target="new">TU Berlin</a>
> ```

11.4   Eingebettete Frames

Die Framesets teilen das Browserfenster in eine starre Struktur auf – gleichzeitig sind die einzelnen Seiten in den Frames voneinander getrennt. Mit den eingebetteten Frames hat Microsoft einen Mechanismus eingeführt, der zu einer Framefläche innerhalb einer normalen HTML-Seite führt.

Dementsprechend wird das Tag `<iframe>...</iframe>` im laufenden HTML-Text verwendet. Die Attribute von `<iframe>` ähneln den bereits von `<frame>` bekannten Attributen. Der für den eingebetteten Frame zu verwendende Raum wird in den Attributen `width` und `height` in Pixel- oder Prozentnotation angegeben.

`<iframe>`

Die Ihnen schon von den normalen Frames bekannten Attribute `marginwidth`,`frameborder`, `marginheight` `scrolling`, `name` und `src` haben die gleiche Bedeutung wie bei `<frame>`.

Neu ist das Attribut `align`, das die Position des eingebetteten Rahmens bestimmt. Mögliche Werte sind `left`, `center` und `right` für Ausrichtung am linken Rand, in der Mitte und am rechten Rand.

11.5   Antworten zu den Aufgaben

Aufgabe 11–1:

Sie müssen das rows-Attribut entsprechend verwenden:

```
<html><head></head>
 <frameset rows="50%,*,*">
  <frame src="frameA.html">
  <frame src="frameB.html">
  <frame src="frameC.html">
 </frameset>
</html>
```

Aufgabe 11–2:

Der linke Frame enthält ein weiteres Frameset, in dem zwei Frames untereinander stehen:

```
<html><head></head>
<frameset cols="*,*">
 <frameset rows="*,*">
  <frame src="frameA.html">
  <frame src="frameB.html">
 </frameset>
 <frame src="frameC.html">
</frameset></html>
```

Aufgabe 11–3:

Beide Verwendungen von target laden die Homepage der TU Berlin zunächst in ein neues Fenster. Beim ersten Link erscheint aber bei mehrmaligem Klick immer wieder ein neues, da der spezielle Name _blank verwendet wurde. Beim zweiten Link hingegen wird der Name new eingerichtet und ein zweiter Klick darauf lädt die Seite erneut in das schon vorhandene new-Fenster.

12 Überlagerte Seiteninhalte

In diesem Kapitel lernen Sie, wie Sie

❏ sich überdeckende Seitenschichten erstellen und

❏ deren Sichtbarkeit steuern.

HTML-Seiten bestehen aus Elementen, die neben- und untereinander dargestellt werden. Dieser einfache Sachverhalt bedeutet eine Einschränkung der Gestaltungsmöglichkeiten für Seiten, die schon viele Web-Designer erfahren haben: Es lassen sich keinerlei Überlagerungen von Seitenteilen darstellen. Im Zusammenhang damit existiert auch kaum eine Möglichkeit, ein bestimmtes Objekt pixelgenau auf einer Seite zu positionieren.

Im HTML-3-Entwurf war ein Tag `<overlay>` vorgesehen, das etwas Abhilfe durch die Möglichkeit der Überlagerung von Grafiken gebracht hätte – es wurde aber nie in einem Browser implementiert.

Der Netscape-Browser wurde in der Version 4 in dieser Richtung innovativ und führte ein neues Tag ein, mit dem sich beliebige Teile von Seiten kontrolliert positionieren und übereinander darstellen lassen.

12.1 `<layer>`- und `<ilayer>`-Schichten

Um Teile von Seiten zu überlagern, muss zunächst ausgezeichnet werden, welche Schichten dabei verwendet werden. Bei Netscape markieren Sie mit `<layer>`...`</layer>` (von »Schicht«) und `<ilayer>`... `</ilayer>` Seitenteile, die als Ganzes mit anderen, gleich ausgezeichneten Schichten kontrolliert überlagert werden können. Dabei ergibt sich durch die Schichtung eine Ordnung der Schichten in der dritten Dimension – es gibt eine »hinterste« und eine »vorderste« Schicht sowie eine Reihe von Schichten dazwischen.

`<layer>`

`<ilayer>`

Eine mit `<layer>`...`</layer>` umfasste Schicht belegt keinen Platz im laufenden Text, sondern wird mit ihm überlagert. Wollen Sie, dass Raum entsprechend der Größe der Schicht belegt wird – wie bei einer Grafik –, verwenden Sie das Tag `<ilayer>`...`</ilayer>`.

Eine Anwendung besteht beispielsweise darin, mit `<ilayer>` eine Fläche zu belegen, innerhalb derer man weitere Schichten mit geschachtelten `<layer>` übereinander legt.

Vier Attribute bestimmen die Position und das Ausmaß einer Schicht:

❑ `left` enthält eine positive oder negative ganze Zahl. Sie bestimmt die horizontale Verschiebung der Schicht in Pixel gegenüber dem umschließenden Rahmen. Der umschließende Rahmen ist – bei einer Schachtelung von `<layer>...</layer>` – eine weitere Schicht oder das Browerfenster.

❑ `top` bestimmt die vertikale Verschiebung der Schicht in Pixel.

❑ `width` legt die Breite der Schicht in Pixel fest. Der Browser formatiert den Inhalt so, als wenn er in einem Fenster der angegebenen Breite dargestellt würde.

❑ `clip` ermöglicht es, eine Schicht nur ausschnittsweise darzustellen. Dazu definieren Sie in dem Attribut einen rechteckigen Ausschnitt aus der Seite.

Soll dessen linke obere Ecke mit der linken oberen Ecke der Schicht übereinstimmen, sind nur zwei Koordinaten notwendig, die in dem Attribut durch Komma getrennt angegeben werden (z.B. `clip="50,100"`). Soll der Ausschnitt weiter in der Schicht liegen, sind vier Koordinaten für die linke obere und die rechte untere Ecke des Ausschnitts erforderlich: `clip="20,30,70, 130"`. Das erste Beispiel ist identisch mit `clip="0,0,50,100"`.

Schichten sind durchsichtig – an den Stellen, an denen keine Darstellung durch Text, Linien, Grafiken etc. erzeugt wird, ist der Inhalt der dahinter liegenden Schicht sichtbar. Dies betrifft auch die eventuell in Grafiken transparent gemachten einzelnen Pixel.

Das Beispiel in Abbildung 12.1 auf der nächsten Seite verwendet zwei Schichten. Die »hintere« stellt in einer zum Ursprung um jeweils 30 Pixel verschobenen Schicht den Schriftzug »Entwurf« dar; darüber liegt eine Tabelle (wie lassen im Beispiel die Ende-Tags `</td>` und `</tr>` weg, weil der Browser das Ende der Zellen bzw. Zeilen erkennen kann).

Normalerweise werden Schichten in der Reihenfolge ihres Auftretens übereinander gelegt. In dem Beispiel 12.2 auf der nächsten Seite wird dies deutlich: Durch Änderung der Reihenfolge stellt der Browser »Entwurf« über der Tabelle dar. Mit den folgenden Attributen können Sie die Ordnung der Schichten unabhängig von ihrer Abfolge im HTML-Text steuern:

❑ `z-index` legt als positive Zahl die Position der Schicht entlang der Z-Achse fest. Dabei liegen »hinten« die Schichten mit einer geringen Zahl.

```
<html><head>
<title>LAYER Beispiel 1</title>
</head><body>
<layer top="30" left="30">
<font size="7" color="GRAY"
 >Entwurf</font>
</layer>
<layer>
<table border="1">
<tr><td>10</td><td>20</td>
<td>30</td><td>40</td></tr>
<tr><td>50</td><td>60</td>
<td>70</td><td>80</td></tr>
</table>
</layer>
</body></html>
```

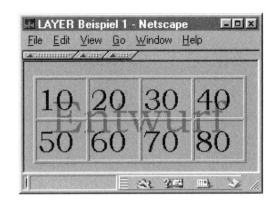

Abbildung 12.1
Hinter der Tabelle
steht »Entwurf«

```
<html><head>
<title>LAYER Beispiel 2</title>
</head><body>
<layer>
<table border="1">
<tr><td>10<td>20<td>30<td>40
<tr><td>50<td>60<td>70<td>80
</table>
</layer>
<layer top="30" left="30">
<font size="7" color="gray"
 >Entwurf</font>
</layer>
</body></html>
```

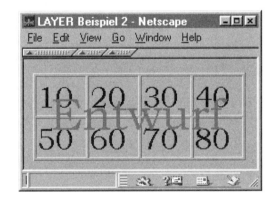

Abbildung 12.2
Auf der Tabelle steht
»Entwurf«

❑ name bestimmt einen symbolischen Namen der Schicht. Er sollte im Dokument eindeutig sein.

❑ above enthält den symbolischen Namen der Schicht, »vor« der die aktuelle Schicht dargestellt werden soll.

❑ Bei below stellt der Browser die aktuelle Schicht »unter« der dar, deren symbolischer Name als Wert angegeben ist.

Damit es keine widersprüchlichen Angaben über die Position einer Schicht gibt, dürfen Sie jeweils nur eins der Attribute `z-index`, `above` und `below` verwenden.

Aufgabe 12–1: Zeichnen Sie bitte folgende Darstellung aus:

Sie haben etwas Ähnliches schon mit Tabellen gebaut – auch hier werden Tabellen verwendet, aber auch Seitenschichten.

Aufgabe 12–2: Zeichnen Sie bitte folgende Darstellung aus:

Auch hier handelt es sich wieder um Tabellen mit Hintergrundfarben, die aber geeignet in Seitenschichten geordnet und positioniert werden.

Eine Schicht kann wie eine HTML-Seite eine Hintergrundfarbe oder -muster haben. Im Attribut `bgcolor` legen Sie eine Hintergrundfarbe mit der aus Abschnitt 3.7 auf Seite 28 bekannten RGB-Kodierung oder einem vordefinierten Farbnamen fest. Dadurch sind die Schichten dahinter nicht mehr sichtbar.

Mit dem Attribut `background` legen Sie eine Grafik als Hintergrundmuster für die Schicht fest. Befinden sich in ihr transparente Bildpunkte, so ist an diesen Stellen die dahinter liegende Schicht sichtbar.

12.2 Schichten aufdecken und verstecken

Wenn Sie in Ihren Seiten JavaScript verwenden, können Sie mit einer Reihe von Funktionen Schichten dynamisch aufdecken und verstecken. In diesem Buch gehen wir auf die Programmierung mit JavaScript nicht ein – Sie erhalten einen Überblick in Abschnitt 22.3 auf Seite 269 und können sich z.B. in [12] im Detail informieren. *JavaScript*

In HTML können Sie bei `<layer>` und `<ilayer>` die Sichtbarkeit einer Schicht mit dem Attribut `visibility` festlegen. Es kann die folgenden Werte annehmen: *HTML*

❑ `show`: Die Schicht ist sichtbar.

❑ `hide`: Die Schicht ist unsichtbar.

❑ `inherit`: Die Schicht »erbt« die Sichtbarkeit bei geschachteltem `<layer>...</layer>` von der umgebenden Schicht – dies ist der Normalwert.

12.3 Antworten zu den Aufgaben

Aufgabe 12–1:

Sie benötigen zwei Schichten, die jeweils eine Tabelle mit sehr dickem Rahmen enthalten. Die Größen und die Ausrichtung müssen Sie durch entsprechende Attribute steuern:

```
<layer>
 <table cellspacing="0" width="140" border="20"
  bordercolor="red">
  <tr><td valign="top" align="center" height="100">
   Die Sprache
   </td></tr>
 </table>
</layer>
<layer top="75" left="75">
 <table cellspacing="0" width="140" border="20"
  bordercolor="red">
  <tr><td valign="bottom" align="center" height="100">
   des Web
   </td></tr>
 </table>
</layer>
```

Aufgabe 12-2:

Es handelt sich um drei Tabellen, die übereinander liegen. Ihre Größe schrumpft jeweils um 10 Pixel und ihre Lage verschiebt sich jeweils um 5 Pixel:

```
<layer z-index="0" top="10" left="10" >
 <table cellspacing="0" cellpadding="0" border="0"
  bgcolor="#000000">
  <tr><td width="100" height="100"> </td></tr>
 </table>
</layer>
<layer z-index="1" top="15" left="15">
 <table cellspacing="0" cellpadding="0" border="0"
  bgcolor="#FFFFFF">
  <tr><td width="90" height="90"> </td></tr>
 </table>
</layer>
<layer z-index="2" top="20" left="20">
 <table cellspacing="0" cellpadding="0" border="0"
  bgcolor="#000000">
  <tr><td width="80" height="80"> </td></tr>
 </table>
</layer>
```

13 Stylesheets

In diesem Kapitel lernen Sie,

❑ wie Sie mit Stylesheets die Darstellungseigenschaften einzelner HTML-Elemente steuern,

❑ wie diese Stylesheets aufgebaut sind,

❑ was Darstellungsklassen sind und

❑ welche Darstellungsigenschaften Sie mit welchen Werten steuern können.

Der Stylesheet-Mechanismus erlaubt eine sehr genaue Festlegung des Aussehens von HTML, ohne auf Tricks zurückgreifen zu müssen. Sie können so beispielsweise festlegen, dass Überschriften eines Dokuments in einer bestimmten Schriftart in einer angegebenen Größe angezeigt werden. Mit einer Reihe weiterer Eigenschaften können Sie so eine ansprechende Gestaltung von Webseiten betreiben und sich dabei auf einen anerkannten Standard stützen.

Das Aussehen einer Seite festlegen

13.1 Grundlagen

HTML bietet keinerlei Möglichkeiten, Vorgaben über die tatsächliche Darstellung einer Seite im Browser zu machen. So verwendet der Browser beispielsweise eine Schriftart nach seiner Wahl – oder der des Benutzers –, und er bestimmt den Raum zwischen zwei Absätzen.

HTML allein reicht nicht aus

Diese Situation ist unbefriedigend, denn die Gestaltung von Webseiten verlangt heute Flexibilität ähnlich der Gestaltung von Plakaten, Broschüren oder Büchern. Um diesem Bedarf entgegenzukommen, wurde vom W3C nach längeren Diskussionen ein entsprechender Mechanismus, die Stylesheets, eingeführt.

In einem Stylesheet sammeln Sie Eigenschaften der Darstellung von HTML-Elementen. Der Browser verarbeitet den so festgelegten Stil des Aussehens und wendet ihn auf die HTML-Elemente der Seite an. Einen

Eindruck von den Möglichkeiten mit Stylesheets geben die entsprechenden Seiten beim W3C-Server unter *http://www.w3.org*.

Die Abbildung 13.1 zeigt, wie Browser mit und ohne Stylesheet-Unterstützung eine Seite mit normalen HTML-Elementen darstellen und wie der modernere Browser Darstellungsregeln für Schriftgröße, -art, -farbe und Platzierung beachtet. Der HTML-Code ist dabei identisch, nur ignoriert der ältere Browser alle Darstellungseigenschaften, während der moderne die Einstellungen für Schriften, Farben und Positionierung umsetzt.

Abbildung 13.1
Seite ohne CSS in
Netscape 3 und mit
CSS im Internet
Explorer 3

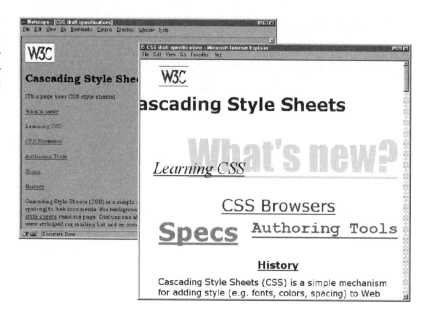

Einer Seite ein
Stylesheet zuordnen

Um dies zu verwirklichen, sind zwei Dinge notwendig. In HTML müssen Mechanismen vorgesehen werden, die Stylesheets einer Seite zuordnen. Das heißt, für die HTML-Elemente muss ein in Stylesheet vorgesehener Stil ausgewählt werden können. In HTML 4 ist dies durch Tags wie <div> und <span> und die für alle Elemente vorgesehenen Attribute wie class möglich.

Cascading
Stylesheets

Die zweite notwendige Komponente ist eine Sprache, in der die Darstellungseigenschaften in einem Stylesheet notiert werden. Für eine solche Sprache gibt es verschiedene Möglichkeiten. Als eine erste Sprache für Stylesheets hat das W3C einen Standard unter dem Namen »*Cascading Stylesheets*«, kurz CSS, definiert, die mittlerweile existierende Nachfolgeversion heißt CSS2. Aktuell in Arbeit ist CSS3. In diesem Kapitel sind die Begriffe CSS und Stylesheets synonym.

Die neuesten Versionen der Web-Browser unterstützen Stylesheets, wobei Netscape Communicator 4 und Internet Explorer 3 die ersten waren. Damit handelt es sich bei Stylesheets um einen Mechanismus, der weite Verbreitung finden wird und auf den Sie bei der Gestaltung Ihrer Webseiten bauen können – und sollten.

Ein Beispiel

Der Autor einer Webseite kann mit Stylesheets für jedes HTML-Element bestimmte Eigenschaften festlegen, durch die gewünschte Effekte möglich werden. Als ein kleines Beispiel zeigt Abbildung 13.2 eine HTML-Seite mit einem Stylesheet.

Im Kopfteil der Seite steht hier eine Stildefinition für HTML-Absätze. p.bunt besagt, dass für Absätze der Art bunt die in geschweiften Klammern aufgeführten Stileigenschaften gelten sollen.

Festgelegt werden dafür die Schriftfarbe, der Hintergrund, ein bestimmter Schriftschnitt und dass der Text des Absatzes in Großbuchstaben verändert werden soll. Nach dieser Festlegung kann man die Absatzart bunt im weiteren HTML-Text verwenden.

Dies geschieht durch den Einsatz des Attributs class beim entsprechenden Element, in diesem Fall bei <p>. Trifft der Browser auf dieses Attribut, schaltet er die vorher festgelegten Eigenschaften für die Darstellung ein. Im Beispiel ist die Klasse bunt gefordert, also gelten die Einstellungen von p.bunt.

```
<html><head>
<style>
p.bunt {color: yellow;
        background: blue;
        font-family: serif;
        font-weight: bold;
        font-size: large;
        text-transform: uppercase;
        }
</style>
</head><body>
<p>Ein normaler Absatz
<p class="bunt">Und ein
auffälliger Absatz
</body></html>
```

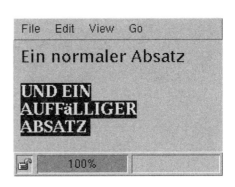

Abbildung 13.2
Ein einfacher Effekt mit einem Stylesheet

Mit Stylesheets steht ein sehr mächtiges Werkzeug zur Verfügung. Mit einfachen Festlegungen von Eigenschaften lässt sich das Erscheinungsbild einer Seite sehr detailliert beeinflussen.

Die CSS-Sprache zur Notation der Stileigenschaften unterscheidet sich erheblich von HTML. Sie definiert einer Reihe Eigenschaften von HTML-Elementen und mögliche Werte dafür. Hinzu kommt eine Syntax und ein Konzept von Stilklassen. Vor den Details von CSS sollen Sie zunächst sehen, wie man Stylesheets in HTML-Seiten einbindet.

13.2 Stylesheets in HTML einbinden

Ein Stylesheet ergänzt eine HTML-Seite um eine Festlegung von Darstellungseigenschaften. Dazu legt es für die verwendeten HTML-Elemente Darstellungattribute fest. Notiert wird es in einer Stylesheet-Sprache – momentan ist dafür CSS der erste Standard.

Drei Mechanismen   Um HTML-Seiten mit Stylesheets zu verbinden, sind Mechanismen notwendig, die unabhängig von der dabei verwendeten Stylesheet-Sprache sind und gleichzeitig in das HTML-Konzept passen. Es sind dreisolche Mechanismen vorgesehen.

1) Stylesheet extern   Beim ersten ist das Stylesheet getrennt von der HTML-Seite gespeichert und wird durch das `<link>`-Tag mit ihr verbunden. Dabei gibt es

`<link>` folgende relevante Attribute:

- ❏ `rel` bezeichnet die Art der Beziehung, die in `<link>` beschrieben wird. Für Stylesheets ist hier der Wert `stylesheet` vorgesehen.
- ❏ `type` gibt den MIME-Typ der Seite an, mit der `<link>` eine Beziehung herstellt. Für Stylesheets in der CSS-Notation ist der Medientyp `text/css` definiert.
- ❏ `href` enthält die URL des Stylesheets.
- ❏ `title` schließlich gibt dem definierten Stil einen Namen. Dadurch soll es Browsern möglich werden, die Auswahl zwischen verschiedenen Stilen in einem Menü anzubieten.

2) Stylesheet intern   Anstelle eines solchen Verweises auf ein externes Stylesheet ist mit HTML 4 das `<style>`-Tag eingeführt worden. Innerhalb von `<style>`

`<style>` `...</style>` befindet sich dann ein komplettes Stylesheet in der jeweiligen Sprache. Die Sprache gibt man im Attribut `type` von `<style>` an – dabei ist für CSS wieder der Wert `text/css` definiert.

Eine HTML-Seite bekommt damit die folgende Form:

```
<html><head><title>Titel</title>
<style type="text/css">
  h1 {color: yellow}
</style></head><body>...
```

Die Einbindung eines Stylesheets in die HTML-Seite schließt die Verwendung externer Stylesheets nicht aus. Man kann zusätzlich `<link>` verwenden, beispielsweise um extern ein Stylesheet zu halten, das für alle Seiten einer Informationssite verwendet wird. In den Dokumenten können zusätzlich mit dem Tag `<style>` seitenspezifische Einstellungen vorgenommen werden.

In einem `<style>...</style>` können Sie weitere, externe Style-sheets einbinden. Dafür ist das CSS-Element `@import` vorgesehen. Sein Wert ist eine URL:

```
<html><head><title>Titel</title>
<style type="text/css">
  @import url(http://www.foo.de/styles/gross.css)
  h1 {color: yellow}
</style></head><body>...
```

Hier könnten in *http://www.foo.de/styles/gross.css* Festlegungen für Seiten mit großen Schriften vorhanden sein, die durch gelbe Überschriften ergänzt werden.

Als dritte Stufe können Sie Stilelemente beim Auftreten eines HTML-Elements festlegen. Dafür ist in HTML 4 bei allen Elementen das Attribut `style` definiert. Sein Wert ist eine Stildefinition in der Stylesheet-Sprache. Auf diese Weise lassen sich Eigenschaften noch detaillierter festlegen:

3) Style für Elemente

```
<h1 style="color: green">...</h1>
```

Durch diese verschiedenen Möglichkeiten der Festlegung von Eigenschaften stellt sich die Frage, wie mit Konflikten umgegangen wird, die auftreten, wenn beispielsweise das Stylesheet, auf das `<link>` verweist, gelbe Überschriften fordert, während das `style`-Attribut an einer Stelle grüne Schriftfarbe festlegt.

Konflikte?

Bei den bisher beschriebenen Mechanismen hat die jeweils spezifischere Eigenschaft Vorrang vor der allgemeinen. Im Beispiel wird die Festlegung auf gelbe Überschriften also von der spezifischen Einstellung auf eine grüne Schrift überschrieben. Weitere Details zu der Frage des Vorrangs von Einstellungen finden Sie in Abschnitt 13.6 auf Seite 161.

13.3 Aufbau von Stylesheets

Wie oben angemerkt, schreibt man Stylesheets in einer speziellen Sprache auf. Es kann mehrere solche Sprachen geben; als erste wurden »*Cascading Stylesheets*« (CSS) standardisiert und in Browsern implementiert. In diesem Abschnitt lernen Sie diese Sprache kennen.

Cascading Stylesheets

Für alle HTML-Elemente sind Eigenschaften definiert, die in Stylesheets mit Werten belegt werden können. In den Beispielen im vorherigen Abschnitt wurde die Eigenschaft `color` beim `<h1>`-Element verwendet. Die Syntax im Stylesheet lautete

Eigenschaften für ein HTML-Element

```
Element { Eigenschaft: Wert }
```

Oben war also das *Element* der Tag-Name h1, die *Eigenschaft* hieß color und der eingestellte *Wert* war yellow.

Elemente gruppieren   Will man die gleiche Eigenschaft für mehrere Elemente festlegen, kann man die Elementnamen gruppieren. Dazu schreibt man für *Element* eine durch Kommas getrennte Liste von Tag-Namen auf:

```
h1, h2, h3, h4, h5, h6 {color: yellow}
```

Eigenschaften Durch diese Definition werden alle Überschriften in gelber Farbe dar-
gruppieren gestellt. Ein ähnlicher Gruppierungsmechanismus lässt sich auf die Eigenschaften anwenden. Dabei legt man mehrere Eigenschaften durch
Semikola getrennt fest. Sollen die Überschriften erster Stufe in gelber
Schrift auf blauem Hintergrund dargestellt werden, können Sie schreiben:

```
h1 {color: yellow;
    background-color: blue}
```

Mit einer solchen Festlegung würden alle Elemente innerhalb einer Überschrift der ersten Stufe diese Farbgebung übernehmen. Vielleicht will man aber definieren, dass Hervorhebungen in einer Überschrift durch eine andere Farbe dargestellt werden. In diesem Fall bildet die Auszeichnung der Überschrift den *Kontext* der Hervorhebung. Soll eine Eigenschaft nur in einem bestimmten Kontext gelten, stellt man den Namen des Kontextes dem Element voran. Mit der Zeile

```
h1 strong {color: red}
```

legen Sie fest, dass der Browser alle durch <strong> markierten Passagen im Kontext einer <h1>-Überschrift in der Farbe Rot darstellt. Die Hintergrundfarbe wird dabei von der h1-Definition übernommen.

Auf diese Weise können Sie alle Darstellungseigenschaften der normalen HTML-Tags festlegen. In den folgenden Abschnitten beschreiben wir die für die Elemente definierten Eigenschaften.

13.4   Darstellungsklassen

Innerhalb einer Seite werden nicht alle Tags gleich verwendet. Ihre unterschiedliche Bedeutung soll oft auch in der Darstellung reflektiert werden. Man kann die jeweils unterschiedliche Bedeutung in *Klassen* zusammenfassen – alle Codeausschnitte, die genau so eingetippt werden sollen bilden eine Klasse oder alle Codeausschnitte, die lediglich Platzhalter für andere Eingaben sind.

In diesem Buch verwenden wir beispielsweise Schreibmaschinenschrift für HTML-Bestandteile, die in dieser Form eingegeben werden müssen, und eine *kursive Schreibmaschinenschrift* für Platzhalter, in die Sie selber Text, Attribute oder Werte einfügen:

```
Element.Klassenname { Eigenschaft: Wert }
```

Die Zeichen ., {, : und } sind feste Codeausschnitte, alles andere sind Platzhalter. Nehmen wir an, dass alle Codeausschnitte mit gelbem Hintergrund darzustellen sind, gleichzeitig aber Platzhalter zusätzlich durch Kursivschrift hervorhoben werden. Würde man nun die Eigenschaften von <tt> entsprechend umdefinieren, hätte man aber keine einfache Möglichkeit mehr, die Platzhalter auszuzeichnen.

Daher sehen Stylesheets *Klassen* vor, die Eigenschaften für eine bestimmte Art der Verwendung eines Elements zusammenfassen. Jeder solchen Klasse wird ein Name gegeben, der in der Stylesheet-Definition durch einen Punkt getrennt an den Elementnamen angehängt wird. Dem gelb hinterlegten Codeausschnitt wird mit der Festlegung

Klassen

```
tt.code {background-color: yellow}
```

die Klasse »code« zugeordnet. Für die Platzhalter können Sie eine zweite Klasse »platz« des <tt>-Elements definieren:

```
tt.platz {background-color: yellow;
          font-style: italic}
```

Will man diese unterschiedlichen Klassen des <tt>-Tags in der HTML-Seite verwenden, benötigt man einen Mechanismus zur Klassenauswahl. Ab HTML 4 ist daher für alle Elemente das Attribut class vorgesehen, dessen Wert der Klassenname ist. Mit dem folgenden HTML-Code erreicht man also den obigen Effekt:

Klassenauswahl

```
<tt class="code">{
<tt class="platz">Eigenschaft</tt>:
<tt class="platz">Wert</tt>}</tt>
```

Klassen können auch unabhängig von einem HTML-Element definiert werden. Dadurch legt das Stylesheet Eigenschaften für alle Elemente fest, die diese Klasse verwenden. In der Definition lässt man einfach den Elementnamen weg:

Unabhängig von einem HTML-Element

```
.gelbblau {color: yellow;
           background-color: blue}
```

Danach steht die Klasse gelbblau für alle Elemente bereit:

```
<h1 class="gelbblau">Schweden</h1>

<p>Schwedens Fahne ist <b class="gelbblau">Gelb
auf blauem Grund</b>.</p>
```

Schließlich sind auch in Stylesheets Kommentare möglich. Sie werden – wie in der Programmiersprache C – als /* Kommentar */ eingeschlossen.

13.5   Freie Klassenverwendung

Wie im vorherigen Abschnitt beschrieben, können Klassen unabhängig von einem konkreten HTML-Element definiert werden. Im obigen Schweden-Beispiel ist die Verwendung des <b>-Tags eigentlich nicht notwendig, da lediglich die Verwendung der gelbblau-Klasse erzwungen werden soll.

Darüber hinaus gibt es neben den in HTML durch Tags implementierten Textstrukturen noch viele, deren Auszeichnung ebenfalls nützlich wäre, beispielsweise für Blöcke, in denen eine Zusammenfassung oder Informationen über Autoren stehen. Dadurch käme es aber zu einer unübersehbaren Anzahl von Tags.

Der Ausweg hier sind zwei HTML-Tags, die ohne Klassenangabe keine besondere Formatierung bewirken. Für Abschnitte, die im laufenden Text verwendet werden, ist in HTML 4 das Tag <span> definiert. Es startet keinen neuen Textblock, sondern wird in die laufende Textzeile formatiert. Das obige Beispiel sollten Sie also besser wie folgt formulieren:

```
<h1 class="gelbblau">Schweden</h1>

<p>Schwedens Fahne ist <span class="gelbblau">Gelb
auf blauem Grund</span>.</p>
```

Wollen Sie hingegen einen Abschnitt auszeichnen, der einen eigenen Textblock bildet, verwenden Sie das Tag <div>:

```
<p>Und nun ein schwedisches Kochrezept:</p>
<div class="gelbblau">1 Prise Königshaus,
etwas Kälte und frische Milch</div>
```

Identifier   Neben den Klassenbildungen können Sie auch Eigenschaften definieren, die nur für bestimmte Elemente gelten sollen und Klassenfestlegungen ergänzen. Dazu kann jedes HTML-Element das Attribut id (von »Identifier«, deutsch »Bezeichner«) tragen, das einen in der Seite eindeutigen Namen vergibt.

Nehmen wir an, dass für das Rezept eine spezielle Überschrift dargestellt werden soll. Mit

```
#rezept {font-style: italic}
```

definieren Sie, dass das Element mit dem Bezeichner `rezept` in kursiver Schrift dargestellt werden soll. In der HTML-Seite verwenden Sie also:

```
<h1 id="rezept">Schwedisches Essen</h1>
<p>Und nun ein schwedisches Kochrezept:</p>
...
```

Der Wert von `id` muss immer eindeutig sein, Sie dürfen also an keiner anderen Stelle das Attribut mit dem Wert `rezept` verwenden. Da dieses Vorgehen dem Anspruch auf logische Auszeichnung von Textpassagen und Darstellungsklassen klar widerspricht, rät der Stylesheet-Mechanismus von der Verwendung von `id` ab.

13.6 Vorrang von Eigenschaften

In den vorangegangenen Abschnitten haben Sie einige Möglichkeiten kennen gelernt, mit denen Sie die Eigenschaften zur Darstellung von Elementen festlegen können. Daraus können sich Konflikte zwischen Einstellungen ergeben – beispielsweise ob eine Festlegung für das `<h1>`-Element wichtiger ist als die Einstellung derselben Eigenschaft mit dem `id`-Mechanismus.

Die Definition von Vorrangsregeln löst dieses Problem. Cascading Style Sheets tragen ihren Namen, weil durch die unterschiedliche Wichtigkeit von Einstellungen eine Kaskade entsteht.

Vorrangsregeln

Die folgenden Vorrangsregeln müssen Browser beachten:

❏ Einstellungen, die mit `style` für ein Element gemacht werden, sind wichtiger als jene, die von der allgemeineren Einstellung geerbt werden.

❏ Einstellungen, bei denen zusätzlich ein `!important` folgt, werden bevorzugt. Um die Farbe von Überschriften mit höherem Gewicht zu versehen, können Sie folgende Definition verwenden:

```
h1 {color: yellow !important}
```

❏ Die Einstellungen des Autors überdecken die Einstellungen des Lesers, die wiederum die Normaleinstellungen im Browser überschreiben.

❏ Einstellungen, die eine Klasse für das Element macht, ersetzen die allgemeinen Einstellungen für das Element.

❏ Mit `id` ausgewählte Einstellungen sind wichtiger als die bisher festgestellten.

❏ Bei gleichem Gewicht zweier Einstellungen wird die bevorzugt, die später im Stylesheet auftritt.

13.7   Pseudoelemente und -klassen

Pseudoelemente   HTML zeichnet Text in logischen Einheiten aus. Für die Kontrolle der Darstellung ist diese Einteilung oft zu grobkörnig. Ein Beispiel ist dieser Absatz, der logisch ein von <p> umfasster Textblock wäre. In der Darstellung ist aber der erste Buchstabe durch seine Größe hervorgehoben. Um diesen Unterschied der Granularität zwischen logischer Auszeichnung in HTML und Gestaltung der Darstellung auszugleichen, führen Stylesheets *Pseudoelemente* ein.

So gibt es für Absätze das Pseudoelement `first-letter`, mit dem in HTML der erste Buchstabe ausgezeichnet werden kann. Die entsprechende Notation ist folgende:

```
<p><p:first-letter>H</p:first-letter>TML
zeichnet Text...</p>
```

Dementsprechend kann man im Stylesheet die Darstellungseigenschaften dieses Pseudoelements festlegen:

```
p:first-letter {font-size: large}
```

`:first-letter`
`:first-line`
Es gibt momentan zwei Festlegungen, die Pseudoelemente erzeugen – das oben genannte `:first-letter` und `:first-line`. Mit beiden lassen sich aus allen HTML-Elementen, die Blöcke ergeben, Pseudoelemente bilden. Damit sind auch Tags wie <p:first-letter> oder <li:first-letter> erlaubt, es gibt aber nicht das Pseudoelement <em:first-letter>.

`:first-letter` bildet ein Pseudoelement, mit dem der oder die ersten Buchstaben eines Blocks ausgezeichnet werden und das zur Festlegung ihrer Darstellungseigenschaften verwendet werden kann. Mit den aus `:first-line` gebildeten Pseudoelementen können Sie die Eigenschaften der jeweils ersten Textzeile eines Blocks einstellen.

Pseudoklassen
Neben den Pseudoelementen, die Sie auch als HTML-Tags verwenden können, gibt es in Stylesheets das Konzept der *Pseudoklassen*. Sie ergeben keine neuen Tags, sondern sind nur in Stylesheet-Definitionen zu verwenden. Es gibt in CSS drei Pseudoklassen, die ausschließlich das <a>-Tag betreffen. Sie ermöglichen die Festlegung von Eigenschaften für besuchte, aktive und noch nicht besuchte Links:

`A:link`
❑ `A:link` erlaubt die Einstellung von Eigenschaften der Ankertexte noch nicht verfolgter Links. Die Eigenschaft verallgemeinert damit das `link`-Attribut bei <body>.

`A:visited`
❑ `A:visited` bezieht sich auf den Ankertext schon besuchter Links, ähnlich dem `vlink`-Attribut bei <body>.

`A:active`
❑ `A:active` stellt die Darstellung des Ankertexts des Links ein, der momentan geladen wird – ähnlich `alink` bei <body>.

Pseudoklassen können allerdings nicht wie andere Klassen im `class`-Attribut verwendet werden. Dies liegt auf der Hand, weil die Unterscheidung der Links keine Charakteristik der Auszeichnung ist, sondern sich dynamisch durch die Browsernutzung ergibt. Pseudoelemente lassen sich in Kombination mit den herkömmlichen Klassen verwenden:

```
tt.platz:first-letter {background-color: red}
```

13.8 Werte für Eigenschaften

Als Werte von Eigenschaften in einem Stylesheet lassen sich Schlüsselwörter, Zeichenketten wie URLs, Längenangaben oder Farbwerte verwenden. Schlüsselwörter sind durch die CSS-Definition festgelegt; bei Zeichenketten handelt es sich teilweise um URLs in der gewohnten Notation.

Schlüsselworte, Zeichenketten

Längeneinheiten können Sie in zwei Varianten verwenden. Die absoluten Werte bestehen aus einem Längenmaß in einer bestimmten Einheit, während relative Werte als Prozentangaben notiert werden.

Längeneinheiten

Absolute Längen können ein Vorzeichen tragen, d.h., negative Maße schreiben Sie mit einem vorangestellten – auf. Längen müssen keine ganzen Zahlen sein – auf den Dezimalpunkt kann ein Nachkommateil folgen. Einen negativen Abstand von 2,5 Zentimetern schreibt man also als `-2.5cm` auf.

In Abbildung 13.3 finden Sie eine Aufstellung der in CSS unterstützten Längeneinheiten. Beachten Sie, dass `em`, `en` und `px` eigentlich keine absoluten Längeneinheiten darstellen, da sie relativ zur aktuellen Schrift oder zur Bildschirmauflösung sind.

Kürzel	Beschreibung
mm	Millimeter
cm	Zentimeter = 10 mm
in	Zoll = 2,54 cm
pt	typografischer Punkt = 1/72 in
pc	typografischer Pica-Punkt = 12 pt
em	die Höhe des aktuellen Fonts
	(entspricht etwa der Höhe des Buchstabens »M«)
en	die Höhe der Kleinbuchstaben des aktuellen Fonts
	(entspricht etwa der Höhe des Buchstabens »x«)
px	Pixel, als Bildpunkt des Ausgabegeräts

Abbildung 13.3
Längeneinheiten für absolute Maße

Farben   Farben werden in Stylesheets symbolisch oder durch ihre Farbanteile beschrieben. Ähnlich wie HTML kennt auch CSS sechzehn vordefinierte Farbnamen: `aqua`, `black`, `blue`, `fuchsia`, `gray`, `green`, `lime`, `maroon`, `navy`, `olive`, `purple`, `red`, `silver`, `teal`, `white` und `yellow`.

Um die Farbtiefe moderner Anzeigen auszunutzen, reichen diese Farben natürlich nicht aus. Farben kann man unter anderem durch die Angabe ihrer Rot-, Grün- und Blauanteile beschreiben – in Abschnitt 3.7 auf Seite 28 hatten wir dieses Verfahren für die HTML-Farbkodierung beschrieben.

Stylesheets bieten noch mehr Möglichkeiten als HTML zur Notation von Farben. Neben den vordefinierten Farbnamen kennen Sie bereits die `#RRGGBB`-Notation – `#0000FF` bezeichnet die Farbe Blau.

Daneben kann in Stylesheets eine Farbe auch mit drei Hexadezimalziffern beschrieben werden, so dass `#00F` ebenfalls Blau bezeichnet. Für die erweiterte Form wird jede Ziffer für den Farbanteil wiederholt, d.h., aus `#00F` wird `#0000FF` (und nicht `#00000F`, wie man vielleicht erwarten könnte).

Anstelle hexadezimaler Ziffern kann man auch Dezimalzahlen für die Farbanteile verwenden, allerdings ist dann die Notation etwas unterschiedlich. An die Stelle der mit # eingeleiteten Zahl treten drei durch Komma getrennte Dezimalzahlen, die speziell markiert werden:

```
rgb(Rotanteil, Grünanteil, Blauanteil)
```

Die verwendbaren Werte gehen für alle Anteile von `0` bis `256`. Schließlich ist es möglich, die Farbanteile auch prozentual auszudrücken. Statt der absoluten Werte steht dabei eine Zahl von `0%` bis `100%`.

In Abbildung 13.4 sehen Sie die unterschiedlichen Möglichkeiten zum Setzen der Eigenschaft `color` auf Rot.

Abbildung 13.4
Stylesheet-
Notationen für
Rot

CSS-Ausdruck	Bedeutung
`color: #F00`	16 Stufen pro Grundfarbe
`color: #FF0000`	256 Stufen pro Grundfarbe
`color: rgb(255, 0, 0)`	dezimale Schreibweise
`color: rgb(100%, 0%, 0%)`	dezimaler Farbanteil
`color: red`	vordefinierter Farbnamen

URLs   Neben Längen und Farben sind bei einigen Eigenschaften URLs als Werte vorgesehen. Auch hier müssen Sie eine spezielle Notation verwenden. Ähnlich wie bei den Farben wird die eigentliche URL von einer Markierung eingeschlossen: `url(URL)`. Die URL kann zwischen einfachen oder doppelten Anführungszeichen stehen.

13.9 Ausmaße und Umrandung

Jedes Element in HTML nimmt in der Darstellung einen bestimmten Raum ein. Dabei ist die »natürliche Größe« der Platz, den das Element ohne jeglichen Leerraum um sich herum belegt.

Leerraum, Rahmen und Leerraum um ein Element herum

Mit Stylesheets lässt sich sehr genau steuern, was um diese natürliche Größe herum geschieht. Sie können einen Leerraum um das Element definieren, einen Rahmen in einer bestimmten Breite und schließlich einen Leerraum um diesen Rahmen herum.

In Abbildung 13.5 sehen Sie die betreffenden Eigenschaften, die allesamt Längen als Werte tragen können. Mit `width` und `height` können Sie die natürliche Größe auf einen festen Wert bringen. Der Browser skaliert den Inhalt entsprechend. Der Normalwert neben absoluten Längenangaben ist `auto`, durch den die natürliche Größe unverändert bleibt.

`width`

`height`

Dem eigentlichen Inhalt am nächsten ist der Abstand zum Rahmen. Mit den vier Eigenschaften `padding-left`, `padding-right`, `padding-top` und `padding-bottom` legen Sie deren Größen links, rechts, oben und unten fest.

Innerer Leerraum

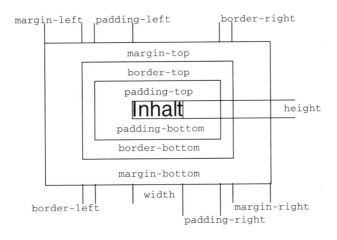

Abbildung 13.5 Ausmaße von Blöcken

Die Eigenschaft `padding` dient als Abkürzung, wenn man alle vier Abstände auf einmal setzen will. Sollen sie gleich groß sein, reicht die Angabe einer Länge. Sollen alle vier Seiten unterschiedlich eingestellt werden, sind vier Werte nötig, die oben beginnend, die Seiten im Uhrzeigersinn belegen. Damit sind die folgenden Definitionen gleichwertig:

`padding`

```
h1 {padding-top: 1cm;
    padding-right: 2cm;
    padding-bottom: 3cm;
    padding-left: 4cm;   }
h1 {padding: 1cm 2cm 3cm 4cm}
```

Die jeweiligen Größen der möglichen Umrandung an den vier Seiten des Elements sind mit den Eigenschaften `border-left`, `border-right`, `border-top` und `border-bottom` einzustellen. Auch hier dient die *border* Eigenschaft `border` wieder als eine Abkürzung, wenn man alle vier Werte auf einmal setzen will.

Rahmen   Auch der Rahmen selber lässt sich vielfältig gestalten. Zunächst kann man die Breite des Rahmens – dies ist der Abstand zwischen den Linien, die den Rahmen darstellen – für die vier Seiten mit den Eigenschaften `border-left-width`, `border-right-width`, `border-top-width` und mit `border-bottom-width` einzeln einstellen.

Drei symbolische Werte sind mit `thin`, `medium` und `thick` für dünne, normale und dicke Ränder vorgesehen. Wie gewohnt gibt es auch hier wieder eine Abkürzung zum Setzen aller vier Eigenschaften – *border-width* sie heißt `border-width`.

border-color   Während der Leerraum um den Inhalt und außerhalb des Rahmens durchsichtig ist, lässt sich mit der Eigenschaft `border-color` die Farbe des Rahmens festlegen. Ihr Wert ist eine Farbangabe.

border-style   Die Art des Rahmens bestimmt die Eigenschaft `border-style`. Sie kann eine Reihe symbolischer Werte annehmen, die Effekte wie in Abbildung 13.6 auf der nächsten Seite ermöglichen:

- ❏ `none`: Kein Rahmen
- ❏ `dotted`: Gepunktete Linie
- ❏ `dashed`: Gestrichelte Linie
- ❏ `solid`: Normale Linie
- ❏ `double`: Doppelte Linie
- ❏ `groove`: 3D-Effekt: tiefer Graben um Inhalt
- ❏ `ridge`: 3D-Effekt: hoher Rand um Inhalt
- ❏ `inset`: 3D-Effekt: erhöhter Inhalt
- ❏ `outset`: 3D-Effekt: vertiefter Inhalt

Äußerer Leerraum   Schließlich kann außerhalb des Rahmens noch weiterer Leerraum eingefügt werden. Wie bei den anderen Maßen dienen dazu die vier Eigenschaften `margin-left`, `margin-right`, `margin-top` und `margin-` *margin*   `bottom`. `margin` ist wiederum die Eigenschaft zum Setzen aller vier Werte.

13.10   Positionierung

Elemente genau platzieren   Die genaue Positionierung von Elementen auf einer Seite ist eine Funktionalität, die HTML nicht bietet. In Abschnitt 7.8 auf Seite 96 hatten Sie Tricks mit Grafiken kennen gelernt, um zumindest einen genauen Leerraum zwischen Elementen zu erzeugen; Kapitel 12 auf Seite 147 hat den Layers-Mechanismus erläutert. Ebenfalls ein Netscape-

```
<html><head>
<style>
.dotted {border-style: dotted}
.dashed {border-style: dashed}
.solid  {border-style: solid}
.double {border-style: double}
.groove {border-style: groove}
.ridge  {border-style: ridge}
.inset  {border-style: inset}
.outset {border-style: outset}
</style>
</head><body>

<p class="dotted">dotted</p>

<p class="dashed">dashed</p>

<p class="solid">solid</p>

<p class="double">double</p>

<p class="groove">groove</p>

<p class="ridge">ridge</p>

<p class="inset">inset</p>

<p class="outset">outset</p>

</body></html>
```

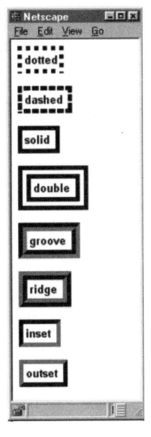

Abbildung 13.6
Die verschiedenen Rahmenarten

Mechanismus (Abschnitt 4.6 auf Seite 51) ist das `<spacer>`-Tag zum Erzeugen von Leerraum.

Stylesheets sind das Mittel, um die Gestaltung von Seiten festzulegen, entsprechend sind auch hier Eigenschaften vorgesehen, um Elemente genau auf einer Seite zu positionieren. Mit der sich abzeichnenden Unterstützung von Stylesheets sollten Sie auf die oben genannten Tricks verzichten und stattdessen auf Stylesheets setzen.

Mit Stylesheets

Für die Positionierung von Elementen kennt CSS drei Modi, die mit den Werten der Eigenschaft `position` für ein Element einstellbar sind:

position

❏ `static`: Die normale Positionierung von Elementen an der Stelle, an der sie im HTML-Text auftreten.

❏ relative: Die Positionierung eines Elements relativ zu der Stelle, an der es normalerweise dargestellt würde.

❏ absolute: Die Postitionierung eines Elements in einem neuen Darstellungsbereich, in dem ein eigenes Koordinatensystem gilt.

Relative
Positionierung

In Abbildung 13.7 sehen Sie einige Beispiele für den Einsatz der relativen Positionierung. In der ersten Zeile erkennen Sie, dass ein relativ positioniertes Element im fortlaufenden Text den Raum einnimmt, der seiner natürlichen Größe entspricht.

Abbildung 13.7
Relative
Positionierung

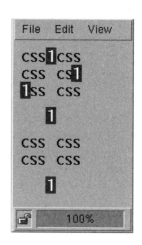

```
<html><head>
<style>
.relativ {position: relative;
          background-color: red;
          color: white;
          }
</style>
</head><body>
css<span class="relativ"
>1</span>css<br>
css<span class="relativ"
 style="left:1cm"
>1</span>css<br>
css<span class="relativ"
 style="left:-1cm"
>1</span>css<br>
<br><br>
css<span class="relativ"
 style="top:-1cm"
>1</span>css<br>
css<span class="relativ"
 style="top:1cm"
>1</span>css
</body></html>
```

left
top

Die folgenden Zeilen verwenden zusätzlich die Eigenschaften left und top. Mit ihnen lässt sich der positionierte Inhalt horizontal und vertikal verschieben. Beide Eigenschaften erhalten eine Längenangabe als Wert oder auto, um die Verschiebung auszuschalten.

In allen Fällen bleibt an der ursprünglichen Stelle des verschobenen Elements dessen Form als Leerraum bestehen. Der Leerraum zwischen der dritten und der vierten Beispielzeile entsteht übrigens durch die eingefügten
-Tags und nicht durch die Verschiebung.

In Abbildung 13.8 finden Sie ein ähnliches Beispiel, allerdings mit absoluter Positionierung. Im Gegensatz zu relativer Positionierung ergeben sich zwei Unterschiede:

Absolute Positionierung

```
<html><head>
<style>
.absolut {position: absolute;
         background-color: red;
         color: white;
         }
</style>
</head><body>
css
<span class="absolut">A</span>
<span class="absolut"
 style="left:0cm">B</span>
<span class="absolut"
 style="top:1cm">C</span>
<span class="absolut"
 style="top:1cm;left:0cm"
 >D</span>
css
</body></html>
```

Abbildung 13.8
Absolute Positionierung

❏ Ein absolut positionierter Abschnitt nimmt keinen Platz an der Stelle ein, an der er im HTML-Code steht. Sie erkennen dies beim »A«, unter dem »css« steht.

❏ Die Verschiebungen sind relativ zum umgebenden Element, für das ein Koordinatensystem gilt, in diesem Fall zum Ausmaß der Seite, weil `<body>` das umgebende HTML-Tag ist.

In Abbildung 13.9 auf der nächsten Seite sehen Sie weitere Varianten. In der ersten Version wird ein Schatten fälschlicherweise absolut positioniert und `left` und `top` sind Abstände zum Seitenrand. Der zweite Versuch verwendet relative Positionierung für den Schatten, wodurch seine Position relativ zur normalen Positionierung wird. Erst die letzte Version ist korrekt: Sie umgibt den zu schattierenden Text mit `<span>` und erzeugt so ein neues Koordinatensystem. Die absolute Position des Schattens ist dann relativ zu diesen neuen Koordinaten.

Schattierung

Die Eigenschaften `height` und `width` kennen Sie schon. In Verbindung mit absoluter Positionierung definieren sie die Ausmaße der Fläche, in die der markierte Text fließt. Fehlt `width`, erstreckt sie sich bis zum rechten Rand des umgebenden Koordinatensystems. Fehlt

Textausmaß und darüber hinaus

```
<html><head>
<style>
.shadow {position: absolute;
        color: red;
        top: 2px;
        left: 2px;
        }
.shadowrel {position: relative;
           color: red;
           top: 2px;
           left: 2px;
           }
</style>
</head><body>
Ein Schattenwurf:<br>
CSS<span
 class="shadow">CSS</span><br>
CSS<span
 class="shadowrel">CSS</span>
<br>
<span style="position:relative">
CSS<
 span class="shadow">CSS</span>
</span>
</body></html>
```

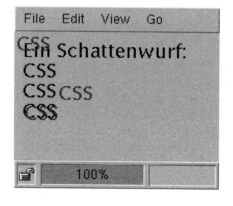

Abbildung 13.9
Absolute und relative Positionierung

height, reserviert der Browser gerade so viel Platz, wie der Inhalt benötigt.

Falls ein Element größer als die angegebenen Ausmaße ist, können Sie mit der Eigenschaft overflow das Verhalten des Browsers beeinflussen. Es gibt drei vordefinierte Werte:

❏ clip: Der Browser schneidet das Element an den definierten Ausmaßen ab.

❏ none: Der Browser stellt das Element über seine eigentlich vorgesehenen Ausmaße trotzdem dar.

❏ scroll: Der Browser kann beispielsweise Scrollbalken anbieten.

Welcher Bereich des Elements sichtbar ist, können Sie mit der Eigenschaft clip steuern. Sein Wert ist eine Rechtecksdefinition. Ähnlich wie bei den Farben oder bei URLs gibt es dafür die spezielle Notation:

rect(*oben rechts unten links*)

Alles außerhalb dieses Rechtecks, das im Koordinatensystem des Elements gemessen wird, stellt der Browser nicht dar. Dieses Abschneiden wird mit dem Wert `auto` ausgeschaltet. Die Eigenschaft ähnelt damit dem `clip`-Attribut beim `<layer>`-Tag.

Abbildung 13.10 zeigt die beteiligten Längenmaße für positionierte Blöcke im Überblick.

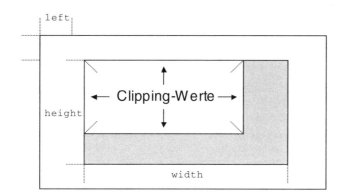

Abbildung 13.10
Positionierung von Blöcken

Durch das Positionieren von Blöcken über andere entsteht eine Ordnung der Elemente. Dabei legt der Browser dasjenige Element über die Darstellung des Elements, das dieses enthält. Diese Ordnung können Sie mit der Eigenschaft `z-index` explizit setzen.

`z-index`

Als Wert muss eine ganze Zahl angegeben werden, wobei das umgebende Element auf der Ebene 0 liegt. Mit negativen Zahlen legen Sie Elemente hinter das umgebende Element. Der Wert `auto` schaltet die automatische Stapelung wieder ein. Einen ähnlichen Mechanismus hatten Sie schon mit dem Attribut `z-index` beim `<layer>`-Tag kennen gelernt.

Schließlich können Blöcke ähnlich dem Attribut `visibility` bei `<layer>` unsichtbar gemacht werden. Die Eigenschaft `visibility` stellt mit dem Wert `hidden` ein, dass der Block zwar Raum einnimmt, aber nicht dargestellt wird. `visible` ist der Normalfall mit Darstellung und bei `inherit` wird die Sichtbarkeit des umgebenden HTML-Elements übernommen.

`visibility`

13.11 Farben und Hintergründe

Mit Stylesheets lässt sich jedes HTML-Element mit einer eigenen Hintergrundfarbe und einem -muster versehen. Damit werden die Attribute `background` und `bgcolor` von `<body>` und das `color`-Attribut einiger Elemente entsprechend verallgemeinert.

Die Eigenschaft `background-color` bestimmt die Hintergrund-

`background-color`

farbe eines Elements. Mögliche Werte sind eine Farbe oder das vordefinierte `transparent`, das die Farbgebung abschaltet.

color

Die Vordergrundfarbe legt `color` fest. Auch hier sind als Werte Farbdefinitionen vorgesehen. Als Beispiel zeigt die Abbildung 13.11 eine Definition, mit der inverser Text möglich wird.

Abbildung 13.11
Vorder- und
Hintergrundfarbe

```
<html><head>
<style>
.invers
   {color: white;
    background-color: black}
</style>
</head><body>
<span class="invers"
 >inverser</span>
Text weiß auf schwarz
</body></html>
```

Ähnlich wie beim Farbattribut von `<body>` ermöglichen Stylesheets eine Verallgemeinerung des Hintergrundmusters vom Attribut `background` bei `<body>` für alle Elemente. Mit der Eigenschaft `background-image` legen Sie eine Grafik fest, die hinter einem HTML-Element dargestellt wird. Während der Normalwert `none` für keine Grafik steht, stellen Sie mit

background-image

```
h1 {background-image:
        url(http://www.foo.de/back/marmor.gif)}
```

ein, dass die Grafik unter der angegebenen URL als Hintergrund dient.

Stylesheets erlauben eine genaue Kontrolle der Wiederholung dieses Bilds. Dafür dient die Eigenschaft `background-repeat`. Sie kann folgende Werte annehmen:

background-repeat

❑ `repeat`: Normale Wiederholung im Kachelmuster in horizontaler und vertikaler Richtung. Diese Einstellung ist der Normalwert.

❑ `repeat-x`: Wiederholung nur in horizontaler Richtung.

❑ `repeat-y`: Wiederholung nur vertikal.

❑ `no-repeat`: Keine Wiederholung.

In Abbildung 13.12 auf der nächsten Seite sehen Sie die verschiedenen Wiederholungsarten angewendet: Wir benutzen hier eine Tabelle und ordnen jeder einzelnen Tabellenzelle eine eigene Hintergrundgestaltung zu.

Der Internet Explorer hat das Attribut `bgproperties` eingeführt, das festlegt, ob eine Grafik beim Scrollen mitbewegt wird oder feststeht.

```
<html><head>
<style>
td   {background-image: url(star_gold.gif)}
td.x      {background-repeat: repeat-x}
td.y      {background-repeat: repeat-y}
td.xy     {background-repeat: repeat}
</style>
</head><body>
<table border="1" width="100%">
<tr>
 <td>Eine Tabellenzelle, eventuell mit einem
     Hintergrundmuster</td>
 <td class="xy">Eine Tabellenzelle, eventuell mit
    einem Hintergrundmuster</td>
</tr><tr>
 <td class="x">Eine Tabellenzelle, eventuell mit
    einem Hintergrundmuster</td>
 <td class="y">Eine Tabellenzelle, eventuell mit
    einem Hintergrundmuster</td>
</tr>
</table></body></html>
```

Abbildung 13.12
Unterschiedliche
Ausrichtungen von
Hintergrundmustern
in einer Tabelle

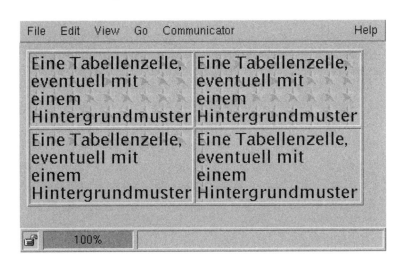

Stylesheets übernehmen diesen Mechanismus mit der Eigenschaft background-attachment. Beim Wert scroll bewegt der Browser die Hintergrundgrafik mit, während fixed eine statische Positionierung bewirkt.

background-attachment

Browser beginnen mit der Darstellung einer Hintergrundgrafik üblicherweise in der linken oberen Ecke des Browser-Fensters. Mit der Eigenschaft background-position können Sie dieses Verhalten genau

background-position

steuern, was natürlich insbesondere bei Grafiken interessant ist, die nur einmalig dargestellt werden.

Als Wert können Sie für die Eigenschaft ein Paar aus Längenangaben, Prozentangaben oder symbolische Werte einsetzen. Die Längenangaben geben den Abstand der linken oberen Ecke der Grafik zur linken oberen Ecke des Elements horizontal und vertikal an. Mit

```
body {background-position: 2cm 3cm;
      background-image:
         url(http://www.foo.de/logo.gif)}
```

stellt der Browser ein Logo im Hintergrund 2 Zentimeter vom linken und 3 Zentimeter vom oberen Seitenrand entfernt dar.

Anstelle der absoluten Längenangaben können Sie auch ein Paar aus Prozentwerten angeben, die relativ zur Größe des Elements sind. Die gebräuchlichsten Positionen sind in Stylesheets auch als symbolische Werte darstellbar, wie in Abbildung 13.13 gezeigt. Die Position der Grafik können Sie also als ein Paar aus top, center, bottom, left und right angeben.

Abbildung 13.13
Symbolische Werte
zur Ausrichtung von
Hintergrundbildern

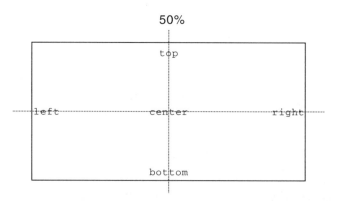

`background` background schließlich ist wiederum eine Eigenschaft, mit der man sämtliche Eigenschaften von Hintergrundbildern in einer Zeile notieren kann. Sie nimmt die Werte für die Eigenschaften background-color, background-image, background-repeat, background-attachment sowie background-position in dieser Reihenfolge auf.

13.12 Schrifteigenschaften

Die Verwendung von Schriften auf Webseiten ist sicherlich eines der wichtigsten Gestaltungsmittel. Schriften werden nicht nur durch die Angabe einer Schriftart beschrieben, vielmehr gibt es eine Reihe von Parametern, die zu einer konkreten Schriftauswahl führen.

Die grundlegendste Eigenschaft ist die Auswahl einer *Schriftfamilie* – oft spricht man auch von der »Schriftart«. Die Eigenschaft `font-family` bestimmt die Schriftfamilie. Ihr Wert ist eine durch Kommas getrennt Liste von Familiennamen, wobei der Browser von links nach rechts versucht, die angegebene Schrift zu verwenden. Oft ist das aber nicht möglich, weil die erforderliche Schrift nicht auf dem Rechner des Lesers vorhanden ist.

Schriftfamilie

`font-family`

Man kann unterscheiden zwischen konkreten Schriften und ihren Namen und generischen Familiennamen, die speziell für Stylesheets definiert sind. Konkrete Namen sind beispielsweise »Bookman«, »Helvetica«, »Geneva« oder »Arial«.

Namen von Schriften

Die letzten drei Namen sind interessant. Während »Helvetica« ein Schriftname aus der Typografie ist, stammen die Letzteren von Computersystemen – »Geneva« ist die ursprüngliche Systemschrift auf Apple Macintosh-Rechnern, während »Arial« in Microsoft Windows eingeführt wurde.

Optisch unterscheiden sich die drei Schriften kaum. Tatsächlich werden die beiden Rechnerschriften in Ausdrucken oft durch »Helvetica« ersetzt. Der Grund liegt im Urheberrecht für Schriften, nach dem lediglich der Name einer Schrift geschützt werden kann. Dieselbe Schriftfamilie kann unter einem anderen Namen ohne Lizenzierung verwendet werden.

»Arial« ist praktisch nur auf Windows-Rechnern verfügbar, also kann sie ein Browser unter Unix nicht einsetzen. Eine sinnvolle Verwendung von `font-family` würde also eine Liste von Schriften enthalten, die mit der speziellsten beginnt:

```
h1 {font-family: "Arial, Geneva, Helvetica"}
```

Ein Unix-Browser wird mit hoher Wahrscheinlichkeit erst mit »Helvetica« eine installierte Schrift zur Darstellung finden. Da es sich aber auch dabei um eine konkrete Schrift handelt, sehen Stylesheets fünf generische Schriftfamilien vor.

Generische Schriftennamen

Sie bezeichnen keine bestimmte Schrift, sondern geben nur grundsätzliche Eigenschaften vor. Ein Browser wird zumindest diese Schriften erkennen und geeignet durch eine konkrete Familie ersetzen. Die definierten generischen Schriften sind:

❏ `serif`: Eine Schrift mit Serifen (»Christine«). Serifen sind die kleinen Verzierungen an den äußeren Enden der Linien, die einen Buchstaben bilden. Sie dienen hauptsächlich dazu, dem Leser eine fortlaufende Linie am unteren Rand der Zeile anzubieten, an der sich die Augen beim Lesen orientieren.

❏ `sans-serif`: Eine serifenlose Schrift (»Christine«). Solche Schriften werden oft in Überschriften verwendet – wie auch in diesem

Buch. Bei solchen kurzen Textabschnitten ist die optische Hilfestellung beim Lesen nicht notwendig.

❑ `cursive`: Eine kursive Schrift (»*Christine*«).

❑ `fantasy`: Eine Schmuckschrift (»*Christine*«).

❑ `monospace`: Eine Schrift, in der alle Buchstaben dieselbe Breite haben (»`Christine`«). In diesem Buch ist der fortlaufende
Text in einer Proportionalschrift gesetzt, während wir für HTML-
Beispiele die Schrift »Courier« verwenden, in der alle Zeichen
gleich breit sind.

✘ Damit das obige Beispiel also in jedem Fall zumindest eine der »Helvetica« ähnliche Schriftauswahl bewirkt, sollten Sie am Ende der Liste
eine generische Schrift angeben:

```
h1 {font-family:
      "Arial, Geneva, Helvetica, sans-serif"}
```

Schnitt und Stil Eine Schriftfamilie besteht aus mehreren Schriftschnitten in unterschied-
`font-style` lichen Stilen. Stylesheets sehen dafür die Eigenschaft `font-style` mit
den folgenden symbolischen Werten vor:

❑ `normal`: Die normale Schrift (»Christine«).

❑ `italic`: Kursive Schrift (»*Christine*«).

❑ `oblique`: Umrandete Schrift, bei der die Buchstaben »hohl« sind.

Am normalen Buchstaben »a« und dessen kursiver Form »*a*« wird
deutlich, dass beispielsweise kursive Schrift tatsächlich andere Buchsta-
benformen enthält.

Mit »fetter Schrift« bezeichnet man üblicherweise eine Hervorhebung durch dickere Linien der Buchstaben. Der entsprechende Fachaus-
druck ist im Deutschen »Dickte«, im Englischen »weight«. In Stylesheets
`font-weight` kontrollieren Sie mit der Eigenschaft `font-weight`, welche Dickte verwendet werden soll. Die beiden einfachen symbolischen Werte `normal`
und `bold` schalten normale oder **fette** Schrift ein.

Zur feineren Kontrolle sind in Stylesheets auch die Werte `100`, `200`,
`300`, `400`, `500`, `600`, `700`, `800` und `900` vorgesehen, mit denen neun Abstufungen von sehr feiner bis sehr fetter Schrift möglich sind. `normal`
entspricht dabei dem Wert `400` und `bold` dem von `700`. Ob ein Browser tatsächlich diese Abstufungen unterstützt, hängt von den auf dem
System installierten und entsprechend verwendbaren Schriften ab.

Neben diesen absoluten Einstellungen lässt sich die Dickte mit den
Werten `lighter` und `bolder` um jeweils eine Stufe verkleinern und
vergrößern.

Größe Die Schriftgröße (»Schriftgrad«) stellt man in Textverarbeitungen
üblicherweise in typografischen Punkten ein. Mit Stylesheets können
`font-size` Sie für die Eigenschaft `font-size` eine entsprechende Längenangabe

verwenden. Alternativ dazu ist eine Prozentangabe möglich, die sich auf den aktuellen Schriftgrad bezieht. Sollen alle Überschriften erster Stufe doppelt so groß wie der normale Text angezeigt werden, definieren Sie:

```
h1 {font-size: 200%}
```

Daneben lassen sich die sieben Größenstufen, die Sie schon von `size` bei `<font>` kennen, durch die folgenden symbolischen Werte einstellen: `xx-small`, `x-small`, `small`, `medium`, `large`, `x-large` und schliesslich `xx-large`.

Schließlich ist eine relative Größenänderung durch die Symbole `larger` und `smaller` möglich, mit denen der Schriftgrad um eine Stufe wächst oder schrumpft.

Neben der Größe der Schrift ist der Zeilenabstand ein wichtiges Maß für die Größeneinstellung. Normalerweise ergibt sich aus dem Schriftgrad ein sinnvoller Zeilenabstand. Bei einer 12-Punkt-Schrift sollten zwischen den Grundlinien zweier Zeilen normalerweise 14 Punkt Abstand sein. Man schreibt für diese Einstellung oft auch, dass die Schriftgröße »12/14« sei. *Zeilenabstand*

Mit der Eigenschaft `line-height` können Sie den Zeilenabstand in einem Stylesheet einstellen. Als Wert ist eine absolute Länge möglich, also `line-height: 14pt`. Durch Angabe des Quotienten aus Abstand und Schriftgröße bestimmen Sie den Zeilenabstand relativ zur Schriftgröße. Für das 12/14-Beispiel wäre die Stylesheet-Notation `line-height: 1.16`. *line-height*

Schließlich kann durch eine Prozentangabe der Abstand relativ zum Zeilenabstand des umgebenden Elements festgelegt werden. Der symbolische Wert `normal` schließlich überlässt es dem Browser, aus dem Schriftgrad einen sinnvollen Zeilenabstand zu ermitteln.

Neben diesen Schrifteigenschaften, die an der Form der Buchstaben nichts Prinzipielles ändern, kann es Varianten eines Zeichensatzes geben. Diese legen Sie mit der Eigenschaft `font-variant` fest. Zwei Werte sind vorgesehen, `normal` für die normale Schrift und `small-caps` für Kapitälchen (»CHRISTINE«). *Varianten von Zeichensätzen* *font-variant*

Abschließend gibt es für die Schriftauswahl mit `font` wieder eine Eigenschaft, mit der alle relevanten Eigenschaften auf einen Schlag gesetzt werden können. *font*

```
font: font-style font-variant font-weight
      font-size/line-height font-family
```

Beachten Sie, dass hier die beschriebene 12pt/14pt-Notation bei *font-size/line-height* verwendet wird.

13.13   Texteigenschaften

Mit Stylesheets lässt sich eine Reihe von Eigenschaften des dargestellten Texts festlegen. Im Gegensatz zu den Schrifteigenschaften beziehen sie sich eher auf den Text und dessen Manipulation und sind unabhängig von der Schriftart.

Leerraum
`word-spacing`
`letter-spacing`

Den Leerraum zwischen Wörtern und Buchstaben können Sie mit Hilfe der Eigenschaften word-spacing und letter-spacing festlegen. Beide werden mit einer Längenangabe belegt, für die der Browser zusätzlich Leerraum zwischen Wörtern oder Buchstaben einfügt. Mit negativen Längen können Überlappungen bewirkt werden, wenn der Browser dies unterstützt.

Der Wert normal für beide Eigenschaften schaltet jeglichen zusätzlichen Leerraum aus. In Abbildung 13.14 finden Sie einen Beispielstil für gesperrten Text.

Abbildung 13.14
Gesperrter Text

```
<html><head>
<style>
p.gesperrt
   {letter-spacing: 5pt}
</style>
</head><body>
<p>Ein normaler Absatz
<p class="gesperrt">Ein
Absatz mit gesperrten
Worten
</body></html>
```

Hervorhebungen

Mit der Eigenschaft text-decoration legen Sie einfache Hervorhebungen von Text fest. Mögliche Werte sind:

- ❏ none für normalen Text
- ❏ underline für <u>unterstrichenen Text</u>
- ❏ overline für überstrichenen Text
- ❏ line-through für ~~durchgestrichenen Text~~
- ❏ blink für blinkenden Text

`text-transform`

Veränderungen des ursprünglichen Texts ermöglicht die Eigenschaft text-transform, die die Groß- und Kleinschreibung in einem Element beeinflusst. Während none das Original unverändert lässt, wandelt uppercase alle Zeichen in Großbuchstaben, lowercase alles in Kleinbuchstaben um und capitalize verändert den jeweils ersten Buchstaben eines Wortes in einen Großbuchstaben.

13.14 Elementeigenschaften

In HTML unterscheidet man zwischen Elementen, die im laufenden Text verwendet werden (»Inline«), beispielsweise <b>, jenen, die einen Textblock umfassen, z.B. <p>, und den Listen – hier ist <ul> ein Beispiel.

Mit Stylesheets lässt sich diese Grobeinteilung explizit mit der Eigenschaft display für Elemente festlegen. Dabei mögliche Werte sind inline, block, list-item und none für die Standardklassifikation.

display

In HTML werden mehrere Leerzeichen und Zeilenumbrüche normalerweise als einziges Leerzeichen behandelt. Eine Ausnahme ist dabei <pre>, bei dem mehrere Leerzeichen entsprechend mehr Platz einnehmen und Zeilenenden auch eine neue Zeile in der Darstellung bewirken.

In Stylesheets können Sie dieses Verhalten für jedes Element durch Verwendung der Eigenschaft white-space einführen. Mit dem Wert pre beachtet ein Element Leerzeichen und Zeilenumbrüche.

white-space

In Abbildung 13.15 finden Sie zwei Wege, um vorformatierten Text mit einer normalen Schrift darzustellen. Die erste Methode verwendet white-space mit dem genannten Wert. Alle Absätze der Klasse pre werden dann mit allen Leerzeichen und Zeilenumbrüchen vom Browser angezeigt. Alternativ dazu kann man natürlich auch einfach die bei <pre> verwendete Schrift durch die Eigenschaft font-family ändern.

font-family

```
<html><head>
<style>
p.pre     {white-space: pre}
pre.serif {font-family: serif}
</style>
</head><body>
<p class="pre">Ein Absatz,
der entsprechend seiner
    Formatierung in der Quelle
dargestellt wird</p>

<pre class="serif">Ein Absatz,
der entsprechend seiner
    Formatierung in der Quelle
dargestellt wird</pre>
</body></html>
```

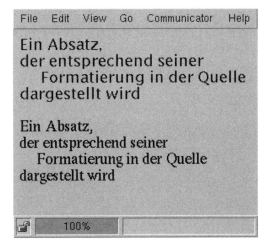

Abbildung 13.15
Beachtung von Leerzeichen und Zeilenumbrüchen

Weitere Werte für white-space sind normal für die Einstellung des normalen Verhaltens und nowrap, womit zwar Leerzeichen und Zeilenenden ignoriert werden, der Browser aber nur beim Auftreten von <br> eine neue Zeile beginnt. Dieses Verhalten haben Sie schon beim <nobr>-Tag in Abschnitt 4.6 auf Seite 50 kennen gelernt.

13.15 Ausrichtung

`vertical-align`

Die vertikale Ausrichtung eines Elements können Sie relativ zur Grundlinie der umgebenden Darstellung mit Hilfe von `vertical-align` festlegen. Folgende symbolische Werte sind vorgesehen:

❏ `baseline`: Ausrichtung der Grundlinie eines Elements an der Grundlinie der Umgebung. Dieser Wert ist die Normaleinstellung.

❏ `top`: Ausrichtung der Oberkante an der Oberkante der laufenden Zeile.

❏ `text-top`: Ausrichtung der Oberkante des Elements mit der Oberkante des umgebenden Texts.

❏ `middle`: Ausrichtung der Mitte des Elements mit der Mitte des umgebenden Texts. Diese Mitte ergibt sich genau aus der Grundlinie plus der halben Höhe von Kleinbuchstaben.

❏ `text-bottom`: Ausrichtung der Unterkante des Elements mit der Unterkante des umgebenden Texts.

❏ `bottom`: Ausrichtung der Unterkante an der Unterkante der laufenden Zeile.

❏ `sub`: Tiefstellung im Indexlayout (Normal$_{sub}$).

❏ `super`: Hochstellung im Exponentenlayout (Normal^{super}).

Abbildung 13.16
Die Einstellungen bei
vertical-align

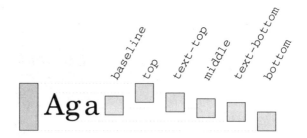

`line-height`

Schließlich können Sie mit einer Prozentangabe das Element relativ zu dessen geltenden `line-height` vertikal bewegen. Mit `vertical-align: 50%` wird es um die Hälfte seiner Zeilenhöhe nach oben verschoben. Negative Werte bewirken eine Verschiebung nach unten.

`text-align`

Die Ausrichtung von Text innerhalb eines Elements steuert die Eigenschaft `text-align`. Mögliche Werte sind `left` für linksbündige Ausrichtung, `center` für Zentrierung, `right` für rechtsbündige Ausrichtung und `justify` für linken und rechten Randausgleich, also Blocksatz.

Wie in diesem Buch wird oft die erste Zeile eines Absatzes eingerückt. Dadurch ist der Anfang eines Absatzes leichter erkennbar. Mit
der Eigenschaft `text-indent` können Sie eine entsprechende Längenangabe für HTML-Elemente machen.

`text-indent`

13.16 Gleitende Elemente

Elemente können mit Stylesheets »gleitend« gemacht werden. Damit
werden sie nicht an der Stelle ihres Auftretens im HTML-Text dargestellt, sondern finden am linken oder rechten Rand Platz, während
die anderen Elemente um sie herumfließen. In Abschnitt 4.5 auf Seite 46 hatten Sie diese Möglichkeit schon mit dem `align`-Attribut beim
`<img>`-Tag kennen gelernt.

Mit der Eigenschaft `float` stellen Sie dieses Verhalten für beliebige
Tags ein. Mögliche Werte sind `left` und `right` für eine gleitende Positionierung am linken oder rechten Rand. `none` schaltet die Darstellung
an der Stelle des Auftretens im HTML-Text wieder ein.

`float`

Man möchte dabei aber auch verhindern, dass beispielsweise Grafiken aus einem mit `<h1>` markierten Kapitel in das nächste rutschen.
Daher bestimmt die Eigenschaft `clear` bei einem Element, ob zuvor alle noch nicht dargestellten gleitenden Elemente angezeigt werden. Mit
dem Wert `left` stellt der Browser alle Gleitelemente dar, die an den
linken Rand bewegt wurden, mit `right` die am rechten Rand und mit
`both` beide. `none` ist der Normalwert, der gleitende Elemente unbeein-
flusst lässt. Um alle Elemente vor einer neuen Kapitelüberschrift auszu-
geben, müssen Sie die folgende Festlegung verwenden:

`clear`

```
h1 {clear: both}
```

13.17 Listen

Bei Elementen, die durch `display` mit dem Wert `list-item` als Lis-
tenpunkte kategorisiert sind (siehe Abschnitt 13.14 auf Seite 179), kann
mit `list-style-type` die Art der Markierung definiert werden.

Bei Aufzählungen legt die Eigenschaft die Art der Nummerierung
fest. So wie beim `type`-Attribut bei `<ol>` stellt `upper-alpha` Großbuchstaben, `lower-alpha` Kleinbuchstaben, `upper-roman` großge-
schriebene römische Ziffern, `lower-roman` kleine römische Ziffern
und `decimal` arabische Nummerierung ein. Mit dem Wert `none` schaltet man die Markierung der Listenelemente aus.

Nummerierung

Für unsortierte Listen sind die Werte `disc`, `circle` sowie `square`
vorgesehen, mit denen ein ausgefüllter oder hohler Kreis und ein klei-

Kreis oder Quadrat

nes Quadrat als Markierung verwendet werden. Diese Eigenschaften steuern Sie ohne Stylesheets mit dem `type`-Attribut bei `<ul>`.

Eigene Markierungen

Wollen Sie anstelle dieser vordefinierten Typen ein Bild zur Markierung verwenden, bestimmen Sie mit der Eigenschaft `list-style-image` dessen URL.

Die Position der Markierung legen Sie mit Hilfe der Eigenschaft `list-style-position` fest. Sie kann mit `outside` freigestellt sein oder mit `inside` innerhalb des Listeneintrags liegen. Abbildung 13.17 zeigt den Effekt.

Abbildung 13.17
Mögliche Positionen der Listenmarkierung

`outside`	`inside`
❏ Listeneinträge mit unterschiedlicher Markierungsposition.	❏ Listeneinträge mit unterschiedlicher Markierungsposition.

`list-style`

Schließlich ist mit `list-style` wiederum eine Eigenschaft vorgesehen, mit der die Listeneigenschaften auf einmal gesetzt werden können. Ihre Werte entsprechen hierbei `list-style-type`, `list-style-image` und `list-style-position`.

13.18 Eigenschaften bei Ausdrucken

Ein Browserfenster ist nur ein mögliches Ausgabemedium für HTML-Seiten. Andere Medien sind beispielsweise Druckerpapier oder gesprochene Sprache. Die Ausgabe einer HTML-Seite auf dem Drucker ist momentan ein Qualitätsproblem: Grafiken werden zerschnitten, Seitenumbrüche befinden sich an den unpassendsten Stellen und oft sind Seiten für ein typisches Bildschirmlayout entworfen und zu breit für das hochformatige Druckerpapier.

Um diese Probleme besser in den Griff zu bekommen, sind einige Eigenschaften in Stylesheets vorgesehen, die sich auf ausgedruckte HTML-Seiten beziehen.

Seitenumbruch

Für die Kontrolle von Seitenumbrüchen lassen sich bei allen Elementen die Eigenschaften `page-break-before` und `page-break-after` setzen. Sie bestimmen, wie der Drucker eine neue Seite vor oder nach dem Element beginnen soll. Mögliche Werte sind:

`page-break-before`

`page-break-after`

❏ `auto`: Seitenumbruch, wenn Seite voll.

❏ `allways`: Immer einen Seitenumbruch vor oder nach dem Element.

❏ `left`: Ein oder zwei Seitenumbrüche, so dass die Darstellung auf einer linken, also einer geraden Seite beginnt.

❏ `right`: Ein oder zwei Seitenumbrüche, so dass die Darstellung auf einer rechten, also einer ungeraden Seite beginnt.

Um wie in diesem Buch alle Kapitel der obersten Gliederungsstufe auf einer rechten Seite beginnen zu lassen, würde man

```
h1 {page-break-before: right}
```

verwenden.

Um die Seitenränder beim Ausdruck festzulegen, bieten sich die oben beschriebenen `margin`-Eigenschaften an. Allerdings ist das Element »Druckseite« natürlich nicht in HTML vorgesehen. Sie können sich aber mit dem Pseudoelement `@page` behelfen, das die Eigenschaften `margin-left`, `margin-right`, `margin-top`, `margin-bottom` und `margin` beachtet. Um einen linksbündigen Rand von 2 Zentimetern zu erzwingen, schreibt man:

Seitenrand

margin-left

```
@page {margin-left: 2cm}
```

Neben den Rändern ist die Ausrichtung der Seite eventuell wichtig. Hierzu dient die Eigenschaft `size`, die wiederum für `@page` definiert ist. Sie kann folgende Werte annehmen:

Seitenorientierung

size

❏ `portrait`: Hochformat
❏ `landscape`: Querformat
❏ `auto`: Format entsprechend der Voreinstellung
❏ Ein oder zwei Längenangaben: Absolute Höhe und Seitebreite

Schließlich können Sie mit der Eigenschaft `marks` festlegen, ob die Druckseite mit kleinen Markierungen versehen ist, die den tatsächlichen Rand des Druckbereichs anzeigen. Man benötigt diese Markierungen beispielsweise, um mehrere Seiten auf einem Druckbogen passgenau auszurichten. Neben dem Normalwert `none` – keine Markierungen – sind `crop` und `cross` als Werte vorgesehen, wobei bei ersterem kleine Ecken als Markierung (⌐Text⌐) verwendet werden, während bei letzterem kleine Kreuze die Seitengrenze anzeigen (⁺Text⁺).

marks

Mit diesen Eigenschaften ist ein erster Schritt zur Darstellung von HTML-Seiten auch auf anderen Medien als dem Bildschirm getan. Allerdings lassen sie sich noch lange nicht mit den Möglichkeiten mächtiger Textsatz-Software vergleichen. Die Arbeit in diesem Bereich der Stylesheets ist noch nicht vom W3C abgeschlossen, und es ist zu erwarten, dass noch weitere Eigenschaften und Mechanismen definiert werden.

✘

14 Auszeichnungssprachen mit XML

In diesem Kapitel lernen Sie,

❏ Details über XML kennen und

❏ wie Sie Dokumentteile mit »fremden« Auszeichnungssprachen in Ihr XHTML-Dokument einbetten.

Auszeichnungssprachen wie HTML sind nicht erst seit der Erfindung des Web bekannt. Der »Urvater« der Auszeichnungssprachen ist die *Standard Generalized Markup Language* SGML, die 1986 als internationaler Standard von der ISO in [10] definiert wurde. *SGML*

Mit SGML kann man die Grammatik einer Auszeichnungssprache definieren. Also beispielsweise, dass es ein Element <p> gibt und dass es nur innerhalb von <body>...</body> auftreten darf. Diese Sprachdefinition nennt man *Document Type Definition*, kurz *DTD*. Der Ausdruck Document Type Definition (DTD) rührt daher, dass die Art, also der Typ eines Dokuments, sich daraus ergibt, welche Auszeichnungselemente es enthalten kann. *Document Type Definition*

In einer solchen DTD steht, welche Elemente eine Sprache umfassen soll und welche Attribute diese Elemente haben können. Ferner ist festgelegt, ob die Attribute zwingend benutzt werden müssen und welche Werte sie tragen können. Weiterhin beschreiben Regeln die Grammatik der Sprache. Die Regeln legen fest, in welcher Reihenfolge und Schachtelung Elemente auftreten können.

SGML diente auch als formaler Rahmen zur Definition des HTML-Standards. Die dabei verwendete Sprachdefinition – »Document Type Definition« – ist sehr umfangreich und ohne genauere Kenntnisse über SGML kaum zu benutzen.

Für die Erstellung einer möglichst universellen DTD stellt sich die Frage, welche Elemente man nun aber in einer DTD definiert. Bei der Beschreibung des Tags <div> in Abschnitt 13.5 auf Seite 160 wurde schon deutlich, dass es natürlich Bedarf für eine Unmenge von Tags geben könnte, die Abschnitte entsprechend ihrem Inhalt logisch auszeichnen. Die benötigten Tags können sehr anwendungsabhängig sein *Bedarf für viele Tags*

– denken Sie an die Auszeichnung chemischer Formeln im Gegensatz zu Datensätzen aus einer Datenbank für Autoteile.

Weiterverwendung von Tags

Interessant ist die durch weitere Tags mögliche logische Auszeichnung nicht nur für die Darstellung in einem Browser, sondern auch als Textformat zur Weiterverarbeitung – in einem Spreadsheet oder einer Datenbank.

So könnte eine Bank Börsenkurse für ihre Kunden aufbereiten und als HTML-Tabellen darstellen. Für ein Programm ist die Verarbeitung dieser Tabellen sehr schwierig, weil bei den einzelnen Zahlen nicht vermerkt ist, welche Bedeutung sie haben – handelt es sich bei einer Zahl um den heutigen oder gestrigen Kurs?

Wären alle aktuellen Kurse mit einem Tag wie `<KURS DATUM="HEUTE">` ausgezeichnet, würde die Darstellung in einem Browser nicht verändert – ein Programm könnte so aber beispielsweise einfach einen aktuellen Depotwert errechnen. Allerdings ist dieses Tag nicht Bestandteil von HTML und wird es auch nicht werden.

Extensible Markup Language

Da es aber viele Anwendungen geben kann, die eine solche logische Auszeichnung jenseits der normalen HTML-Tags brauchen, hat das W3C einen Mechanismus, die »Extensible Markup Language«, kurz *XML*, entwickelt, mit dem man eigene Auszeichnungssprachen definieren kann. Mit XML lässt sich – ähnlich einer DTD in SGML – beschreiben, dass in den genannten Börsendokumenten das Tag `<KURS>` mit bestimmten Attributen, wie `DATUM` erlaubt sein soll.

Wohlgeformt und gültig

XML ist eine vereinfachte Version von SGML, die auf viele der dortigen komplizierten Mechanismen verzichtet. Ein Dokument wird *wohlgeformt* (englisch »wellformed«) genannt, wenn es allgemeinen XML-Regeln genügt – beispielsweise, dass jedes Anfangs-Tag von einem Ende-Tag in der korrekten Schachtelung gefolgt wird. Es ist darüber hinaus *gültig* (englisch »valid«) bezüglich einer bestimmten mit XML beschriebenen Auszeichnungssprache, wenn es nur die dort vorgesehenen Elemente entsprechend den grammatikalischen Regeln enthält.

In einer XML-DTD lässt sich allerdings nur die Syntax einer Auszeichnungssprache definieren, keinesfalls aber die Bedeutung der Tags festlegen. Ob `<KURS>` einen Börsenkurs oder die Nummer eines Kurses in der Volkshochschule auszeichnet, bleibt nach wie vor der Interpretation durch Menschen oder Programme überlassen.

14.1   Ein XML-Beispiel

Die Abbildung 14.1 auf der nächsten Seite zeigt Ihnen eine nach einer XML-Syntax ausgezeichnete Datei. Sie sieht einer »normalen« HTML-Datei sehr ähnlich – ein zweiter Blick zeigt aber einige Unterschiede.

`<?xml ?>`

Die erste Zeile markiert mit `<?xml ?>`, dass es sich um eine XML-Datei handelt, die den Regeln des XML-Standards in der Version 1.0

```
1  <?xml version="1.0"?>
2  <!DOCTYPE KURSZETTEL SYSTEM "kurse.dtd">
3  <KURSZETTEL>
4    <DATUM VALUE="2.3.2002"/>
5    <KURS DATUM="HEUTE">
6      <KUERZEL>DBK</KUERZEL>
7      <PLATZ>FSE</PLATZ>
8      <WERT WAEHRUNG="EUR">58,088151</WERT>
9    </KURS>
10   <KURS>
11     <KUERZEL>DCX</KUERZEL>
12     <WERT>50.95</WERT>
13     <HIGH>50.95</HIGH>
14     <LOW>49.22</LOW>
15   </KURS>
16 </KURSZETTEL>
```

Abbildung 14.1
Eine XML-Datei als Beispiel

folgen soll. In Zeile 2 ist angegeben, dass die Datei den Syntaxregeln in der DTD `kurse.dtd` genügen soll. Sie finden diese DTD im Abschnitt 14.2 auf der nächsten Seite beschrieben. Die Zeile besagt auch, dass das »äußerste« Element, das das gesamte Dokument – die Zeilen 4 bis 15 – umschließt, das Tag `<KURSZETTEL>` ist.

Ein Tag für Anfang und Ende

Zeile 4 enthält eine Markierung, die es so in HTML nicht geben kann, weil hier ein Tag mit `/>` endet. Bei `<DATUM/>` handelt es sich um die Kurzform einen Tags, das keinen weiteren Inhalt umschließt. XML-Dokumente unterscheiden sich von HTML ja unter anderem dadurch, dass sie keine unbalancierten Tag-Strukturen erlauben. Zu jedem Anfangs-Tag *muss* ein passendes Ende-Tag existieren. Die horizontale Linie `<hr>` ist ein Beispiel aus HTML, bei dem das nicht gefordert ist. In einem XML-Dokument muss hier `<hr></hr>` stehen. Da es aber keinen Sinn macht, ein Tag-Paar zu notieren, das keine weiteren Elemente enthalten kann, führt XML die Kurzform `<hr/>` ein, die für das balancierte Paar aus Anfangs- und Ende-Tag steht.

Anwendungsspezifische Tags

Es folgen zwei Markierungen `<KURS>`...`</KURS>`, die jeweils die Tags `<KUERZEL>`, `<WERT>`, `<PLATZ>`, `<HIGH>` und `<LOW>` enthalten. Die `<KURS>`-Tags tragen ein Attribut `DATUM`, das jeweils den Wert `HEUTE` hat.

Alle diese Tags sind natürlich nicht in HTML vorgesehen, sondern durch die Definitionen in `kurse.dtd`. Ein Kurs-Browser kann nun feststellen, ob das Dokument dieser Syntax genügt, und es entsprechend darstellen.

14.2   Eine XML-DTD für das Beispiel

Die für unser Beispiel verwendete »Kursauszeichnungssprache« ist in einer eigenen Dokumententyp-Definition `kurse.dtd` beschrieben. Abbildung 14.2 zeigt ihren Inhalt: Eine DTD nach XML-Regeln.

Abbildung 14.2
Eine XML-DTD für
das Beispiel

```
1  <?xml encoding="US-ASCII"?>
2  <!ELEMENT KURSZETTEL (DATUM?, KURS*)>
3  <!ELEMENT DATUM EMPTY>
4  <!ATTLIST DATUM VALUE CDATA #REQUIRED>
5  <!ELEMENT KURS (KUERZEL, PLATZ?,
6                  WERT, HIGH?, LOW?)>
7  <!ATTLIST KURS DATUM (HEUTE|GESTERN) #IMPLIED>
8  <!ELEMENT KUERZEL ANY>
9  <!ELEMENT PLATZ ANY>
10 <!ELEMENT WERT ANY>
11 <!ATTLIST WERT WAEHRUNG CDATA #IMPLIED>
12 <!ELEMENT HIGH ANY>
13 <!ELEMENT LOW ANY>
14 <!ENTITY Euro "EUR">
15 <!ENTITY Dollar "USD">
```

Die erste Zeile besagt wiederum, dass nun ein Dokument folgt, das nach XML kodiert ist. Allerdings enthält es nicht ein wirkliches Dokument, sondern Syntaxregeln über Dokumente.

Elemente = Tags

Alle Elemente – XML verwendet diesen Begriff anstelle »Tags« – werden durch eine Definition mit `<!ELEMENT` und den Tag-Namen definiert. Die zweite Zeile legt somit fest, dass in einem Dokument entsprechend dieser DTD `<KURSZETTEL>...</KURSZETTEL>` vorkommen darf.

Ein Element
definieren

<KURSZETTEL>

Die Elementdefinition bestimmt einerseits einen Tag-Namen, andererseits beschreibt sie, was durch das Tag ausgezeichnet werden darf.

Die Regel für KURSZETTEL besagt Folgendes:

❏ Innerhalb der Markierung `<KURSZETTEL>...</KURSZETTEL>` kann ein Tag DATUM optional vorkommen, auf das beliebig viele `<KURS>`-Tags folgen können.

❏ Das ? bestimmt, dass das Element 0 oder einmal auftreten kann.

❏ Das Komma legt die Reihenfolge der Inhalte fest: Wenn das Element DATUM auftritt, dann muss es vor KURS stehen.

❏ Das Sternchen hinter KURS steht für beliebige Wiederholung des Elements. Es kann keinmal, einmal oder zehnmal auftreten.

Die komplexe Regel wird durch Klammern zusammengefasst. Innerhalb von `<KURSZETTEL>...</KURSZETTEL>` darf nun nur das Beschriebene in der richtigen Reihenfolge und der richtigen Anzahl des Auftretens vorkommen, sonst ist das XML-Dokument nicht gültig bezüglich dieser DTD.

Die Zeilen 3 und 4 beschreiben das `<DATUM>`-Tag. Die Regel `EMPTY` schreibt vor, dass das Tag nichts umschließen darf – es wird also nur in der Kurzform `<DATUM/>` vorkommen. Die mit `<!ATTLIST` beginnende Regel legt fest, welche Attribute das Tag tragen darf und welche Art von Wert sie enthalten müssen. Für `DATUM` wird verlangt, dass ein Attribut `VALUE` existieren muss. Das zwingende Auftreten ist durch `#REQUIRED` markiert. `CDATA` (von »character data«) legt fest, dass der Wert des Attributs aus beliebigen Zeichenketten bestehen darf.

Für `KURS` ist definiert, dass es in der aufgeführten Reihenfolge insgesamt fünf weitere Elemente umschließen darf, von denen drei aber optional und deshalb mit `?` markiert sind. Das Tag kann ein Attribut `DATUM` tragen, das die symbolischen Werte `HEUTE` oder `GESTERN` annehmen kann. `#IMPLIED` besagt, dass das Attribut weggelassen werden kann – implizit könnte so der Browser annehmen, dass immer tagesaktuelle Kurse gewünscht sind, wenn nichts anderes vermerkt ist.

Die in den Zeilen 8 bis 13 folgenden `<!ELEMENT >`-Regeln für `KUERZEL`, `PLATZ`, `WERT`, `HIGH` und `LOW` besagen durch `ANY`, dass sie beliebigen Inhalt umschließen können, sei es freier Text oder andere Elemente. Für das Element `WERT` ist ein optionales Attribut `WAEHRUNG` vorgesehen, dessen Wert aus Zeichen bestehen soll.

Neben Elementen, ihren Attributen und den syntaktischen Regeln für den Aufbau des Dokuments lassen sich auch die Ihnen aus HTML bekannten Entitäten (siehe Abschnitt 4.1 auf Seite 35) in einer DTD definieren. Die letzten beiden Zeilen des Beispiels legen mit einer mit `<!ENTITY` beginnenden Regel `&Euro;` und `&Dollar;` als Abkürzungen für die Zeichenketten `EUR` und `USD` fest.

`<DATUM>`

`<KURS>`

14.3 XML in HTML-Seiten einbetten

Die Beschreibung im vorherigen Abschnitt stellte Ihnen ein Beispiel vor, das einzelne Daten repräsentierte, die mit einem speziellen XML-Browser darzustellen wären. In diesem Abschnitt soll es um die Einbettung von XML-Teilen in HTML-Seiten gehen.

Dafür hat der Internet Explorer von Microsoft in der Version 5 eine entsprechende Erweiterung vorgenommen und implementiert: das `<xml>`-Tag. Es kann auf zweierlei Art verwendet werden:

`<xml>`

❏ Zum tatsächlichen Einbetten eines XML-Fragments in einer Seite durch Umschließen mit `<xml>`...`</xml>`:

```
<xml>
  <KURSZETTEL>...
```

```
        </KURSZETTEL>
    </xml>
```

❏ Zum Verweisen auf eine XML-Datei, die auf einem Server verfügbar ist, durch Angabe einer URL im `src`-Attribut:

```
<xml src="http://www.bank.de/kurse.xml"></xml>
```

Dateninseln

In beiden Fällen stellt der Browser die eingebetteten XML-Daten an dieser Stelle der Webseite dar. Microsoft spricht hier von »Data Islands« – »Dateninseln« –, da man hauptsächlich an aus Datenbanken generierte Daten denkt. Microsoft versteht diese Daten als sehr dynamische Bestandteile einer HTML-Seite: Der Schwerpunkt liegt auf der Darstellung und Veränderung der mit XML ausgezeichneten Daten durch Skriptsprachen. Microsofts Interesse liegt dabei auf den eigenen Skriptsprachen und der Implementierung von XML im Internet Explorer.

Stylesheets anhängen

Wir beschränken uns hier auf die Darstellung von XML-Daten mit Standardmitteln. Im Kapitel 13 auf Seite 153 hatten Sie die Stylesheets kennen gelernt, mit denen Sie visuelle Eigenschaften der Darstellung von HTML-Elementen steuern können. Der gleiche Mechanismus lässt sich einfach auch auf XML erweitern.

Processing Instructions

Dazu wird an den XML-Teil ein Stylesheet gebunden. Das technische Mittel dazu ist eine *Processing Instruction* (deutsch »Verarbeitungsanweisung«), ein Konzept aus XML. Eine solche Processing Instruction ist eine Steueranweisung an den XML-Prozessor und wird mit `<?...?>` ausgezeichnet.

`<?...?>`

`<?xml-stylesheet?>`

Die Steueranweisung hat den Namen `<?xml-stylesheet?>` und trägt zwei Attribute. `type` bestimmt die Art der Sprache für das Stylesheet. Sie haben in diesem Buch die Cascading Style Sheets, CSS, kennen gelernt, für die hier `text/css` verwendet werden muss. Eine Alternative, die wir hier allerdings nicht vertiefen, bietet die *Extensible Stylesheet Language*, XSL, die durch `text/xsl` ausgewählt würde. Das Attribut `href` enthält dann die URL eines entsprechenden Stylesheets. Für unseren Kurszettel würde die Ergänzung wie folgt aussehen:

```
<xml>
<?xml-stylesheet type="text/css"
                 href="kurse.css"?>
  <KURSZETTEL>
    ...
  </KURSZETTEL>
</xml>
```

✗ Beachten Sie hier, dass die `xml-stylesheet`-Anweisung nicht zur selber definierten Sprache der Kurzzettel gehört, sondern zu XML selber, also die strenge Kleinschreibung für Anweisungs- und Attributnamen notwendig ist. Falls mehrere Stylesheets eingebunden werden sollen, sind mehrere dieser Anweisungen notwendig.

Sollen für dieses XML-Dokument alle mit <WERT> markierten Daten in weißer Schrift auf schwarzen Hintergrund dargestellt werden, muss in kurse.css die folgende Definition enthalten sein:

```
WERT {
  color: white;
  background-color: black;
}
```

Wir wollen es an dieser Stellen mit dieser kurzen Beschreibung von XML belassen. Für ein vollständiges Bild müssten wir eine Reihe weiterer Konzepte abdecken, die insgesamt den Umfang dieses Buchs glatt verdoppeln könnten.

Es gibt mittlerweile eine ganze Menge spezieller Titel zum Thema XML und zu auf XML basierenden Auszeichnungssprachen. Beim dpunkt.verlag erscheint eine ganze Buchreihe zu diesen Themen, die xml.bibliothek. Sie können sich über die Seite *www.dpunkt.de* über die aktuellen Titel informieren.

XML spielt eine sehr wichtige Rolle bei der Weiterentwicklung von HTML. So wird die Verbindung zu SGML gelöst und stattdessen HTML als eine XML-Sprache neu definiert. Das Resultat ist der HTML-Nachfolger XHTML. Im folgenden Kapitel lernen Sie die Zusammenhänge zwischen SGML, XML, HTML und XHTML kennen und erfahren, welche praktischen Auswirkungen diese Entwicklung auf Ihre Seiten haben kann.

15 XHTML, HTML und XML

In diesem Kapitel lernen Sie,

❏ wie SGML, HTML, XML und XHTML zusammenhängen,

❏ wie XHTML-Dokumente als solche erkennbar sind,

❏ welche Unterschiede zwischen HTML und XHTML bestehen und

❏ wie Sie Dokumente schreiben, die sowohl HTML- als auch XHTML-verträglich sind.

15.1 Die Zusammenhänge

Die erste Version von HTML wurde in einem Dokument in 1992 festgehalten. Sie können es heute noch unter der URL *http://www.w3.org/ History/19921103-hypertext/hypertext/WWW/MarkUp/MarkUp.html* nachlesen. In dem Jahrzehnt seiner Entwicklung hat die Sprache verschiedenste Stufen durchlaufen. Abbildung 15.1 auf der nächsten Seite zeigt diese Entwicklung im Überblick.

Das Ihnen aus dem vorherigen Kapitel bekannte SGML war die Grundlage für die erste formale Definition von HTML in der Version 2.0. HTML durchlief danach verschiedene Erweiterungen in den Versionen 3.0, 3.2 und 4. Dabei kamen jeweils Tags und Attribute und verschiedene neue Konzepte hinzu. Der Bedarf nach zusätzlichen, teilweise anwendungsspezifischen Markierungen hat aber gezeigt, dass es nicht möglich sein würde, einen einzigen monolithischen Auszeichnungsstandard beizubehalten.

Ein HTML in der Version 5 hätte vielleicht umfangreiche Mengen von Tags für Grafiken enthalten müssen, gleichzeitig auch vielleicht die Markierung chemischer Formeln oder die Beschreibung von Produkten für geschäftliche Transaktionen ermöglichen müssen.

Im Ergebnis hätte man einen Standard mit hunderten oder tausenden Tags erstellen müssen, der dann aber immer noch nicht alle Anforderungen erfüllen würde. Als Antwort auf dieses Dilemma entstand

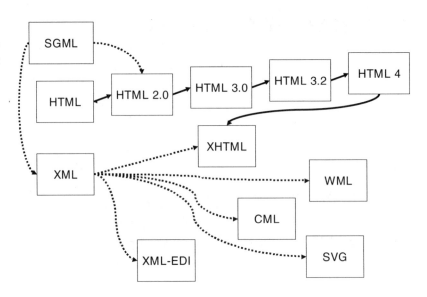

Abbildung 15.1
Die Entwicklung von HTML im Überblick

1996 der erste Entwurf für eine Sprache, mit der man eigene Auszeichnungssprachen definieren kann, die *Extensible Markup Language*

XML   XML verfolgt damit die gleichen Ziele wie SGML, nämlich einen Mechanismus zur Definition von Auszeichnungssprachen bereitzustellen. In der Tat hätte man es auch bei der Verwendung von SGML belassen können. Allerdings ist SGML ein vergleichsweise komplexer Standard und entsprechende Implementierungen aufwendig. XML wurde daher als ein vereinfachtes SGML entworfen, das den dortigen überflüssigen Ballast nicht enthält. Die Bezeichnung »Extensible«, also »erweiterbar«, ist bei XML also nicht ganz richtig. Es handelt sich nicht um eine erweiterbare Auszeichnungssprache, sondern um eine Sprache zur Definition eigener Auszeichnungssprachen.

Auf der Basis von XML sind mittlerweile eine Vielzahl Auszeichnungssprachen für spezielle Zwecke entstanden. Mit der Sprache *Scalable Vector Graphics* SVG beschreibt man Grafiken, die *Chemical Markup Language* CML wird für chemische Formeln eingesetzt und XML-EDI für den geschäftlichen Datenaustausch.

XHTML   Das vorhandene HTML 4 kann damit aber natürlich nicht abgelöst werden. Der nächste Schritt der Weiterentwicklung lag zwangsläufig in der Verwendung von XML anstelle von SGML zur formalen Definition der Sprache. Dieser Wechsel führt zu *XHTML*, der Neuformulierung von HTML 4 unter Verwendung von XML. Im ersten Schritt wurden dabei die Tags und Attribute völlig unverändert gelassen.

Vorteile von XHTML   XHTML hat verschiedene langfristige Vorteile. Zunächst erlaubt die Formulierung einer XML-DTD für HTML die Verwendung aller Tools, die auf XML basieren. Es gibt Editoren, die – gesteuert durch eine XML-DTD – schon bei der Eingabe die formale Korrektheit eines Dokuments sicherstellen, Datenbanken, die auf XML-Dokumente spezialisiert sind, oder Werkzeuge zur Verarbeitung und Konvertierung von XML-basierten Dokumenten. Alle diese Software wird ohne Änderung auch auf XHTML-Dokumente angewandt werden können.

Die Standardisierung auf XML bringt einen weiteren Vorteil: Die Hersteller von Browsern und anderer Software sind gezwungen, die strengen formalen Regeln für XML-Dokumente zu beachten. Langfristig verdrängt dies Dokumente aus dem Netz, die zwar nach den HTML-Regeln eigentlich »illegal« sind, aber von Browsern toleriert und angezeigt werden.

Als ein Nebeneffekt wird dies zu schlankeren Browsern mit wenig Speicherplatzbedarf führen, weil nicht mehr alle möglichen Ausnahmen behandelt werden müssen. Schlanke Browser wiederum sind notwendig für die vielen »kleinen« Geräte wie Handys, Haushaltsgeräte etc., die zukünftig neben den »großen« PCs eine wichtige Rolle für den Zugriff auf Internetdokumente spielen werden.

Schließlich erlaubt die Verwendung von XML eine einfachere Modularisierung, Erweiterung und Beschränkung des verwendeten HTML für ein Dokument. So lässt sich die XHTML-DTD leicht in eigene XML-DTDs einbinden, die Sprache damit also um eigene Tags erweitern. Das vorhandene HTML kann man modularisieren, also in Teile wie Formulare, Grafiken oder Framesets aufspalten. Parallel zur Modularisierung der Sprachdefinition ließe sich die Browser-Software modularisieren – ein Browser für Sprachausgabe muss nicht unbedingt Framesets unterstützen.

Das Verwenden von XML führt allerdings dazu, dass bestimmte syntaktische Grundregeln eingehalten werden müssen, die so für HTML 4 und seine Vorläufer noch nicht galten.

✘

Wenn Sie noch keine Vorkenntnisse in HTML haben, lernen Sie in den Kapiteln dieses Buchs gleich die für XHTML gültigen Schreibweisen. In diesem Fall wäre Ihnen zu empfehlen, zunächst in Kapitel 3 auf Seite 13 weiterzulesen und irgendwann später zu den folgenden Abschnitten an dieser Stelle zurückzukehren.

15.2   XHTML-Dokumente

XHTML-Dokumente sehen zunächst wie HTML-Dokumente aus. Es gibt keinerlei neue Tags, weil XHTML lediglich die Reformulierung von HTML 4 als XML-DTD ist. Durch die Verwendung von XML ergeben sich allerdings einige kleine, aber wichtige Unterschiede.

Ein XHTML-Dokument muss der XHTML-DTD genügen, also zu ihr »validierbar« sein. Die Validierung nimmt das XHTML-Dokument und prüft, ob es der in der DTD definierten Grammatik entspricht. Es gibt drei XHTML-DTDs: eine strikte Version, eine Version, die den

Validierbar

Übergang von normalem HTML nach XHTML begünstigt, und eine Version, die die Definition von Framesets beinhaltet.

`<html>`   Das äußerste Element des Dokuments muss das Tag `<html>` sein. Bei XML-Elementen kann vermerkt sein, dass sie Text umschließen, der einer weiteren XML-DTD entspricht. Durch diesen Mechanismus lassen sich Tag-Mengen aus verschiedensten Auszeichnungssprachen gleichzeitig in einem Dokument verwenden. Für XHTML-Dokumente muss das `<html>`-Tag in dem zusätzlichen Attribut `xmlns` vermerken, dass es Text mit Elementen aus der XHTML-Definition umschließt. Der Wert für dieses Attribut muss `http://www.w3.org/TR/xhtml1` lauten – damit ergibt sich:

```
<html xmlns="http://www.w3.org/TR/xhtml1">
```

`<!DOCTYPE>`   Die Markierung `<!DOCTYPE>`, die Sie in Kapitel 3 auf Seite 13 kennen lernen, müssen Sie in XHTML-Dokumenten zwingend verwenden. Sie markiert, dass ein XHTML-Dokument folgt, und muss vor `<html>` im Text stehen. Ihr Inhalt verweist auf eine der drei XHTML-Definitionen:

```
<!DOCTYPE html
    PUBLIC "-//W3C//DTD XHTML 1.0 Strict//EN"
    "http://www.w3.org/TR/xhtml1/DTD/strict.dtd">
<!DOCTYPE html
    PUBLIC "-//W3C//DTD XHTML 1.0 Transitional//EN"
    "http://www.w3.org/TR/xhtml1/DTD/transitional.dtd">
<!DOCTYPE html
    PUBLIC "-//W3C//DTD XHTML 1.0 Frameset//EN"
    "http://www.w3.org/TR/xhtml1/DTD/frameset.dtd">
```

Für ein XHTML-Dokument, das Framesets und einige ältere Tags verwendet, müssen Sie also schreiben:

```
<!DOCTYPE
    html PUBLIC "-//W3C//DTD XHTML 1.0 Frameset//EN"
    "http://www.w3.org/TR/xhtml1/DTD/frameset.dtd">
<html xmlns="http://www.w3.org/TR/xhtml1">
```

Browser und XHTML   Für einen XHTML-fähigen Browser sind verschiedene Eigenschaften festgelegt, die auch schon bei HTML-Browsern üblich waren, aber nirgendwo tatsächlich standardisiert wurden. Die Vorgaben sind:

❏ Jeder XHTML-Browser muss ein Dokument vor dem Anzeigen auf Wohlgeformtheit im Sinne von XML testen.

❏ Ein validierender XHTML-Browser muss zudem prüfen, ob die Regeln der XHTML-DTD eingehalten sind.

❏ Unbekannte Tags soll ein XHTML-Browser ignorieren; der von ihnen eingeschlossene Inhalt muss aber dargestellt werden.

❏ Unbekannte Attribute eines Elements sind zusammen mit ihrem Wert zu ignorieren.

❏ Für Attribute, dessen Wert der Browser nicht erkennt, muss der Defaultwert angenommen werden.

15.3 Unterschiede zu HTML

XML-Dokumente müssen immer wohlgeformt sein. Wohlgeformtheit meint die Erfüllung grundlegender syntaktischer Anforderungen. Dazu gehören beispielsweise korrekte Schachtelung von Elementen, die Einschließung von Attributwerten in Anführungszeichen etc.

Wohlgeformt

HTML-Dokumente erfüllen dieses Kriterium nicht unbedingt. Zum einen werden falsch geschachtelte Elemente in HTML, beispielsweise wie in `<i>kursiv und <b>fett</i></b>`, meistens toleriert, während sie in XML und damit auch XHTML verboten sind und das gesamte Dokument ungültig machen.

Darüber hinaus müssen in einem wohlgeformten XML-Dokument alle öffnenden Tags von einem schließenden beendet werden. Während also in HTML `<P>ein Absatz.<P>Und noch einer` erlaubt ist, muss in XHTML `<p>ein Absatz.</p><p>Und noch einer </p>` stehen. Für leere Elemente wie `<hr>` gilt dies ebenfalls, also muss ein XHTML-Dokument hier `<hr></hr>` verwenden. In diesem Fall wird man aber sicherlich zu der entsprechenden in XML vorgesehenen Kurzform `<hr/>` greifen.

In den Beispielen sehen Sie auch noch einen weiteren Unterschied: XHTML-Dokumente müssen Tag- und Attributnamen in Kleinbuchstaben schreiben. Während für HTML sogar eine beliebige Mischung von Groß- und Kleinbuchstaben möglich war (`<TabLE>`), unterscheidet XML zwischen Groß- und Kleinschreibung. In der XHTML-DTD sind die Tags lediglich in kompletter Kleinschreibung definiert, deshalb müssen XHTML-Dokumente diese auch beachten.

Groß- und Kleinschreibung beachten

Auch bei Attributen bewirkt die XML-Verwendung kleinere Änderungen. So müssen Werte immer in Anführungszeichen eingeschlossen werden. Während in HTML ein Attribut wie in `ALIGN=left` mit einem Wert versehen werden konnte, ist dies in XML und damit auch in XHTML verboten. Stattdessen muss es `align="left"` heißen.

Attributwerte

Weiterhin sind die abgekürzten Attribute nicht mehr möglich. In HTML lässt sich `<HR NOSHADE>` notieren. In XHTML ist dies nicht erlaubt, weil der Wert des Attributs fehlt. Die korrekte Schreibweise in XHTML lautet `<hr noshade="noshade"/>`.

Keine abgekürzten Attribute

Die Behandlung von Leerzeichen innerhalb von Werten für Attribute ist in XHTML genau definiert: Der Browser entfernt alle Leerzeichen am Anfang und am Ende des Werts und ersetzt mehrere Leerzei-

Leerzeichen

chen einschließlich der Zeilenumbrüche jeweils mit genau einem Leerzeichen.

Skripte und Stylesheets Schließlich muss man bei Skripten und eingebetteten Stylesheets (siehe die Kapitel 13 auf Seite 153 und 22 auf Seite 265) eine zusätzliche Markierung verwenden. In XHTML werden < und & innerhalb dieser Skripte oder Stylesheets anders als in HTML interpretiert, bedeuten also den Beginn eines Tags oder einer Entität. Üblicherweise ist dies nicht gewünscht, denn die Zeichen haben vielleicht eine ganz andere Bedeutung in der verwendeten Skriptsprache.

Man muss daher dem XHTML-Browser mitteilen, dass er den Inhalt des `<script>`-Tags nicht interpretieren soll. Dies erreicht man durch eine spezielle Anweisung:

```
<script>
  <![CDATA[
    Das Skript
  ]]>
</script>
```

Die CDATA-Markierung ist eine Anweisung an den Browser, den folgenden Text unverändert zu lassen und beispielsweise keine Entitäten zu verarbeiten. Die etwas ungewöhnliche Form der Anweisung ist ein Überbleibsel des SGML-Ursprungs von HTML und XHTML und soll Sie nicht weiter kümmern. Die Klammerung müssen Sie exakt wie angegeben verwenden.

15.4   Kompatible XHTML-Dokumente

HTML wird nicht so schnell durch XHTML abgelöst werden. Mit dem Aufkommen der ersten XHTML-fähigen Browser wird sich aber die Frage stellen, wie man Dokumente so erzeugen kann, dass sie auf jeden Fall dargestellt werden können. Der aktuelle Entwurf für XHTML gibt dafür einige Empfehlungen:

❑ Fügen Sie ein Leerzeichen vor den abschließenden Schrägstrich bei abgekürzten Tags ein, also beispielsweise `<br />`. Ein HTML-Browser hält den Schrägstrich dann für ein zusätzliches Attribut und ignoriert ihn.

❑ Verwenden Sie die abgekürzte Tag-Form, wenn die Markierung nicht vorsieht, dass sie Inhalt umschließt, also `<br />` statt `<br></br>`. `<p>` soll durchaus Text und weitere Elemente enthalten, also ist für einen leeren Absatz hier trotzdem `<p></p>` zu bevorzugen.

❑ Vermeiden Sie in Attributwerten überflüssige Leerzeichen und Zeilenumbrüche.

❏ Das `lang`-Attribut in HTML wird in XHTML mit einem zweiten ergänzt, nämlich `xml:lang`. Sie sollten für kompatible Dokumente beide Attribute verwenden – wobei `lang` natürlich kleingeschrieben wird.

❏ In HTML verweisen URL-Fragmente wie `#Sehensw` in der URL `http://info.berlin.de/index.html#Sehensw` auf einen Zielanker. Dieser würde – beispielsweise beim `<a>`-Tag – mit dem `NAME`-Attribut definiert, also `<a name="Sehensw">`. Die ist in XHTML anders: Der Verweis bezieht sich auf das Element, dessen `id`-Attribut für das Beispiel den Wert `"Sehensw"` aufwies, also etwa `<table id="Sehensw">`. Um Dokumente kompatibel zu halten, sollten Sie also sowohl `name` als auch `id` mit gleichem Wert verwenden, um einen Zielanker zu definieren: `<table id="Sehensw" name="Sehensw">`.

Daneben müssen Sie natürlich beachten, dass Sie *alle* Tag- und Attributnamen kleinschreiben müssen, um gleiche Ergebnisse zu erzielen.

Aufgabe 15–1: Bitte schreiben Sie dieses HTML-Fragment so um, dass es auch unter XHTML korrekt ist:

```
<P align=center>Das <I>W3 Konsortium</u> sagt
zu XHTML:
<hr>
<Q Lang="en">HTML 4 was re-cast in XML and the
resulting XHTML 1.0 became a W3C Recommendation
in January 2000.</Q>
<HR NOSHADE>
```

Das W3C bietet selber ein kleines Tool namens HTML Tidy an, das solche Eigenschaften automatisch überprüft und Ihnen eine »saubere« Version Ihres HTML-Dokuments liefert, das XHTML-kompatibel ist. Sie finden das Tool unter *http://www.w3.org/People/Raggett/tidy*.

HTML Tidy

XHTML erlaubt mit bestimmten Techniken eine modularisierte Beschreibung der Auszeichnungsprache. Die so entstehenden Module lassen sich zu neuen Auszeichnungssprachen zusammensetzen, beispielsweise um eine Untermenge von XHTML, die keine Framesets kennt für Geräte mit sehr kleinen Displays zu schaffen. Das folgende Kapitel gibt Ihnen einen Überblick zu dieser Entwicklung.

15.5   Antwort zu der Aufgabe

Aufgabe 15–1:

Es gibt einige Änderungen:

```
<p align="center">Das <i>W3 Konsortium</i> sagt
zu XHTML:
<hr />
<q lang="en" xml:lang="en">HTML 4 was re-cast in
XML and the resulting XHTML 1.0 became a W3C
Recommendation in January 2000.</q>
<hr noshade="noshade" />
```

Sie umfassen: Kleinschreibung von Elementnamen (`<p>`, `<i>`, `<q>`, `</q>`, `<hr>`), Einklammerung von Attributwerten mit Anführungszeichen (`center` bei `<p>`), korrekte Elementschachtelung (`<i>` wurde von `</u>` beendet), Kurzform bei leeren Tags (`<hr/>`), Kleinschreibung von Attributnamen (`lang` bei `<q>`, `noshade` bei `<q>`), Verwendung von `xml:lang` (bei `<q>`) und Angabe eines Wertes bei sonst leeren Attributen (`noshade`). Schließlich ist auch noch ein Leerzeichen am Ende von `<hr />` eingefügt, so dass das Dokument nach wie vor mit HTML 4 verträglich ist.

16 Modularisierung und Varianten von XHTML

In diesem Kapitel lernen Sie,

❏ was man unter der Modularisierung von XHTML versteht,

❏ was XHTML 1.1 ist und

❏ was XHTML Basic ist.

Eine der Hauptproblematiken der HTML-Entwicklung besteht darin, dass es praktisch unmöglich ist, für alle Anwendungsanforderungen die jeweils notwendigen Tags in die Auszeichnungssprache einzuführen. Die Entwicklung von XML erlaubt es, anwendungsspezifische Auszeichnungssprachen zu definieren. Gleichzeitig existiert mit XHTML eine recht allgemeine und weit verbreitete Auszeichnungssprache weiter. Für einfache Anwendungen kann es nun sein, dass man mit der Tag-Menge von XHTML durchaus zufrieden ist und keine eigene XML-Sprache definieren will.

Eventuell ergibt sich sogar die Situation, dass XHTML *zu viele* Elemente bereitstellt und man sich gerne auf eine Untermenge von XHTML beschränken möchte. Mit *Modularized XHTML* steht ein Konzept zur Verfügung, das XHTML in Untermengen aufteilt und deren (fast) freie Kombination zu XHTML-Varianten ermöglicht.

16.1 XHTML-Module

Zur Bildung von Untermengen von XHTML müssen zunächst die Bausteine dafür bereitgestellt werden. Der Standard zur XHTML-Modularisierung ([6]) leistet dies, indem er eine Reihe von *Modulen* auflistet. Jedes dieser Module umfasst bestimmte zusammengehörige Tags und deren Attribute. Für eine XHTML-Variante werden Module ausgewählt und entsprechend zusammengefügt. Am Ende steht eine XML-DTD für die XHTML-Variante.

Die folgende Auflistung zeigt die Module mitsamt den jeweils definierten Tags. Das hochgestellte Sternchen (*) besagt in der folgenden Auflistung, dass ein Modul zu einem andersweitig definierten Tag weitere Attribute hinzufügt.

❏ *Structure Module*: Umfasst die grundlegenden Elemente, die die Struktur eines XHTML-Dokuments beschreiben. Jede XHTML-Variante muss zumindest dieses Modul einschließen.
Enthaltene Tags:
`<body>`, `<head>`, `<html>`, `<title>`

❏ *Text Module*: Enthält die Tags mit denen die Struktur von Text markiert und laufender Text logisch ausgezeichnet wird.
Enthaltene Tags:
Überschriften: `<h1>`, `<h2>`, `<h3>`, `<h4>`, `<h5>`, `<h6>`
Textblöcke: `<address>`, `<blockquote>`, `<div>`, `<p>`, `<pre>`
Laufender Text: `<abbr>`, `<acronym>`, `<br>`, `<cite>`, `<code>`, `<dfn>`, `<em>`, `<kbd>`, `<q>`, `<samp>`, `<span>`, `<strong>`, `<var>`

❏ *Hypertext Module*: Element für Hyperlinks.
Enthaltene Tags:
`<a>`

❏ *List Module*: Beinhaltet die Elemente zur Auszeichnung von Listenstrukturen
Enthaltene Tags:
`<dl>`, `<dt>`, `<dd>`, `<ol>`, `<ul>`, `<li>`

❏ *Presentation Module*: Tags zur visuellen Markierung.
Enthaltene Tags:
`<b>`, `<i>`, `<tt>`, `<big>`, `<small>`, `<sub>`, `<sup>`, `<hr>`

❏ *Edit Module*: Elemente, mit denen Änderungen in Dokumenten markiert werden können.
Enthaltene Tags:
`<del>`, `<ins>`

❏ *Bi-directional Text Module*: Schrift in zwei Richtungen.
Enthaltene Tags:
`<bdo>`

❏ *Basic Forms Module*: Tags für einfache Eingabeformulare.
Enthaltene Tags:
`<form>`, `<input>`, `<label>`, `<select>`, `<textarea>`

❏ *Forms Module*: Formulare wie in HTML 4.
Enthaltene Tags:
`<form>`, `<input>`, `<label>`, `<select>`, `<textarea>`, `<fieldset>`, `<button>`, `<legend>`

❏ *Basic Tables Module*: Einfache Tabellen.
Enthaltene Tags:
`<table>`, `<caption>`, `<td>`, `<th>`, `<tr>`

❏ *Tables Module*: Strukturierte Tabellen wie in HTML 4.
   Enthaltene Tags:
   `<table>`, `<caption>`, `<td>`, `<th>`, `<tr>`, `<col>`,
   `<colgroup>`, `<tbody>`, `<thead>`, `<tfoot>`
❏ *Image Module*: Tag für Abbildungen.
   Enthaltene Tags:
   `<img>`
❏ *Object Module*: Eingebettete Objekte.
   Enthaltene Tags:
   `<object>`, `<param>`
❏ *Client-side Imagemap Module*: Browserseitige Imagemaps.
   Hinzugefügt werden die Attribute `coords`, `shape` und `usemap`.
   Enthaltene Tags:
   `<a>`*, `<area>`, `<img>`*, `<input>`*, `<map>`, `<object>`*
❏ *Server-side Imagemap Module*: Serverseitige Imagemaps. Das
   Attribut `ismap` wird den Tags hinzugefügt.
   Enthaltene Tags:
   `<img>`*, `<input>`*
❏ *Frames Module*: Framesets und Frames.
   Enthaltene Tags:
   `<frameset>`, `<frame>`, `<noframes>`
❏ *Target Module*: Rahmen als Ziele für Inhaltsdarstellung. Für die
   Tags wird zusätzlich das Attribut `target` definiert.
   Enthaltene Tags:
   `<a>`*, `<area>`*, `<base>`*, `<link>`*, `<form>`*
❏ *Iframe Module*: Eingebettete Rahmen.
   Enthaltene Tags:
   `<iframe>`
❏ *Intrinsic Events Module*: Ereignisse. Hinzugefügte Attribute sind
   `onblur`, `onfocus`, `onload`, `onunload`, `onreset`, `onsubmit`,
   `onchange`, `onselect`.
   Enthaltene Tags:
   `<a>`*, `<area>`*, `<frameset>`*, `<form>`*, `<body>`*, `<label>`*,
   `<input>`*, `<select>`*, `<textarea>`*, `<button>`*
❏ *Metainformation Module*: Markierung von Metainformationen.
   Enthaltene Tags:
   `<meta>`
❏ *Link Module*: Auszeichnung von Metaverweisen.
   Enthaltene Tags:
   `<link>`
❏ *Base Module*: Beschreibung der Basis-URL für das Dokument.
   Enthaltene Tags:
   `<base>`

❏ *Scripting Module*: Skripte.
Enthaltene Tags:
`<noscript>`, `<script>`

❏ *Stylesheet Module*: Formatvorlagen. Neben dem Tag wird für alle Elemente das `style`-Attribut zusätzlich definiert.
Enthaltene Tags:
`<style>`

❏ *Legacy Module*: Überkommene Elemente. Die hinzugefügten Attrbute sind `alink`, `background`, `bgcolor`, `link`, `text`, `vlink`, `clear`, `align`, `size`, `width`, `height`, `border`, `hspace`, `vspace`, `type`, `start`, `value`, `language`, `compact`, `nowrap`, `noshade`. Alle diese Attribute legen Eigenschaften fest, die mit Stylesheets zu definieren sind.
Enthaltene Tags:
`<basefont>`, `<font>`, `<center>`, `<menu>`, `<dir>`, `<isindex>`, `<s>`, `<strike>`, `<u>`, `<body>`*, `<br>`*, `<caption>`*, `<div>`*, `<dl>`*, `<h1>`*, `<h2>`*, `<h1>`*, `<h3>`*, `<h4>`*, `<h5>`*, `<h6>`*, `<hr>`*, `<img>`*, `<input>`*, `<legend>`*, `<li>`*, `<ol>`*, `<p>`*, `<pre>`*, `<script>`*, `<table>`*, `<tr>`*

Die aufgelisteten Module zusammen ergeben genau XHTML mit dem Element- und Attributumfang der Version 1.0. Damit die XHTML-Modularisierung konsistent ist, wurde es notwendig, XHTML 1.0 unter Verwendung dieser Module neu zu beschreiben. Daraus entsteht XHTML 1.1 ([7]), das keine funktionale Änderungen mit sich bringt, sondern lediglich anders spezifiziert ist. XHTML 1.1 besteht dementsprechend aus allen definierten Modulen.

16.2   XHTML Basic

Kleingeräte   Für besonders kleine und eingeschränkte Geräte ist XHTML zu komplex, um dargestellt zu werden. Denken Sie an Handys, bei denen sicherlich nicht die kompletten Möglichkeiten von Stylesheets genutzt werden können. Oder einfache PDAs, deren Prozessorleistung zu gering zur Ausführung von Skripten ist.

Die erste Nutzung der XHTML-Modularisierung ist *XHTML Basic* ([5]), das zur Anwendung bei Geräten mit – gegenüber einem Desktop-PC – eingeschränkten Fähigkeiten entworfen ist. XHTML Basic umfasst die folgenden Module:

❏ *Structure Module*: `<body>`, `<head>`, `<html>`, `<title>`

❏ *Text Module*: `<abbr>`, `<acronym>`, `<address>`, `<blockquote>`, `<br>`, `<cite>`, `<code>`, `<dfn>`, `<div>`, `<em>`, `<h1>`, `<h2>`, `<h3>`, `<h4>`, `<h5>`, `<h6>`, `<kbd>`, `<p>`, `<pre>`, `<q>`, `<samp>`, `<span>`, `<strong>`, `<var>`

❏ *Hypertext Module*: `<a>`
❏ *List Module*: `<dl>`, `<dt>`, `<dd>`, `<ol>`, `<ul>`, `<li>`
❏ *Basic Forms Module*: `<form>`, `<input>`, `<label>`, `<select>`,
   `<option>`, `<textarea>`
❏ *Basic Tables Module*: `<caption>`, `<table>`, `<td>`, `<th>`, `<tr>`
❏ *Image Module*: `<img>`
❏ *Object Module*: `<object>`, `<param>`
❏ *Metainformation Module*: `<meta>`
❏ *Link Module*: `<link>`
❏ *Base Module*: `<base>`

XHTML Basic ist auch für Handys geeignet. Dort existiert aber schon
mit WML ([13]) eine eigene XML-Sprache. Es deutet sich an, dass
XHTML Basic in der nächsten Generation der Standards für Informa-
tionszugang mit Handys neben WML akzeptiert wird.

17 Das Hypertext-Transfer-Protokoll HTTP

In diesem Kapitel lernen Sie,

- ❏ wie das HTTP-Protokoll arbeitet,
- ❏ welche Informationen bei der Anfrage mitgeschickt werden,
- ❏ welche Antworten und Fehlerinformationen der Server schicken kann und
- ❏ wie Sie mit den Push- und Pull-Mechanismen Seiteninhalte automatisch im Browser erneuern können.

Das Web ist ein verteiltes System, in dem Server, Clients und viele andere Programme miteinander kommunizieren. Dazu verwenden sie das Hypertext-Transfer-Protokoll HTTP, das in den Versionen 1.0 und 1.1 in den Internet-RFCs 1945 und 2616 festgelegt ist ([1, 8]). Es gibt eine Reihe weiterer Entwicklungen zu HTTP, die Sie unter *http://ftp.ics.uci.edu/pub/ietf/http* zusammengefasst finden.

Hypertext Transfer Protocol

Normalerweise wird man als Web-Nutzer die im HTTP festgelegten Abläufe nicht mitbekommen. Wenn Sie normale Webseiten erstellen wollen, werden Sie das Wissen um HTTP nicht unbedingt brauchen. Sie können dieses Kapitel daher überspringen und bei Gelegenheit und Interesse darauf zurückkommen.

Falls Sie die von Ihnen gestalteten Seiten in technischer Hinsicht optimieren wollen, können Sie mit dem `<meta>`-Tag über das Attribut `http-equiv` (siehe Abschnitt 3.4.2 auf Seite 25) Einfluss auf die Übertragung der HTTP-Mitteilungen nehmen. Ebenfalls wichtig ist die Kenntnis von HTTP bei der Programmierung von CGI-Skripten für dynamische Dokumente (siehe Kapitel 18 auf Seite 225), da dabei Ausgaben entsprechend HTTP erzeugt werden müssen. In diesen beiden Fällen sollten Sie den Inhalt dieses Kapitels kennen.

Das HTTP legt das Format, den Inhalt von Mitteilungen zwischen Client und Server sowie deren Abfolge fest. Alle Mitteilungen werden

Client-Server-Kommunikation

zeilenweise als ASCII-Zeichenketten ausgetauscht, wodurch HTTP unabhängig von maschinenspezifischen Darstellungen von Zahlen ist.

Request und Response

Der Ablauf einer Kommunikation zwischen Client und Server ist immer derselbe: Der Browser schickt eine *Request*-Mitteilung (für »Anforderung«) an den Server, die dieser mit einer *Response*-Mitteilung (für »Antwort«) beantwortet. HTTP legt den Aufbau und die Bedeutung dieser Mitteilungen fest.

Header und Inhalt

Alle HTTP-Mitteilungen bestehen aus einer Reihe von beschreibenden Informationen und, durch eine Leerzeile davon getrennt, einem Inhalt. Die beschreibenden Informationen liegen in einem so genannten »Header« vor und geben Auskunft über die Mitteilung, über die Art der Anforderung bzw. der Antwort sowie über den Inhalt selber. Die Header sind jeweils einzelne Zeilen der Form

```
Headername: Headerwert
```

Abbildung 17.1 zeigt schematisch den Aufbau von Request- und Response-Mitteilungen. Die jeweiligen Beschreibungen sind durch Header-Zeilen realisiert. Sie müssen keiner besonderen Ordnung folgen und sind in der Abbildung nur aus Darstellungsgründen gegliedert.

Abbildung 17.1
Aufbau von
HTTP-Mitteilungen

Request-Mitteilung	Response-Mitteilung
Request-Art	Status
Mitteilungsbeschreibung durch allgemeine Header	Mitteilungsbeschreibung durch allgemeine Header
Anforderungsbeschreibung durch Request-Header	Antwortbeschreibung durch Respone-Header
Inhaltsbeschreibung durch Inhalts-Header	Inhaltsbeschreibung durch Inhalts-Header
Leerzeile	Leerzeile
Inhalt	Inhalt

In den folgenden Abschnitten gehen wir genauer auf die in HTTP definierten Header ein.

17.1 Allgemeine Header

Die allgemeinen Header-Felder beschreiben die Mitteilung selber und können sowohl in Anforderungen und Antworten vorkommen. Momentan sind die folgenden Header definiert:

```
Date: Datum
```

Datum und Uhrzeit

Der Wert von Date: enthält Datum und Uhrzeit des Abschickens der

Mitteilung. In HTTP sind drei Formate für die Darstellung eines Datums vorgesehen ([9], [4]):

Format	Beispiel
RFC 822/1123	`Sat, 03 Jun 1995 09:12:50 GMT`
RFC 850/1036	`Saturday, 03-Jun-95 09:12:50 GMT`
ANSI-C	`Sat Jun 3 09:12:50 1995`

Dabei sind alle Uhrzeiten immer an der Greenwich Mean Time GMT gemessen und müssen entsprechend aus der lokalen Zeit errechnet werden.

Das Vorhandensein dreier unterschiedlicher Formate hat historische Gründe. Alle Programme, die HTTP verwenden, müssen in der Lage sein, alle drei zu verarbeiten. Steng genommen sollen nur noch Datumsangaben nach dem Internet-RFC 1123 erzeugt werden. Für jedes Datum verwendet dieses Format gleich lange Zeichenketten und ich daher einfach zu verarbeiten. Die Wochentagskürzel dabei lauten, beginnend mit Montag, `Mon`, `Tue`, `Wed`, `Thu`, `Fri`, `Sat` und `Sun`. Die Monatskürzel lauten, beginnend mit Januar, `Jan`, `Feb`, `Mar`, `Apr`, `May`, `Jun`, `Jul`, `Aug`, `Sep`, `Oct`, `Nov` und `Dec`.

`Message-ID: <ID>`

Eine Mitteilung kann mit einer eindeutigen Identifizierung versehen werden, die durch den Absender im Header `Message-ID:` vermerkt ist. Üblicherweise kann die weltweite Eindeutigkeit erreicht werden, indem man zunächst eine rechnerweit eindeutige Identifikation – z.B. durch einen Zähler und eine Prozess- oder Nutzernummer – erzeugt und dann den Rechnernamen mit einem @ getrennt anhängt.

Eindeutige Identifizierung

`MIME-Version: x.y`

besagt, dass der Inhalt nach dem MIME-Standard ([2, 16]) in der Version *x.y* zusammengesetzt wurde. HTTP hält sich nicht genau an MIME, basiert aber darauf. Standardwert ist MIME 1.0.

MIME-Standard

`Forwarded: by URL (Produkt) for Host`

Auf dem Weg zwischen Server und Browser können weitere Programme zwischengeschaltet sein, z.B. ein Proxy. Wenn der Browser eine Seite holen will, wendet er sich nicht an den eigentlichen Server, der in der URL angegeben ist, sondern an ein solches Proxy-Programm.

Dessen Hauptzweck ist folgender: Ein Proxy kann Seiten zwischenspeichern und für weitere Zugriffe bereithalten. Einrichtungen mit sehr vielen Benutzern verwenden einen solchen »Cache«, um damit die Zugriffszeiten erheblich zu beschleunigen, weil durch die Zwischenspeicherung die Anzahl der Zugriffe über das Internet kleiner wird.

Weitere Programme zwischen Client und Server

Wenn zwischen Clients und Server eine Mitteilung von weiteren Programmen wie Proxies weitergereicht wird, soll diese Weitergabe jeweils durch den Header `Forwarded:` dokumentiert werden. Dabei identifiziert sich ein Proxy durch seine URL und eventuell eine Angabe, um welches Programm es sich handelt (*Produkt*). Er kann zusätzlich vermerken, von welchem Rechner die Mitteilung an den Proxy gesendet wurde (*Host*). Damit lässt sich der Transportweg der Mitteilung nachvollziehen.

`X-...`

Weitere Header   Zusätzliche, nicht standardisierte Header können jederzeit eingestreut werden. Sie müssen allerdings mit den Zeichen `X-` beginnen.

Die dargestellten Header können bei allen Mitteilungen, egal ob Anforderung oder Antwort, auftreten. In den folgenden Abschnitten stellen wir die besonderen Header vor, die jeweils einem Mitteilungstyp zugeordnet sind.

17.2 Request-Mitteilungen

Alle Anforderungsmitteilungen werden von einer Zeile eingeleitet, in der steht, welche Methode auf welcher Seite ausgeführt werden soll und welche Version des HTTP der Client »spricht«.

Methode URL `HTTP/`*x.y*

HTTP-Version   Die Angaben zur HTTP-Version bestehen immer aus der Nummer der Haupt- und der Unterversion. Die erste, weiter verbreitete HTTP-Definition legte das Protokoll in der Version `0.9` fest – heute bezeichnet `1.1` die aktuellste Version.

Der Kern des Zusammenspiels von Client und Server bilden die HTTP-Methoden. In HTTP 1.0 wurden die fünf Kernmethoden von HTTP definiert, deren Parameter die angegebene URL ist:

❑ `GET`
   Der Server gibt die durch die *URL* identifizierte Seite zurück oder startet ein dadurch bezeichnetes CGI-Skript und liefert dessen Ausgabe als Ergebnis der Methode.
   Eine Variante der `GET`-Methode wird ausgeführt, falls der Header `If-Modified-Since:` (beschrieben auf Seite 214) in der Anforderungsmitteilung vorhanden ist. In diesem Fall versendet der Server eine Seite nur dann, wenn sie nach dem in dem Header-Feld angegebenen Datum verändert wurde. Ansonsten liefert er den Statuscode 304 (beschrieben auf Seite 217) zurück.

❏ HEAD

Mit HEAD fordert ein Client nicht den Inhalt der Seite *URL* an, sondern nur die Antwort-Header. Man kann damit Informationen über eine Seite einholen, ohne den Inhalt übermitteln zu müssen.

❏ PUT

Das Gegenteil von GET: Der mit der Anforderungsmitteilung geschickte Inhalt soll unter der *URL* abgespeichert werden. Ersetzt der Inhalt eine schon vorhandene Seite, ist der zurückgelieferte Statuscode 200 (beschrieben auf Seite 215), ist die *URL* neu, erhält man als Antwort 201 (siehe Seite 216).

Falls der Server den Inhalt nicht unter der angegebenen URL abspeichern kann, antwortet er mit 301 (siehe Seite 216) und der Client muss eine andere URL wählen und PUT erneut ausführen lassen.

❏ POST

POST erzeugt keine neue Seite wie PUT, sondern soll das Hinzufügen von Informationen zu der durch die *URL* bezeichneten Information bewirken. Die Methode findet ihre hauptsächliche Anwendung beim Aufruf von Skripten (siehe Kapitel 18 auf Seite 225), bei denen Informationen aus einem Formular dem Skript »hinzugefügt« werden. Das genaue Verhalten der Methode POST ist nicht im Standard festgelegt und hängt davon ab, welche Informationseinheit in der URL bezeichnet ist. Möglich wäre beispielsweise das Veröffentlichen eines Artikels in einer News-Gruppe mit

```
POST news:comp.lang.perl
```
Wenn Sie nicht selber einen Server oder Client programmieren wollen, reicht die Kenntnis über die Verwendung von POST im Zusammenhang mit CGI-Skripten aus.

Als Antwortcodes können sich bei POST 200 oder 204 (siehe Seite 216) ergeben. Hat die Methode zu der Erzeugung einer neuen Seite geführt, antwortet der Server mit 201 (siehe Seite 216) und deren URL in einem Antwort-Header.

❏ DELETE

Die mit *URL* bezeichnete Seite wird vom Server gelöscht. Er antwortet mit Statuscode 200 (beschrieben auf Seite 215), falls die Antwort weitere Informationen enthält, 204 (siehe Seite 216), falls nicht, und 202 (siehe Seite 216), falls der Server das Löschen erst später ausführen wird.

17.3   Request-Header

Bei Requests des Clients an den Server kann er in zusätzlichen Header-Zeilen weitere Informationen zu der Anfrage senden. Sie werden wie die allgemeinen Mitteilungs-Header in der Notation `Headername: Headerwert` zeilenweise geschickt.

Die folgenden Request-Header sind in HTTP 1.0 vorgesehen.

```
Accept: Medienart/Variante; q=Qualität;
mxb=Maximale Größe
```

Akzeptierte Medienarten einschränken

Clients können angeben, welche Art von Inhalt sie als Antwort akzeptieren. Dies geschieht mit dem Wert des Headers `Accept:`. In ihm steht ein MIME-Medientyp, eventuell angereichert durch eine Qualitätsangabe in q und eine maximale Größe für den Antwortinhalt in `mxb`.

Angaben zu mehreren, unterschiedlichen Festlegungen für verschiedene Medienarten werden durch ein Komma getrennt. Das folgende Beispiel teilt dem Server mit, dass er als Antwort nur PostScript-Files schicken soll, die kleiner als 200 000 Bytes sind:

```
Accept: text/postscript; mxb=200000
```

Meistens machen solche Einschränkungen aber keinen Sinn, da praktisch alle Browser jegliche Medienart empfangen und dann notfalls abspeichern können. Dementsprechend ist der Standardwert für die akzeptablen Medientypen `*/*`. Wenn Sie mit diesem Header kompliziertere Einstellungen vornehmen wollen, müssen Sie sich zunächst mit den Details von MIME auseinander setzen.

```
Accept-Charset: Zeichensatz
```

Akzeptierte Zeichensätze einschränken

Ein Browser kann mit `Accept-Charset:` dem Server mitteilen, dass er nur Seiten akzeptiert, die Zeichen aus bestimmten Zeichensätzen enthalten. Die Tabelle in Abbildung 17.2 listet mögliche Werte für dieses Header-Feld:

Abbildung 17.2
Werte für
`Accept-Charset:`

```
US-ASCII

ISO-8859-1    ISO-8859-2        ISO-8859-3

ISO-8859-4    ISO-8859-5        ISO-8859-6

ISO-8859-7    ISO-8859-8        ISO-8859-9

ISO-2022-JP   ISO-2022-JP-2     ISO-2022-KR

UNICODE-1-1   UNICODE-1-1-UTF-7 UNICODE-1-1-UTF-8
```

Dabei sind `US-ASCII` und `ISO-8859-1` die Standardwerte, die jeder Browser akzeptiert und die nicht extra in der `Accept-Charset:`-

Zeile angeführt werden. Die verschiedenen ISO-8859-Varianten bezeichnen Zeichensätze, die regionale Besonderheiten außerhalb Westeuropas berücksichtigen. UNICODE ist ein zunehmend an Bedeutung gewinnender internationaler Standard für die Kodierung besonders großer Zeichenmengen mit 16-Bit-Zeichen.

```
Accept-Encoding: Kodierung
```

Der Client kann mit `Accept-Encoding:` dem Server mitteilen, dass er bestimmte Kodierungen des Inhalts verarbeiten kann. Dabei unterscheidet man zwischen der Kodierung des Inhalts und einer Kodierung, die für seinen Transfer verwendet wird. Definierte Werte finden Sie in Abbildung 17.3 aufgelistet.

Kodierung und Komprimierung

Inhaltskodierung	
Binäre Daten	`binary`
8-Bit-Daten	`8bit`
7-Bit-Daten	`7bit`
`uuencode`-kodiert	`quoted-printable`
`base64`-kodiert	`base64`
Transferkodierung	
`gzip`-komprimiert	`gzip`
`compress`-komprimiert	`compress`

*Abbildung 17.3
Kodierungsmechanismen
in HTTP*

Bei binären Daten findet keinerlei Kodierung statt. Für 8-Bit-Daten – die zeilenweise verschickt werden – gelten dabei die Einschränkungen, dass darin weder die Zeichenfolge CR/LF für das Zeilenende noch das Null-Zeichen vorkommt und dass die Zeilen nicht länger als 1 000 Zeichen sind. Bei 7-Bit-Daten dürfen in den Zeilen nur Zeichen aus dem 7-Bit-ASCII-Zeichensatz vorkommen. `uuencode` und `base64` sind Inhaltsdarstellungen, bei denen binäre Daten in eine ASCII-Darstellung gewandelt werden.

Zur Übertragung kann der Inhalt komprimiert werden. Dafür werden in HTTP die Packprogramme `compress` und `gzip` unterstützt. Kann ein Browser beispielsweise `gzip`-Komprimierung unterstützen, schickt er einen Header `Accept-Encoding: gzip`.

```
Accept-Language: Sprachkürzel
```

Dieser Header ist vorgesehen, um bestimmte Versionen einer Seite, die in mehreren Sprachen vorliegt, anzufordern. Der Wert des Header-Felds ist ein Sprachkürzel. Sei als Beispiel die Zeile

Sprachversionen

```
Accept-Language: de, en
```

in der Request-Mitteilung enthalten, dann soll der Server eine deutschsprachige Version der Seite bevorzugt senden; falls diese nicht vorhanden ist, soll er eine englischsprachige Seite schicken. Momentan sind
erst wenige Server verfügbar, die einen solchen Mechanismus beherrschen. Ein erster Ansatz, ein solches Schema mit HTML zu verwirklichen, ist mit dem `lang`-Attribut des Tags `<body>` vorgesehen.

```
If-Modified-Since: Datum
```

Nur aktualisierte
Seiten

Wie auf Seite 210 beschrieben, gibt es eine Variante der `GET`-Methode,
die auf `If-Modified-Since:` beruht. Nur, falls eine Seite nach dem
angegebenen `Datum` verändert wurde, liefert der Server deren Inhalt an
den Client zurück.

```
From: Absender
```

E-Mail-Adresse des
Nutzers

enthält die E-Mail-Adresse der Person, die für den anfordernden Browser zuständig ist. Ein Beispiel wäre die Zeile

```
From: user@foo.bar
```

Nach dem HTTP-Entwurf wird empfohlen, dass `From:` nicht ohne die
Zustimmung des Benutzers gesendet wird, da Anforderungen eigentlich
anonym ablaufen. Es kann aber sinnvoll sein, diesen Header zu verwenden, falls z.B. anstelle eines Browsers ein automatischer Roboter
die Anforderung schickt, damit in Fehlersituationen eine reale Person
per E-Mail angesprochen werden kann.

```
User-Agent: Produkt/Version
```

Informationen über
den Browser

Mit diesem Header kann der Browser Auskunft über sich selber geben.
Der Wert besteht aus einem Produktnamen, gefolgt von einer Identifikation einer bestimmten Version. Greift man beispielsweise mit Netscape
auf einen Server zu, wird als Produktname `Mozilla` mit `User-Agent:`
verschickt (Netscape hieß anfangs Mozilla). Verwendet man Netscape
unter X Window 11 auf einer SUN mit dem Betriebssystem Solaris 2.4
und einem Micro- oder SuperSparc Prozessor, so wird die Browserversion wie folgt vermerkt:

```
User-Agent: Mozilla/1.1N (X11; I; SunOS 5.4 sun4m)
```

An den Wert von `User-Agent:` können auch weitere Informationen angehängt werden. Falls besagter Netscape einen Proxy-Server auf
CERN-Basis verwendet, kann beispielsweise folgende Information erzeugt werden (die Zeile ist hier wegen der Seitenbreite umbrochen worden):

```
User-Agent: Mozilla/1.1N (X11; I; SunOS 5.4 sun4m)
   via proxy gateway  CERNb-HTTPD/3.0 libwww/2.17
```

`Referer: URL`

Im Web ist es nicht möglich, ohne weiteres herauszufinden, auf welchen *Vorherige Seite* Seiten sich ein bestimmter Link befindet. Wenn man einem Link folgt, weiß der Server, der die neue Seite liefert, nicht, auf welcher Seite man vorher war. Diese Information wäre aber durchaus sinnvoll zu verwenden, beispielsweise um Statistiken zu führen oder um zu vermerken, auf welchen anderen Seiten eine URL referenziert wird.

Der Client kann den Server unterstützen, indem er den Header `Referer:` mitschickt, der die URL der vorherigen Seite enthält. Leider können sich die Server nicht darauf verlassen, dass sich alle Clients so verhalten, so dass eine Auswertung dieses Headers immer nur eingeschränkte Informationen liefern kann.

`Authorization: ??`

Wenn eine Seite mit Passwort geschützt ist, beantwortet der Server eine Anforderung zunächst mit der Nachfrage nach einer Autorisierung. *Passwort* Der Client erfragt dann das Passwort beim Benutzer und schickt die Anforderung erneut ab, wobei er das Passwort aber zusätzlich in den `Authorization:`-Header packt. Je nach Implementierung kann er es auch automatisch bei nachfolgenden Anfragen beim gleichen Server für Dateien im selben Directory schicken.

`Pragma: no-cache`

Wenn eine Antwort durch verschiedene Proxies übermittelt wird, können *Proxies* durch den Header `Pragma:` Hinweise gegeben werden, wie sie mit der Mitteilung umgehen. HTTP 1.0 definiert nur den Wert `no-cache`, der besagt, dass ein Proxy den Inhalt nicht in seinen Cache kopieren soll.

Eine Request-Mitteilung mit den entsprechenden Headern bewirkt beim Server die Ausführung der angeforderten Methode. Er antwortet mit einer Mitteilung gleicher Struktur, aber mit anderen Headern.

17.4 Response-Mitteilungen

Die Antwort des Servers an den Client besteht aus einem Statuscode, ei- *Statuscode* ner Reihe zusätzlicher Header über die Antwort und Header zum Inhalt der Antwort.

Die Statuscodes ab 200 geben an, dass die Methode erfolgreich aus- *Erfolgreiche* geführt wurde. Die einzelnen Codes sind: *Ausführung*

❏ 200 – OK
Die von Client angeforderte Methode wurde erfolgreich ausgeführt und eine gültige Antwort befindet sich im Rest der Response-Mitteilung.

❏ 201 – Created
Zusätzlicher Antwort-Header: URI.
Die Methoden PUT und POST können zum Erzeugen neuer Seiten beim Server führen. Die Meldung bestätigt die Erzeugung. Zusätzlich wird mit dem Header URI: die URL der neuen Seite zurückgeliefert.

❏ 202 – Accepted
Werden Methoden nicht sofort vom Server ausgeführt, sichert er mit diesem Status die spätere Ausführung zu.

❏ 203 – Provisional Information
Nur bei Methoden GET, HEAD.
Falls die Methoden GET oder HEAD von einem Proxy ausgeführt werden, kann er Zusatzinformationen in den Headern vermerken. Dass es sich nicht um die Originalversion der Header handelt, sagt dabei diese Meldung aus. Ein Beispiel für einen von einem Proxy erweiterten Header finden Sie auf Seite 214, bei der ein Proxy seine Identifikation an den Header User-Agent: hängt.

❏ 204 – No Content
Die angeforderte Methode wurde erfolgreich ausgeführt. Es gibt aber keine Antwort im Rest der Response-Mitteilung, so dass der Browser die aktuelle Darstellung nicht zu ändern braucht. Der Code kann als Ergebnis von Methoden geliefert werden, die keinen eigentlichen Inhalt anfordern.

Client muss nacharbeiten
Ab Codenummer 300 folgen Statusmeldungen, aufgrund derer weitere Aktivitäten des Clients nötig sind, um die Methode doch noch erfolgreich abzuschließen:

❏ 300 – Multiple Choices
Der Server kann die angeforderte Information aus unterschiedlichen Dateien lesen. Grund kann sein, dass mit dem Header Accept: verschiedene Medientypen möglich sind, aus den Qualitäts- und Längenangaben aber keine eindeutige Wahl getroffen werden kann. Der Client muss aus einer mitgeschickten Liste möglicher Dateien selber eine auswählen.

❏ 301 – Moved Permanently
Zusätzliche Antwort-Header: URI, Location.
Die angeforderte Seite wurde an einen anderen Ort verschoben. Die neue URL ist in URI: und Location: vermerkt. Der Browser kann daraufhin automatisch eine neue Anforderung mit der neuen URL durchführen und eventuell sogar den Link, auf den geklickt wurde, ändern.

✗ Falls Sie Ihre Hypertextseiten verändern, bietet es sich an, eine Seite zu hinterlassen, die mit dem Tag <meta> und dem Attribut http-equiv den neuen Ort mitteilt:

```
<html><head><title>Moved!</title>
<meta http-equiv="URI" content="Neue URL">
<meta http-equiv="Location" content="Neue URL">
</head><body>Diese Seite ist umgezogen nach
<a href="Neue URL">Neue URL</a>
</body></html>
```

❏ 302 – Moved Temporarily
Zusätzliche Antwort-Header: URI, Location.
Die angeforderte Seite ist nur zeitweise an anderer Stelle zu finden. Der Client sollte nicht versuchen, Links zu ändern.

❏ 304 – Not Modified
Nur bei Methode GET.
Falls bei einem GET der Header If-Modified-Since: in der Anforderung angegeben war, liefert der Server diesen Statuscode, falls die betreffende Seite nach dem im Header angegebenen Datum nicht verändert wurde.

Mit Nummer 400 beginnen Statuscodes, die angeben, dass die Anforderung eine falsche Syntax hatte oder die Methode nicht ausgeführt werden kann.

Fehler

❏ 400 – Bad Request
Die Anforderung war syntaktisch falsch oder kann wegen anderer Angaben in der Anforderung nicht ausgeführt werden.

❏ 401 – Unauthorized
Zusätzlicher Antwort-Header: WWW-Authenticate.
Die angeforderte Datei wird erst nach Angabe eines Passworts vom Server geschickt. Der Server fordert dabei mit dem Header WWW-Authenticate: den Client auf, ein bestimmtes Verfahren für Passwörter zu verwenden. Dieser wiederholt die Anfrage und benutzt dabei den Authorization:-Header zur Übermittlung des Passworts.

❏ 402 – Payment Required
Ist momentan nur geplant, falls eines Tages im World Wide Web das Abrufen einzelner Seiten beispielsweise bei kommerziellen Diensten kostenpflichtig werden sollte.

❏ 403 – Forbidden
Der Server verweigert die Ausführung der Methode ohne weitere Angabe von Gründen.

❏ 404 – Not Found
Der Server kann die Methode nicht ausführen, weil eine durch die URL identifizierte Seite nicht gefunden wurde. Damit übermittelt er etwas mehr Information als beim Code 403.

❏ 405 – Method Not Allowed
Zusätzlicher Antwort-Header: Allow.

Die angeforderte Methode ist für die in der URL angegebene Seite nicht zulässig. Beispielsweise könnte eine Seite vor Modifikationen durch `PUT` geschützt sein. Im Antwort-Header `Allow:` werden die zulässigen Methoden zurückgeliefert.

❏ 406 – None Acceptable
Zusätzlicher Antwort-Header: `Content-....`
Unter der angegebenen URL befindet sich zwar eine Information, der Server schickt sie aber nicht, da der Client mit den Headern `Accept:` und `Accept-Encoding:` mitteilte, dass er ihre Darstellung nicht verarbeiten kann.
Der Server gibt in `Content-Type:`, `Content-Encoding:` sowie `Content-Language:` Auskunft über die Art der Information und kann damit die kompletten Metaangaben wie bei `HEAD` übermitteln.

❏ 407 – Proxy Authentication Required
In zukünftigen HTTP-Versionen soll es eine Möglichkeit geben, auch Proxies durch Autorisierung auf ihre Vertrauenswürdigkeit zu überprüfen. Dafür ist dieser Code reserviert, aber momentan nicht in Gebrauch.

❏ 408 – Request Timeout
Die Anforderungsmitteilung wurde nicht innerhalb einer gewissen Zeitspanne vollständig gesendet und die Ausführung der Methode daher nicht begonnen. Gründe dafür können ein Zusammenbruch der Verbindung oder Verzögerungen beim Client sein.

❏ 409 – Conflict
Beispielsweise kann bei der `PUT`-Methode ein Konflikt entstehen, wenn durch ihre Ausführung andere, neuere Änderungen überschrieben würden. In diesem Fall muss der Client die entsprechend geänderte Methode neu anfordern.

❏ 410 – Gone
Die angeforderte Seite wurde entfernt und der Server hat keine Informationen über einen neuen Ort (dann könnte er mit 301 oder 302 antworten).

Fehler trotz korrekter Anfrage Wenn eine Anforderung zwar korrekt ist, aber der Server die Methode aus verschiedenen Gründen nicht ausführen kann, dann werden Statuscodes ab 500 zurückgemeldet:

❏ 500 – Internal Server Error
Beim Server gab es einen internen Fehler, beispielsweise durch Programmierfehler im Serverprogramm.

❏ 501 – Not Implemented
Die angeforderte Methode kann vom Server nicht ausgeführt werden, weil sie ihm unbekannt oder eine spezielle Anfragevariante nicht implementiert ist.

❏ 502 – Bad Gateway
Der Server musste zur Abarbeitung der Methode auf ein Gateway oder einen anderen Server zugreifen und erhielt dabei eine Fehlermeldung.

❏ 503 – Service Unavailable
Zusätzlicher Antwort-Header: `Retry-After`.
Der Server kann die Methode momentan nicht ausführen, beispielsweise weil er überlastet ist. Im `Retry-After:`-Header kann er einen Zeitpunkt angeben, an dem er frühestens die Methode ausführen kann.

❏ 504 – Gateway Timeout
Der Server musste zur Abarbeitung der Methode auf ein Gateway oder einen anderen Server zugreifen und erhielt dabei keine Antwort innerhalb einer bestimmten Zeitspanne.

Auf den Statuscode folgen im nächsten Abschnitt die Header, die die Antwort beschreiben.

17.5 Response-Header

In der Antwort des Servers kann er in zusätzlichen Header-Zeilen weitere Informationen zu der Antwort senden. Sie werden wie die allgemeinen Mitteilungs-Header in der Notation *Headername: Headerwert* zeilenweise geschickt.

`Server:` *Produkt*

identifiziert den Server, genauso wie der Header `User-Agent:` den Browser identifiziert. Ein Beispiel eines solchen Headers ist:

`Server: CERNb-HTTPD/3.0 libwww/2.17`

`WWW-Authenticate:` *??*

gibt beim Statuscode 401 an, nach welchem Schema der Client ein Passwort mitschicken muss.

`Retry-After:` *Datum*
`Retry-After:` *Sekunden*

Falls eine Anforderung mit dem Statuscode 503 (siehe oben) beantwortet wurde, kann der Server mit `Retry-After:` dem Client mitteilen, wann eine Ausführung der Methode frühestens möglich ist. Der Client kann dann die Anforderung erneut schicken. Als Wert des Headers ist entweder ein Datum oder eine Zeitspanne in Sekunden möglich.

17.6　Inhalts-Header

Bei Anforderungen und Antworten kann ein Inhalt die Mitteilung beschließen. Ein Client könnte bei PUT eine HTML-Seite mitschicken und der Server antwortet bei GET mit einer Datei.

Die Header, die in einer Antwort zur Beschreibung des Inhalts verwendet werden, sind folgende:

```
Content-Type: Medienart
```

MIME-Typen　gibt an, von welcher Medienart der Inhalt der Antwort ist bzw. bei der Methode HEAD sein würde. Die Medientypen entsprechen dem MIME-Standard, so dass für eine normale HTML-Seite text/html stehen würde oder bei einer PostScript-Datei der Typ text/postscript.

```
Content-Length: Länge
```

Länge　Der Wert gibt die Länge des Inhalts in Bytes an.

```
Content-Encoding: Kodierung
```

Kodierungen　Der Inhalt wird in einer der Inhaltskodierungen übertragen, die in der Tabelle in Abbildung 17.3 auf Seite 213 angegeben sind.

```
Content-Transfer-Encoding: Kodierung
```

Der Inhalt wird in einer der Transferkodierungen gepackt übertragen, die in Abbildung 17.3 auf Seite 213 angegeben sind.

```
Content-Language: Sprachkürzel
```

Sprache　Ausgehend vom Attribut lang bei <body>, kann der Server im Header Content-Language: dem Client die Sprache des Inhalts mitteilen. Das Kürzel setzt sich aus einem Sprachcode nach der ISO-Norm 639 und eventuell einem Ländercode nach ISO-Norm 3166 zusammen.

```
Expires: Datum
```

Datum, Uhrzeit　Zum angegebenen Datum (in den Formaten wie auf Seite 209 angegeben) verliert der Inhalt seine Gültigkeit. Clients und Proxies können diese Information nutzen, um den Inhalt zum angegebenen Datum aus ihrem Cache zu löschen.

```
Last-Modified: Datum
```

Letzte Änderung　Die Information wurde am angegebenen Datum zuletzt modifiziert. Dadurch ist es möglich, andere Kopien der Inhaltsinformation als veraltet zu identifizieren.

```
Allow: Methoden
```

Falls der Server mit dem Statuscode 405 antwortet, weil eine bestimmte Methode nicht auf einer Seite ausgeführt werden kann, schickt er diesen zusätzlichen Header, in dem – durch Kommas getrennt – die erlaubten Methoden aufgeführt sind.

Alternative Methode

```
X-...
```

Zusätzliche, nicht standardisierte Header können jederzeit eingestreut werden. Sie müssen allerdings mit den Zeichen X- beginnen.

Weitere Header

17.7 Client-Pull und Server-Push

Damit Sie einmal übertragene Seiten nachträglich dynamisch ersetzen können, gibt es mit Client-Pull und Server-Push zwei Möglichkeiten, ein automatisches Neuladen von Dokumenten und kontinuierliche Änderungen an HTML-Seiten zu steuern.

Dokumente neu laden und dynamisch ändern

Die bislang dargestellt Arbeitsweise von HTTP führt zu einem recht statischen Verhalten des Web. Eine Seite wird angefordert, übertragen und angezeigt. Nach der Übertragung kann man angezeigte Seiten nicht mehr dynamisch ändern, um beispielsweise kleine Animationen einzubauen.

Netscape hatte in seinem Browser erstmalig Client-Pull und Server-Push als Ergänzung der HTTP-Informationen eingeführt. Die Idee beim Client-Pull ist, dass der Browser selbsttätig eine bestimmte Seite neu lädt. Dabei kann eine Zeit in Sekunden angegeben werden, nach der der Browser das Neuladen beginnt. Der Mechanismus basiert auf einem zusätzlichen Header in der Antwort des Servers:

Client-Pull

```
Refresh: Sekunden;URL
```

Erhält der Netscape-Browser eine Antwort-Mitteilung mit diesem Header, wartet er *Sekunden* und lädt dann automatisch die Seite *URL* nach und zeigt sie an.

Einen zusätzlichen HTTP-Header fügen Sie in HTML mit dem <meta>-Tag auf einer Seite ein. In einem Beispiel für einen Client-Pull sollen zwei Seiten abwechselnd geladen werden. Auf der Seite *http://www.info.berlin.de/ping.html* könnte dazu folgender HTML-Text enthalten sein:

Zusätzliche HTTP-Header in HTML einfügen

```
<html><head><title>Ping</title>
<meta http-equiv="Refresh"
 content=
 "2;HREF=http://www.info.berlin.de/pong.html">
</head><body>
```

```
<h1>PING!</h1>
</body></html>
```

Bei der Übermittlung der Seite tritt im HTTP der folgende Header auf:

```
Refresh: 2;http://www.info.berlin.de/pong.html
```

Der Browser zeigt die Ping-Seite an, wartet zwei Sekunden und lädt dann selbstständig *http://www.info.berlin.de/pong.html* nach. Diese Seite kann die folgende Form haben:

```
<html><head><title>Pong</title>
<meta http-equiv="Refresh"
 content=
 "2;HREF=http://www.info.berlin.de/ping.html">
</head><body>
<h1>PONG!</h1>
</body></html>
```

Auf diese Weise werden im Abstand von zwei Sekunden die Ping- und Pong-Seiten abwechselnd geladen und dargestellt. Eine solche Endlosschleife macht natürlich wenig Sinn. Effektvoller sind Kaskaden von Seiten, die nacheinander geladen werden und sich nur wenig unterscheiden. Beispiele wären Seiten, in denen Überschriften wachsen oder in denen unterschiedliche Grafiken geladen werden.

Diese Grafiken können Teile einer Animationssequenz sein. Damit wird es möglich, mit Netscape kleine Animationen auf einer Seite unterzubringen. Beispiele dafür finden Sie im Web bei der URL *http://home. netscape.com/assist/net_sites/pushpull.html*.

Server-Push   Beim Client-Pull holt der Browser selbstständig neue Daten vom Server, wozu er jedes mal eine neue Verbindung eröffnet. Dagegen sendet der Server beim Server-Push-Mechanismus kontinuierlich neue Daten während einer Verbindung.

Dazu nutzt er einen speziellen Inhaltstyp für die Antwort. Wie in Abschnitt 17.6 auf Seite 220 beschrieben, geben MIME-Header die Art des Antwortinhalts an. In MIME gibt es dafür einen speziellen Typ, `multipart/mixed`, bei dem der Inhalt aus mehreren Teilen unterschiedlicher Art besteht. Bei dem zweiten Netscape-spezifischen Mechanismus, dem Server-Push, verwendet man eine Variante davon. Um die obige Ping-Seite darzustellen und sie danach durch die Pong-Seite zu ersetzen, müsste der Server folgende Antwort schicken:

```
Mitteilungs- und Antwortheader
Content-type: multipart/mixed;boundary=Seite

--Seite
Content-type: text/html
```

```
<html><head><title>Ping</title>
</head><body>
<h1>PING!</h1>
</body></html>

--Seite
Content-type: text/html

<html><head><title>Pong</title>
</head><body>
<h1>PONG!</h1>
</body></html>

--Seite--
```

Damit der Server-Push-Mechanismus Sinn macht, soll diese Ausgabe von einem Skript erzeugt werden. Dabei kann das Skript nach der Ausgabe von `--Seite` warten, um die Geschwindigkeit einer Animation zu regeln, oder andere Aktionen vornehmen. Beispielsweise könnte es kontinuierlich ein Videobild eines Büros aufnehmen und somit eine kleine Live-Übertragung im Web per Daumenkino implementieren.

Das HTTP ist das grundlegende Protokoll des Web. Für die Gestaltung eines Informationssystems – d.h., wenn Sie nicht selber Server oder Browser entwickeln wollen – ist es bei der Programmierung von Skripten für die Verarbeitung von Formularen und Ähnlichem wichtig. Im nächsten Kapitel finden Sie eine Einführung in diese Programmierung.

18 Dynamische Dokumente, Suchanfragen und CGI-Skripte

In diesem Kapitel lernen Sie,

- ❏ wie Sie dynamische Seiten auf dem Server erzeugen und welche Umgebungsvariablen dafür bereitstehen und
- ❏ wie Sie Suchanfragen und Formulareingaben auf dem Server verarbeiten können.

Ausgefeiltere Informationsangebote im Web beinhalten wie schon beschrieben Formulare oder binden vorhandene Datenbanken an das Web an. Dafür ist jeweils die Ausführung eines kleinen Programms notwendig, um die Formularverarbeitung oder den Datenbankanschluss in das Web zu integrieren. Die Schnittstelle zwischen dem Webserver und solchen Programmen ist festgelegt und trägt den Namen *Common Gateway Interface*, kurz CGI. Sie entstand circa 1992 mit den ersten Webservern von NCSA.

Common Gateway Interface

Der Mechanismus ist einfach: Ein Browser fordert eine URL an, die auf ein Skript verweist, beispielsweise als *http://www.info.berlin.de/cgi-bin/temperatur*.

Der Ablauf

Der Server erkennt aufgrund seiner Konfigurationsdateien, dass es sich um ein Programm oder Skript handelt und führt es aus. (Die Details zu Ort und Inhalt der Konfigurationsdateien finden Sie in der Anleitung Ihres Servers.) Falls Sie diesen nicht selber betreiben, fragen Sie den zuständigen Administrator nach den aktuellen Einstellungen zur Skriptausführung.

Das aufgerufene Skript erzeugt Antwort-Header entsprechend dem Protokoll HTTP (siehe Abschnitt 17.5 auf Seite 219) sowie eine Leerzeile und den Inhalt der Antwort. Diese Ausgaben werden vom Server direkt an den Browser geliefert.

Für das Beispiel könnte temperatur ein Skript in der Sprache Perl sein. Wenn der Server unter Unix läuft, könnte es wie unten beschrieben aussehen. Dabei nehmen wir an, dass der Server mit der Routine messe_temperatur die aktuelle Temperatur misst oder bei einem anderen Server in irgendeiner Form abfragt und als Ergebnis liefert.

```perl
#!/usr/perl/bin/perl
$temperatur=&messe_temperatur;
print "Content-type: text/html\n"; # Header
print "\n";                         # Leerzeile
print "<html><head>\n";             # Inhalt...
print "<title>Temperatur in Berlin</title>";
print "</head>\n";
print "<body>Temperatur: $temperatur</body>\n";
print "</html>\n";
```

Damit misst das Skript zunächst die Temperatur, erzeugt zuerst einen Response-Header, nämlich Content-type:, dann eine Leerzeile und schließlich eine einfache HTML-Seite.

Beliebige Sprachen sind möglich   Die Sprache zur Programmierung des Skripts kann völlig beliebig gewählt werden. Es kann ein kompiliertes C-Programm sein, ein Skript für den Perl-Interpreter oder irgendeine andere Art ausführbares Programm. Sie können die Sprachen auf einem Server sogar beliebig mischen.

Die Sprache Perl hat eine sehr große Bedeutung im Bereich der CGI-Programmierung, da sie die erste benutzte Sprache war und deshalb umfangreiche Bibliotheken für die Web-Programmierung vorliegen. Welche Sprache für Ihr Informationssystem in Frage kommt, hängt von deren Verfügbarkeit und Vorgaben des Server-Betreibers ab.

✘   Bedenken Sie, dass die Benutzung von CGI-Skripten echte Programmierung bedeutet. Während HTML-Seiten einfach zu erstellen sind, brauchen Sie für die Skripte Programmierkenntnisse – oder die Hilfe eines Programmierers.

Richtig interessante Angebote verarbeiten Nutzereingaben aus Formularen. Den Mechanismus der Übergabe dieser Daten beschreibt der folgende Abschnitt.

18.1   Umgebungsvariablen

Environment   Formulareingaben von Nutzern muss der Webserver geeignet an das Skript zur Verarbeitung weiterreichen. Der genaue Mechanismus dafür ist abhängig vom Betriebssystem und dem verwendeten Server. Unter dem Betriebssystem Unix gibt es z.B. einen Kommunikationsmechanismus zwischen Programmen, das so genannte »Environment«, das eine Reihe von Variablen enthält. Wenn ein Programm ein anderes startet, so kann man vorher in dessen Environment Informationen ablegen, die das neue Programm ausliest.

Falls die Temperatur-Seite die Eingabe eines Städtenamens erlaubt, könnte die resultierende Abfrage-URL vom Browser als *http://www.info.berlin.de/cgi-bin/temperatur?Köln* geschrieben werden. *Köln* ist die Anfragevariable. Der Webserver reicht sie an eine Umgebungsvariable weiter, die hier QUERY_STRING heißen soll. Die Verarbeitung in einem Perl-Skript könnte nun so aussehen:

Anfragevariablen werden weitergereicht

```
#!/usr/perl/bin/perl
$stadt=$ENV{'QUERY_STRING'};
$temperatur=&messe_temperatur($stadt);
print "Content-type: text/html\n";   # Header
print "\n";                          # Leerzeile
print "<html><head>\n";              # Inhalt...
print "<title>Temperatur in $stadt</title>";
print "</head>\n";
print "<body>Temperatur: $temperatur</body>\n";
print "</html>\n";
```

Der Variablen $stadt wird der Inhalt dieser Umgebungsvariablen zugewiesen. Die Syntax dafür ist abhängig von der verwendeten Programmiersprache. Im Laufe des Skripts findet der angegebene Städtename an den zwei Stellen Verwendung, wo der Variableninhalt in die Verarbeitung einfließt.

Im CGI-Standard ist definiert, welche Umgebungsvariablen welchen Inhalt haben. Sie werden vor dem Start des Skripts vom Server belegt. Die Variablen sind:

Umgebungsvariablen

❏ SERVER_SOFTWARE
   Die Identifikation des Servers, der das Skript startet, als Zeichenkette metaName/Version. Beispiel: NCSA/1.4.2.
❏ SERVER_NAME
   Der Name des Servers, wie er in der URL des Skripts auftritt.
❏ GATEWAY_INTERFACE
   Die Version der CGI-Spezifikation, der der Server folgt, als Zeichenkette CGI/Version. Beispiel: CGI/1.1.
❏ SERVER_PROTOCOL
   Das Protokoll, mit dem die Anfrage geschickt wurde, als Zeichenkette der Form Protokoll/Version. Man sollte entsprechend dem Protokoll antworten, also beispielsweise bei einer Anfrage über HTTP/1.0 die folgende Zeile als Erstes erzeugen:

   HTTP/1.0 200 OK

❏ SERVER_PORT
   Die Nummer des (Unix-)Ports, über den die Anfrage geschickt wurde.

❏ REQUEST_METHOD

Die Methode, die bei der Anfrage verwendet wurde (siehe Abschnitt 17.2 auf Seite 210), also zumeist get oder post.

❏ PATH_INFO

Enthält den URL-Teil nach der eigentlichen Identifikation des Skripts. Man kann ein CGI-Skript *www.info.berlin/cgi-bin/info* durch eine URL aufrufen, die weitere Informationen im Pfad kodiert enthält: *http://www.info.berlin/cgi-bin/info/tempelhof*. Der Teil /tempelhof befindet sich in der Umgebungsvariablen.

❏ PATH_TRANSLATED

Enthält die Information aus PATH_INFO angehängt an den lokalen Pfadnamen des Dokumentendirectories des Servers. Für das Beispiel oben ergibt sich daraus */usr/local/etc/httpd/htdocs/tempelhof*, wenn auf dem Server die HTML-Dokumente in dem Verzeichnis */usr/local/etc/httpd/htdocs* installiert sind.

❏ SCRIPT_NAME

Der Name, unter dem das Skript in der URL angefordert wurde, also für das Beispiel */cgi-bin/info*.

❏ QUERY_STRING

Die Anfrage, die nach dem ? in der URL folgte.

❏ REMOTE_HOST

Der Name des Rechners, von dem die Anfrage kam. Falls er nicht ermittelt werden kann, ist die Variable leer.

❏ REMOTE_ADDR

Die Internetadresse des Rechners, von dem die Anfrage kam.

❏ REMOTE_USER

Der Benutzername, für den das Passwort eingegeben wurde. Dieser Name ist lediglich in der Web-Autorisierung gültig, er ist nicht die Systemkennung desjenigen, der das Skript anfordert.

❏ REMOTE_IDENT

Falls der Server in der Lage ist, den Nutzernamen des anfordernden Users herauszufinden, steht er in dieser Variablen.

❏ AUTH_TYPE

Falls das Skript durch ein Passwort geschützt ist, steht in dieser Variablen der Name des Verfahrens, mit dem das Passwort kodiert ist (siehe Abschnitt 17.3 auf Seite 215).

❏ CONTENT_TYPE

Bei Verwendung der POST-Methode steht hier der Medientyp des Inhalts, der an der Standardeingabe gelesen werden kann. Üblicherweise ist das der Typ application/x-www-form-encoded.

❏ CONTENT_LENGTH

Die Länge des Inhalts bei der POST-Methode.

❏ HTTP_ACCEPT

Die Medienarten, die der Browser akzeptieren will (siehe Abschnitt 17.3 auf Seite 212 beim Accept:-Header).

❏ HTTP_USER_AGENT
Der Browser, der für die Anfrage verwendet wird, als Zeichenkette in der Form *Produkt/Version* (siehe auch Abschnitt 17.3 auf Seite 214 beim `User-Agent:`-Header). Also beispielsweise `Mozilla/1.1N (X11; I; Linux 1.2.9 i586)`.

Daneben kann es weitere Variablen geben, die vom Server belegt werden. Oft werden beispielsweise die Inhalte der Anfrage-Header in jeweils eine Variable gepackt.

18.2 `isindex`-Seiten

Damit Nutzereingaben aber überhaupt zum Server geschickt werden können, müssen sie im Browser erfasst werden. Im Minimalfall gibt es eine einzige Eingabe, die der Server beispielsweise an eine Datenbank weiterleitet. HTML bietet für solche Minimalinteraktionen einen speziellen Mechanismus: Die `isindex`-Seiten. Sie lernen seine Arbeitsweise in diesem Abschnitt kennen, sollten aber bedenken, dass in der Realität Interaktionen immer komplexere Eingaben erfordern, die Sie natürlich in einem Formular abfragen. In den neueren HTML-Versionen wird von der Verwendung von `isindex` abgeraten.

Bei einer `isindex`-Seite stellt der Browser ein Feld zur Dateneingabe auf der Seite dar. Der Nutzer tippt dort seine Eingabe und schickt die Anfrage durch einen Klick auf den ebenfalls dargestellten Button ab. Der Browser fordert die Ergebnisse der Suche an und stellt sie dar.

Dabei entsteht nicht nur die Antwortseite dynamisch, sondern auch schon das ursprüngliche Eingabeformular mit `<isindex>`. Es gibt also nur ein Skript, das beispielsweise unter *http://www.info.berlin.de/cgi-bin/suche* erreichbar ist. Beim ersten Aufruf dieser URL wird nur die Abfrageseite generiert. Der Browser hängt Benutzereingaben durch ein ? getrennt an diese URL an und wendet sich damit an den Server. Ein Beispiel wäre *http://www.info.berlin.de/cgi-bin/suche?Flughafen*. Das Skript führt in diesem Fall eine Suche durch und hängt die Ergebnisse an die wieder generierte Abfrageseite an.

Die Programmierung des Skripts ist einfach: Am Anfang der Seite wird immer derselbe Kopfteil erzeugt, der `<isindex>` enthält. Danach überprüft man, ob in der Variablen `QUERY_STRING` ein Suchwort steht. Ist dies der Fall, führt man die Suche aus und gibt die Ergebnisse als HTML-Code aus. Am Schluss des Skripts wird die HTML-Seite beendet.

Für das folgende Beispiel, wieder in Perl, nehmen wir an, dass die Routine `search` die Suche durchführt und als Ergebnis HTML-Text liefert.

```perl
#!/usr/perl/bin/perl
# Antwort-Header erzeugen
print "Content-type: text/html\n";
print "\n";
# Kopfteil erzeugen
print "<html><head><title>Suche</title>\n";
print "<isindex prompt=\"Begriff:\">";
print "</head><body>\n";
# Suchwort aus Umgebungsvariable auslesen
$suchwort=$ENV{'QUERY_STRING'};
# Auf Länge testen
if (length($suchwort)>0) {
    # Suchen
    $ergebnis=&search($suchwort);
    # Ergebnis ausgeben;
    print "<hr>\n";
    print $ergebnis;
}
# Seite beenden
print "</body></html>\n";
```

Das Skript erzeugt zuerst einen Antwort-Header, in dem die Art des Antwortinhalts beschrieben ist. Als Nächstes erstellt es den Kopfteil einer Seite, der das Tag `<isindex>` enthält.

Danach gibt es zwei Möglichkeiten: Das Skript wurde ohne Suchanfrage aufgerufen oder es war ein Suchbegriff eingetragen. In letzterem Fall führt es entsprechend dem in QUERY_STRING enthaltenen Wort eine Suche durch und generiert deren Ergebnis als Text. Bei der obigen Anfage könnte das so aussehen:

```html
<html><head><title>Suche</title>
<isindex prompt="Begriff:">
</head><body>
<hr>
Tegel, Tempelhof, Schönefeld
</body></html>
```

Falls keine Anfrage vorlag, bleibt die eigentliche Seite leer. Sie sehen, dass die Programmierung einer solchen Seite sehr einfach ist und keinerlei komplexe Interaktionen mit dem Webserver erfordert. Verbreiteter als solche einfachen Anfragen sind Formulare. Im nächsten Abschnitt zeigen wir, wie sie verarbeitet werden.

18.3   Formulareingaben verarbeiten

Formulare mit `<form>` enthalten eine Reihe von benannten Feldern, in die der Leser Werte einträgt (siehe Kapitel 6 auf Seite 67). Diese Eingaben baut der Browser folgendermaßen zu einer Zeichenkette zusammen:

Werte werden zu einer Zeichenkette

1. Alle +-Zeichen in den Werten werden durch die Zeichen `%2B` ersetzt. Diese Kodierung ergibt sich aus dem ASCII-Code des +-Zeichens und dessen hexadezimaler Schreibweise.
2. Alle =-Zeichen in den Werten werden durch die Zeichen `%3D` ersetzt.
3. Alle `&`-Zeichen in den Werten werden durch die Zeichen `%26` ersetzt.
4. Alle Leerzeichen in den Werten werden durch das Zeichen + ersetzt.
5. Jedes Paar aus Feldname und Wert wird als *Name=Wert* zusammengesetzt.
6. Alle Paare werden durch das Zeichen `&` verbunden: *Name=Wert&Name=Wert*.

Wenn in einem Formular die Felder `formel` und `firma` vorhanden sind und sie die Eingaben »1+2=3« und »Meier & Partner« enthalten, entstehen durch die Ersetzung der Zeichen +, = und & die Feldwerte »1`%2B2%3D3`« und »`Meier %26 Partner`«. Die Ersetzung der Leerzeichen ergibt beim zweiten Feld »`Meier+%26+Partner`«. Die Felder werden für die URL als »`formel=1%2B2%3D3`« und »`firma=Meier+%26+Partner`« vorbereitet und als »`formel=1%2B2%3D3&firma=Meier+%26+Partner`« zusammengepackt.

Eine Beispiel-Zeichenkette

Wie der Browser die resultierende Zeichenkette zum Webserver und damit zum verarbeitenden Skript überträgt, hängt von der verwendeten Methode ab, die im Attribut `method` beim `<form>`-Tag vermerkt wird.

Übertragung zum Server...

Hat `method` den Wert `get`, wird sie wie bei einer `<isindex>`-Suche durch das Zeichen `?` getrennt hinter die URL gehängt. Das Skript kann sie in der Umgebungsvariablen `QUERY_STRING` finden.

...durch `get`...

Bei der Methode `post` hängt der Client die Zeichenkette nicht an das Ende der URL, sondern schickt sie getrennt als Inhaltsinformation. Dieser Inhalt ist genau die Zeichenkette, in der die Feldeingaben kodiert sind. Das Skript bekommt sie aus der Standardeingabe. Darüber hinaus enthält die Umgebungsvariable `CONTENT_LENGTH` ihre Länge in Bytes und `CONTENT_TYPE` ist auf

...oder `post`.

```
application/x-www-form-encoded
```

gesetzt. Um die Eingabe zu erhalten, liest man einfach entsprechend viele Bytes von der Standardeingabe.

✗

Entschlüsselung im
Server

Bedenken Sie, dass es sich um eine einzige Zeile handelt, die aber – beispielsweise bei Eingaben in <textarea> – unter Umständen sehr lang sein kann.

Ein Skript muss die genannten Kodierungen zunächst rückgängig machen, die Formularfelder aufteilen und schließlich die Feld-Wert-Paare trennen. In Perl ist diese Arbeit mit wenigen Zeilen erledigt, während Sie in anderen Programmiersprachen eventuell mehr programmieren oder eine entsprechende Bibliothek benutzen müssen. Perl ist in manchen Fällen schwer zu lesen, aber sehr effizient für Probleme im Web.

```perl
# Eingaben aus der Umgebungsvariablen auslesen
$eingaben = $ENV{'QUERY_STRING'};
# +-Zeichen durch Leerzeichen ersetzen
$eingaben = s/\+/ /g;
# Alle %xx Kodierungen durch entsprechendes
# Zeichen ersetzen
$eingaben = s/%([\da-f]{1,2})/pack(C,hex($1))/eig;
# Formularfelder aufteilen (an &-Zeichen)
@eingabe_liste = split(/&/, $eingaben);
# Jedes Feld-Wert-Paar trennen (an =)
foreach $item (@eingabe_liste) {
    # Feld und Wert trennen
    ($name, $wert) = split( /=/, $item);
    # Wert speichern
    $eingabe$name = $wert;
}
```

Im Programmausschnitt nehmen wir an, dass die Formulareingaben als Zeichenkette in der Umgebungsvariablen QUERY_STRING stehen, das Formular also mit der Methode get ausgeführt wurde. Dann werden zunächst alle + durch Leerzeichen ersetzt und die %-Kodierungen aufgelöst.

Nun erfolgt die Aufteilung der Zeichenkette in die einzelnen Paare aus Namen und Feld anhand der &-Zeichen. Schließlich trennt der Perl-Code jedes einzelne Paar am =-Zeichen auf. Ergebnis ist ein Feld $eingabe, dessen Elemente in der für die Sprache Perl üblichen Notation $eingabe{*Feldname*} erfragt werden können. In anderen Programmiersprachen wird der Dekodierungsteil wahrscheinlich länger aussehen.

Methode ermitteln

Ob die Methode get oder post beim Formular verwendet wurde, lässt sich mit der Umgebungsvariablen REQUEST_METHOD ermitteln. In einem Skript könnte die Verarbeitung wie folgt aussehen:

```
# POST oder GET?
if ($ENV'REQUEST_METHOD' eq "GET") {
  # Eingaben aus der Umgebungsvariablen auslesen
  $eingaben = $ENV{'QUERY_STRING'};
} else {
  $eingaben =<>;
}
# +-Zeichen durch Leerzeichen ersetzen
...
```

Hier stellt das Skript fest, ob es sich um get oder post handelte. Beim Ersteren steht die Zeichenkette mit den Formulareingaben in der Umgebungsvariablen, ansonsten kann man sie an der Standardeingabe lesen. Der Rest der Verarbeitung ist wiederum derselbe.

Ein solches Skript muss nach der Ermittlung der Formulareingaben *Skript ausführen* entsprechende Aktionen ausführen. Was dies ist und wie es implementiert wird, hängt von der Aufgabe des Skripts ab. Auf jeden Fall ist an dieser Stelle Programmierung notwendig; die Kenntnisse über HTML reichen hier nicht mehr aus.

Das Ergebnis des Skripts wird dem Browser wie bei den einfachen *Antwort in HTML* ISINDEX-Seiten übermittelt, indem es über die Standardausgabe einen einfachen Antwort-Header erzeugt, auf den eine HTML-Seite folgt.

Für die vollständige Beschreibung der Programmierung von Skripten für die Verarbeitung von Formulareingaben würden wir ein weiteres Buch benötigen. Es müsste zunächst eine allgemeine Einführung in die Programmierung bieten und auf verschiedene für Webskripte besonders geeignete Sprachen eingehen. Weiterhin müsste es zeigen, wie beispielsweise Datenbanken von solchen Skripten aus abgefragt werden. Sie finden in [15] die entsprechenden Informationen.

Dieses Buch beschäftigt sich aber mit XHTML und HTML, also der statischen Seite des Web. Daher belassen wir es an dieser Stelle mit dieser kurzen Darstellung und kehren im nächsten Kapitel zu den reinen HTML-Themen zurück und zeigen auf, wie man am besten HTML-Seiten erstellt.

19 Bearbeiten von HTML-Seiten

In diesem Kapitel lernen Sie,

- ❏ wie Sie HTML-Seiten erstellen,
- ❏ welche Editoren es dafür gibt,
- ❏ welche Konverter existieren,
- ❏ wie Seiten online erzeugt werden und
- ❏ nach welchen Kriterien Sie sich für eines der Verfahren entscheiden können.

Man kann natürlich bereits mit einem einfachen ASCII-Editor HTML-Seiten erzeugen. Wahrscheinlich möchten Sie aber einerseits etwas mehr Komfort nutzen und andererseits vielleicht schon vorhandene Texte wiederverwenden. Den ersten Wunsch versuchen viele spezielle HTML-Editoren für die verschiedenen Rechner- und Betriebssystemplattformen zu erfüllen.

Editoren

Für die Absicht der Wiederverwendbarkeit gibt es für viele Textverarbeitungen Zusätze, mit denen Sie HTML erzeugen können, so genannte Filter. Falls Ihre Textverarbeitung dies nicht unterstützt, können Ihnen verschiedene Konverterprogramme helfen.

Filter und Konverter

Sie werden in diesem Kapitel keine endgültige Empfehlung für ein bestimmtes System finden. Eine solche Empfehlung ist leider unmöglich – einerseits bilden Ihre individuellen Gegebenheiten die Grundlagen dafür, andererseits ist nicht vorhersagbar, von welchen Produkten die heutigen Systeme übertroffen werden. Durch viele Abbildungen sollen Sie zumindest einen Eindruck von den zu fordernden Funktionalitäten erhalten – die Marktrecherche und Auswahl bleibt zwangsläufig Ihnen überlassen.

19.1 ASCII-Editoren

HTML-Seiten sind in normalem ASCII-Format gespeichert, damit sie auf unterschiedlichen Rechner- und Betriebssystemplattformen verarbeitet werden können. Um HTML-Seiten zu erstellen, reicht daher ein gewöhnlicher Editor aus, der keinerlei spezielle Eigenschaften haben muss. Wenn Sie wollen, können Sie auch mit dem einfachen System-Editor von Windows arbeiten.

Einfache ASCII-Editoren

Die Verwendung eines einfachen ASCII-Editors hat Vorteile. Sie können schnell und flexibel mit Ihrem Quelltext umgehen und benötigen keine umfangreichen Programme, um eine kleine Seite zu schreiben.

Darüber hinaus haben Sie so alle Freiheiten zur Nutzung von HTML-Feinheiten. Sie brauchen nicht mit einer automatischen Überprüfung der HTML-Korrektheit zu kämpfen, die vielleicht die neuesten Tags und Attribute als Fehler moniert. Allerdings müssen Sie mit einer meist spartanischen Ausstattung arbeiten und haben keine Unterstützung zur Vermeidung formaler Fehler in Ihrem HTML-Code.

Etwas besser fahren Sie mit programmierbaren Editoren, die auf jeweils bestimmte Sprachen durch Makrosätze zugeschnitten werden können. Als Beispiel dafür soll der emacs-Editor dienen. emacs ist ein universeller ASCII-Editor, der insbesondere unter Unix große Verbreitung findet. Er kann in der Programmiersprache Lisp programmiert werden und es existieren umfangreiche Pakete, die die Erstellung von Programmen in unterschiedlichsten Sprachen unterstützen.

emacs

Auch für HTML gibt es einen solchen Zusatz unter dem Namen hm-menu-mode. In Abbildung 19.1 auf der nächsten Seite sehen Sie das Paket in einer Editiersitzung.

hm-menu-mode

hm-menu-mode fügt dem emacs ein weiteres Menü mit HTML-Editierbefehlen hinzu und erlaubt so ein schnelles Erzeugen von HTML-Seiten. Daneben werden verschiedenste Tastenkombinationen für die schnelle Eingabe von Tags definiert. Dabei fragt das System notwendige Attribute automatisch beim Autor ab.

Verschiedene andere Werte, die oft benötigt werden, sind vordefiniert, so z.B. die E-Mail-Adresse des Autors. Schließlich hilft das System visuell durch farbliche Hervorhebung der HTML-Tags. Auf vernetzten Systemen arbeitet der Editor-Aufsatz hervorragend mit dem für den emacs erhältlichen WWW-Modus zusammen, der ein vollständiger Web-Browser ist. Damit umfasst die Funktionalität eine ganze Menge dessen, was man von einem spezialisierten HTML-Editor erwartet.

Dieser emacs-Aufsatz ist im Web erhältlich, unter anderem bei *http://www.tnt.uni-hannover.de/˜muenkel/software/own/hm--html-menus/overview.html.*

✗ Auch für andere programmierbare Editoren gibt es inzwischen solche HTML-Zusatzpakete mit ähnlichem Funktionsumfang. Sehen Sie in der entsprechenden Dokumentation die Netzadresse nach.

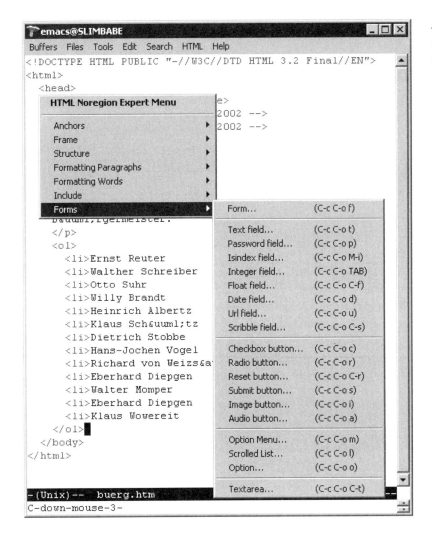

Abbildung 19.1
hm-menu-mode für
den emacs

19.2 HTML-Editoren

Erheblich mehr Komfort als ein einfacher ASCII-Editor bieten spezialisierte HTML-Editoren, die für genau diesen Zweck programmiert sind.

Was macht nun einen guten HTML-Editor aus? Sicherlich die Menge der Unterstützung, die er zur Erzeugung der HTML-Strukturen bietet. Dazu gehören die folgenden Merkmale:

Merkmale

❏ Immer wiederkehrende und notwendige HTML-Bestandteile sollten vom Editor automatisch erzeugt werden. Dazu gehören komplette Seitenrahmen wie z.B. `<html><head><title>`...
`</title>`...`</head><body>`..., aber auch die normalen ge-
klammerten Tag-Paare.

❏ Sonderzeichen und HTML-Entitäten sollten beispielsweise in Tabellen anklickbar sein oder bei ihrer direkten Eingabe automatisch in die HTML-Notation gewandelt werden.

❏ Der Editor sollte die Möglichkeit bieten, einen Web-Browser zur Voransicht der Seiten aufzurufen.

❏ Er muss möglichst viele der komplexeren HTML-Mechanismen wie Formulare, Tabellen oder sogar Stylesheets beherrschen.

❏ Der Editor sollte dafür sorgen, dass notwendige Attribute von Tags von Ihnen ausgefüllt werden müssen.

Natürlich gibt es eine ganze Reihe weiterer Faktoren, die die Wahl eines Editors beeinflussen. Die genannten Kriterien sollten Sie als Ausschlussanforderungen nehmen – erfüllt sie ein Editor nicht, sollten Sie einen anderen verwenden.

Aufgrund der fortlaufenden Entwicklung neuer Editoren ist es ausgesprochen schwierig, in einem Buch einen bestimmten Editor zu empfehlen. Dazu müsste es alle denkbaren Rechnerplattformen abdecken und wäre auch sehr bald von der Entwicklung im Bereich der Web-Software überholt. Die Seite unter der Adresse *http://dir.yahoo.com/ Computers_and_Internet/Software/Internet/World_Wide_Web/HTML_ Editors* listet eine Fülle aktueller Software auf.

Abbildung 19.2
Der SpiderPad-Editor

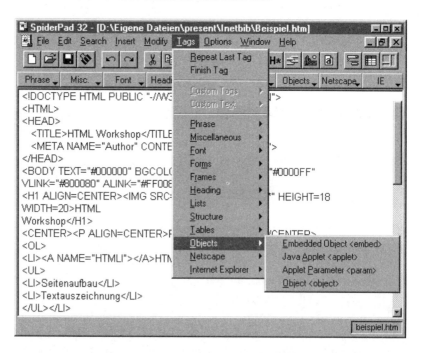

SpiderPad   Ein einfacher Vertreter von HTML-Editoren für Windows-Systeme ist der SpiderPad-Editor (*http://www.sixlegs.com*), den Sie in Abbildung 19.2 sehen.

Sie können damit beispielsweise mausgesteuert Formulare erstellen, die, wie in Abschnitt 10.8 auf Seite 130 beschrieben, durch automatisch erzeugte Tabellen an Hilfslinien ausgerichtet werden. Sie können Framesets per Maus erzeugen und ihre Dimensionen festlegen. Auch für Tabellen steht ein eigener Editor bereit. Schließlich unterstützt Spider-Pad auch die Verwendung von Stylesheets (siehe Kapitel 13 auf Seite 153) für die visuellen Eigenschaften von Textabschnitten.

All dies sind Funktionen, die über den normalen Leistungsumfang eines HTML-Editors hinausgehen. Sie sollten bei Ihrer Auswahl auf solche zusätzlichen Hilfsmittel achten.

Vor- und Nachteile

Der Vorteil von HTML-Editoren liegt in der spezialisierten Umgebung. Ihr größter Nachteil ist die Festlegung auf einen bestimmten HTML-Sprachumfang. So sind naturgemäß Tags oder Attribute, die eine neue Browserversion einführt in einem älteren Editor nicht verfügbar. Im schlimmsten Fall werden sie bei einer HTML-Korrektur als falsch markiert.

Sehr günstig für den Erstellungsprozess sind daher kombinierte Browser und Editoren. Netscape hatte dies in seiner Version 3 erstmalig realisiert. In der aktuellen Version 6 erlaubt der Editor verschiedene Sichten auf die Seite – in Abbildung 19.3 auf der nächsten Seite sehen Sie die Editiersicht und eine Anzeige mit eingeblendeten Tag-Namen.

19.3 Export-Filter für Textverarbeitungen

Falls Sie aber nicht einen neuen Editor erlernen, sondern Ihre gewohnte Textverarbeitung weiternutzen wollen, so können Sie dabei mehr und mehr auf Zusätze zu existierenden Textverarbeitungen zurückgreifen.

Die Hersteller von Programmen wie Microsoft Word, Word, WordPerfect, FrameMaker WordPerfect, FrameMaker etc. haben schon im Laufe der Jahre 1995 und 1996 Zusatzmodule entwickelt, die den Export von Dokumenten nach HTML ermöglichen. Die ab 1997 erscheinenden Produktgenerationen haben HTML-Unterstützung integriert.

Word, WordPerfect, FrameMaker

Sie sollten daher keine Probleme mehr haben, mit einer aktuellen Version Ihrer Textverarbeitung auch für das Web zu schreiben. Der große Vorteil solcher Zusätze ist, dass Sie Ihre schon vorhandenen Texte weiterverwenden können. Speichern Sie sie einfach im HTML-Format ab und stellen Sie die entstehenden Seiten auf den Server.

Ein Beispiel für die erste Generation solcher HTML-Aufsätze sind die Internet-Assistenten, die von Microsoft 1996 für die Programme aus Office 95 kostenlos bereitgestellt wurden. In Abbildung 19.4 auf Seite 241 sehen Sie den Internet-Assistenten für Microsoft Word 7.

Internet-Assistenten

Er fügte zwei Funktionalitäten zur gewohnten Word-Textverarbeitung hinzu. Sie können einerseits ein Dokument auch als HTML abspeichern und andererseits auch einen speziellen Editiermodus benut-

Abbildung 19.3
Der Editor in
Netscape 6

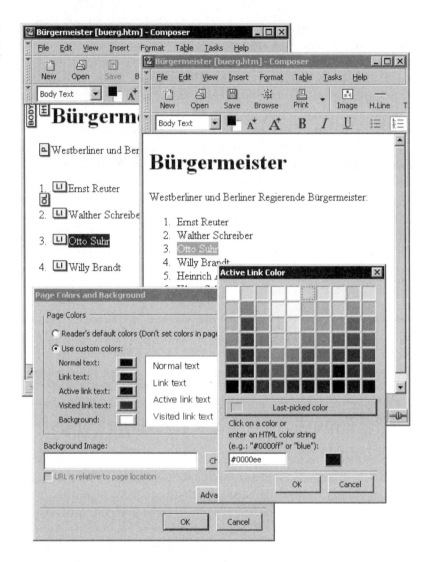

zen, der sich auf die HTML-Möglichkeiten beschränkt. Mittlerweile ist die Erzeugung von HTML-Dokumenten in die Grundversion von Word integriert.

Beschränkungen Bei der Verwendung eines solchen Export-Filters müssen Sie bedenken, dass nicht alle Funktionalitäten einer ausgewachsenen Textverarbeitung auch in HTML bereitstehen. Wenn Ihr Textprogramm Unterstützung für Formelsatz bietet, dann gibt es bis heute keine vernünftige Möglichkeit, komplexe Formeln in HTML zu setzen.

Darüber hinaus haben Sie kaum eine Möglichkeit, die Konvertierung nach HTML zu beeinflussen. Der vom Internet-Assistenten für Word erzeugte HTML-Code war an einigen Stellen durchaus zu verbes-

Abbildung 19.4
Der
Internet-Assistent
für Microsoft Word 7

sern – im Hinblick auf die Verwendung von Absatz- und Zeichensatz-Tags wies er sogar deutliche Mängel auf.

Ein weiterer Nachteil ist das oft noch mangelnde Zusammenspiel der Textverarbeitung mit der Web-Umgebung. Wenn Ihre Textverarbeitung Querverweise beherrscht oder eine Literaturverwaltung anbietet – können Sie Verweise auf eine Online-Ressource als URL integrieren und als HTML erzeugen?

Mittlerweile haben sich diese Probleme aber abgeschwächt, spätestens seit Pakete wie StarOffice oder Office 97 HTML als Speicherformat unterstützen. In den heutigen Versionen der Office-Programme ist der Export nach HTML selbstverständlich. Bei der konkreten Auswahl einer Textverarbeitung sollten Sie die angebotenen Filter aber auf Korrektheit und Flexibilität überprüfen.

19.4 Site-Editoren

Gleichartige Seiten Da mit einem HTML-Editor lediglich eine einzige Seite erzeugt werden kann, ist dadurch das Erstellungsproblem für eine komplette *Website* – als ein zusammenhängendes Informationssystem auf einem Server – nicht gelöst. Es gibt mehr und mehr Systeme, mit denen die Erstellung mehrerer Seiten in gleichem Erscheinungsbild möglich ist. Hierbei ist es wichtig, Eigenschaften festlegen zu können, die auf allen Seiten gelten sollen. Beispiele sind gleichartige Kopf- und Fußteile von Seiten oder wiederkehrende Navigationsbalken, die in andere Teile Ihres Informationssystems führen.

HTMgen Ein Beispiel für einen solchen Site-Editor ist HTMgen (*http://home. sol.no/jgaa*), mit dem Seitenbestandteile vordefiniert und zu Seiten kombiniert werden können. In einem Schritt baut das System daraus eine komplette Site. In Abbildung 19.5 auf der nächsten Seite sehen Sie einen Bildschirmausschnitt.

Mit HTMgen definieren Sie Bestandteile von Seiten und deren Eigenschaften. Aus diesen können Sie Seiten Ihres Informationssystems kombinieren und abschließend einen Satz HTML-Seiten erzeugen lassen.

Wollen Sie beispielsweise das Hintergrundbild auf allen Seiten Ihres Informationssystems ändern, so reicht die Änderung einer einzigen Eigenschaft und eine Neuerzeugung der Seiten aus. Gegenüber der Erstellung mit HTML-Editoren liegt der Vorteil der einfachen Wartungsunterstützung auf der Hand. Der Site-Editor HTMgen ist allerdings vergleichsweise spartanisch in der HTML-Unterstützung bei der Erstellung der Seitenbestandteile.

GnnPress Ein anderer Vertreter dieser Gattung ist GnnPress, von dem Sie einen Bildschirmausschnitt in Abbildung 19.6 auf Seite 244 finden. Hier ist ein herkömmlicher HTML-Editor um die Fähigkeit zur Erstellung mehrerer Seiten und deren Verknüpfung erweitert worden. Gnn-
AOLpress Press wird momentan unter dem Namen AOLpress bei *http://www. primehost.com/download/index.htm* bereitgestellt.

Der Vorteil von Site-Editoren liegt in der einfachen Wiederverwendung von Bestandteilen und der leichten Änderbarkeit eines kompletten Satzes von Seiten. Dafür ist allerdings etwas mehr Planung und der zusätzliche Generierungsschritt notwendig.

19.5 Konverter

Vielleicht wollen Sie aber auch keinen besonderen Editor oder Exporter verwenden, sondern eine Reihe von Dokumenten per Programm nach HTML konvertieren lassen. Es gibt für die wichtigsten Formate von Texten teilweise mehrere Konverter nach HTML.

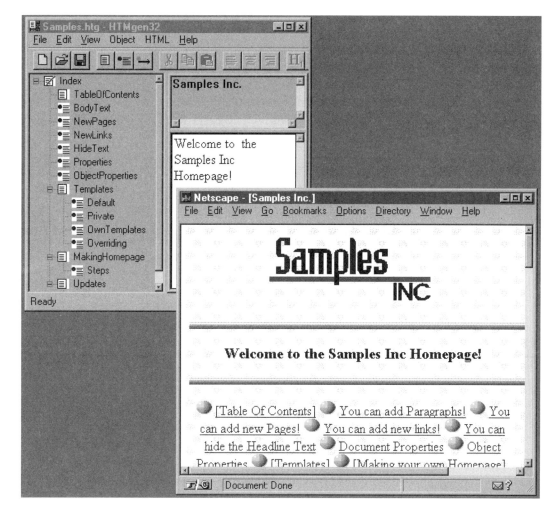

Abbildung 19.5
Der Site-Editor
HTMgen
Übersicht

Eine Übersicht über solche Programme finden Sie unter der URL *http://www.w3.org/hypertext/WWW/Tools/Filters.html.* Eine gute Alternative dazu bietet die Seite bei der Adresse *ftp://src.doc.ic.ac.uk/ computing/information-systems/www/tools/translators* mit einer Liste verschiedenster Konverter.

Die Liste umfasst Konverter für verbreitete Textverarbeitungen wie Microsoft Word, Word Perfect, FrameMaker, Interleaf, QuarkXPress, PageMaker, AmiPro, ClarisWorks, MacWrite und die Satzsysteme troff und LATEX.

Der Vorteil solcher Konvertierer liegt darin, dass sie größere Mengen schon existierender Dokumente als Onlineversionen erzeugen können. Allerdings gibt es auch hier denselben Nachteil wie bei den Export-Filtern: Zumeist sind die Quellformate mächtiger als HTML, und die

Abbildung 19.6
Der Site-Editor
GnnPress

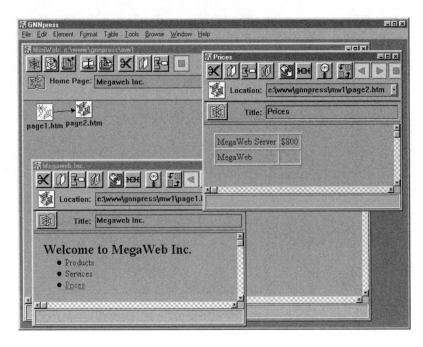

Integration von HTML-Feinheiten und Onlinereferenzen ist nicht immer sehr überzeugend.

19.6   Onlinegenerierung von Seiten

HTML-Seiten aus
Datenbankinhalten

Bei einem weiteren Weg zur Erstellung eines Informationssystems ist es nicht mehr nötig, überhaupt HTML-Seiten zu erzeugen. Sie können Ihr Informationsangebot komplett auf einen schon vorhandenen Datenbankinhalt abstützen, indem Sie die in Kapitel 18 auf Seite 225 beschriebenen Mechanismen zur dynamischen Erzeugung von HTML-Dokumenten auf alle Ihre Seiten anwenden.

Dabei ergibt sich ein Bild wie in Abbildung 19.7. Als Grundlage dafür müssen alle Informationen, die Sie anbieten, in einer Datenbank gespeichert sein. Vielleicht verfügen Sie über diesen Inhalt schon – bei-

Abbildung 19.7
Seitengenerierung
aus einer Datenbank
mit dem
CGI-Mechanismus

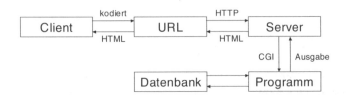

spielsweise in Form von datenbankgestützten Produktinformationen, die Sie online verfügbar machen wollen.

Sie konfigurieren dafür Ihren Webserver so, dass er für alle ange-
fragten Seiten ein Skript aufruft. Dieses Skript fragt Ihre Datenbank
geeignet an, um die Inhaltsinformationen zu ermitteln. Mit Hilfe von
Templates – HTML-Schablonen, in die die Informationen lediglich eingefügt werden – erzeugt das Skript jeweils eine HTML-Seite, die an den
Leser als Antwort geschickt wird.

Webserver dafür
konfigurieren

Mit XML ergeben sich für diesen Generierungsprozess weitere technische Möglichkeiten, wenn Datenbanken vielleicht direkt XML als
Speicherformat nutzen und am Server gleich die XML-Skriptsprache
XSL verwendet wird. Um tiefer in diese Technologien einzusteigen,
brauchen Sie allerdings zusätzliche Informationen – dieses Buch geht
darauf nicht weiter ein.

Die Anbindung von Datenbanken zu diesem Zweck ist inzwischen
in verschiedenen kommerziellen Produkten vorhanden. Der Vorteil dieser Methode liegt in der Aktualität des erzeugten HTML-Inhalts und
der Mehrfachverwendung einer eventuell schon vorhandenen Datenbank.

Ein Nachteil ergibt sich aus den höheren Antwortzeiten – für jede
Seite muss eine Datenbankanfrage gestellt und deren Ergebnis mit dem
Template vermischt werden.

19.7 Auswahlkriterien

Welche Software Sie wählen, um Ihre HTML-Seiten zu erstellen, wird
letztlich an Ihren konkreten Aufgaben zu entscheiden sein. Faktoren
sind beispielsweise die Menge der schon vorhandenen Texte, die Rech-
nerplattform und natürlich auch der persönliche Geschmack.

Bei der Auswahl einer Erstellungsmethode für HTML spielen verschiedene Faktoren eine Rolle. Abbildung 19.8 auf der nächsten Seite
zeigt einen möglichen Weg zu einer Entscheidung. Wichtige Faktoren
bei der Auswahl sind:

❏ Die *Menge* der zu erstellenden Seiten. Bei kleinen Mengen bieten
   sich aufgrund ihrer Einfachheit eher Editoren für einzelne Seiten
   an.
❏ Die *Erfahrung* mit der HTML-Erstellung. ASCII-Editoren sind
   bei der Schnelligkeit und Flexibilität HTML-Editoren überlegen,
   erfordern aber mehr HTML-Kenntnisse.
❏ Die *Dynamik der Bestände*. Sind große Bestände vorhanden,
   wird eine Konvertierung der bessere Weg sein – bei wachsenden
   Beständen bieten sich Exporter an.
❏ Die *Dynamik des Inhalts*. Falls sich der Seiteninhalt in rascher
   Abfolge ändert, eignet sich eine Seitengenerierung zum Abfrage-
   zeitpunkt.

Abbildung 19.8
Auswahlkriterien für
die HTML-Erstellung

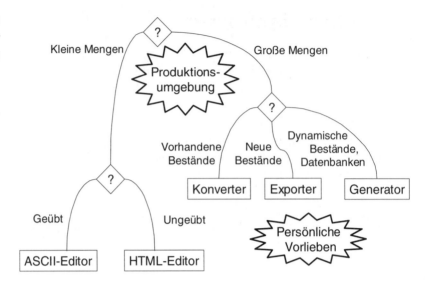

Schließlich wird der Auswahlprozess durch persönliche Vorlieben bei der Auswahl von Editoren beeinflusst. Der wichtigste Faktor bleibt aber die Einbettung der HTML-Erzeugung in den allgemeinen umgebenden Produktionsprozess, in dem die Onlinedarstellung nur eine mögliche Informationsbereitstellung unter mehreren ist.

Wie in der Einleitung dieses Kapitels angekündigt, finden Sie an dieser Stelle keine Empfehlung für einen bestimmten Weg oder die Verwendung eines bestimmten Systems. Ihnen sollte allerdings deutlich geworden sein, welche Möglichkeiten es zur HTML-Erstellung gibt, welche Vor- und Nachteile jeweils existieren und welche Entscheidungskriterien Sie anwenden können.

In diesem Kapitel haben Sie einige Editoren zur Erstellung von HTML-Seiten kennen gelernt. Das Wissen um HTML-Tags und Editoren reicht aber nicht für die Umsetzung erfolgreicher Informationssysteme aus. Im nächsten Kapitel finden Sie eine Reihe von Hinweisen und Tipps, die Sie bei der Gestaltung beachten sollten.

20 Stilempfehlungen

In diesem Kapitel lernen Sie,

- ❑ welche Fehler bei der Seiten- und Textauszeichnung Sie vermeiden sollten,
- ❑ was bei Grafiken zu beachten ist,
- ❑ wie Sie Ihren HTML-Quelltext formatieren sollten,
- ❑ wie Sie mit hoher Qualität Ihre Textauszeichnung gestalten,
- ❑ sinnvolle Links setzen und
- ❑ Ihrer Website ein einheitliches Design geben.

Sie haben in den vorangegangenen Kapiteln HTML kennen gelernt und können mit diesem Wissen bereits eigene HTML-Seiten gestalten, die teilweise anspruchsvoll und optisch ansprechend mit Formeln, Tabellen und Abbildungen arbeiten.

Dennoch reicht dieses technische Wissen über HTML nicht aus, um wirklich gute Informationssysteme zu bauen. Zusätzlich zur Korrektheit einer Seite kommen noch weitere Faktoren hinzu, die die Informationssysteme einfach zugänglich machen.

In diesem Kapitel finden Sie verschiedenste Hinweise, mit denen man HTML-Seiten optisch gut gestaltet. Sie werden auf technische Fallstricke hingewiesen und lernen viele Tipps zur Darstellung des Seiteninhalts, zum Aufbau einzelner Seiten und zur Strukturierung von kompletten Informationssystemen kennen.

Es existieren eine ganze Reihe von so genannten Style-Guides für *Style-Guides* das Web ([14], [19], [21]). Dieses Kapitel gibt einen Ausschnitt aus der Menge von Hinweisen wieder. Dabei bleibt ausreichend gestalterischer Spielraum für Ihre eigene Kreativität.

Beim Schreiben von HTML-Seiten können eine Reihe technischer *Technische Fehler* Fehler auftreten. Sie bewirken zumeist nicht, dass eine Seite nicht angezeigt wird. Vielmehr führen sie zu größeren oder kleineren Fehlern in der Darstellung, die man schon beim Schreiben vermeiden sollte.

20.1   Mindestbestandteile einer Seite

Jede Seite hat immer zumindest die Form

```
<html><head>
Kopfinformationen
</head><body>
Seiteninhalt
</body></html>
```

Kopf- und Seiteninhalt   Obwohl `<html>...</html>` überflüssig erscheinen mag, sollte man immer seine HTML-Seiten mit diesem Tag einschließen. Und auch die Aufteilung der Seite in Kopf- und Inhaltsinformationen muss immer ausgezeichnet werden.

Titel   Im Kopfteil der Seiten muss zumindest das Tag `<title>` erscheinen, da der Browser sonst z.B. das unschöne »`(untitled)`« als Fenstertitel verwendet.

Der Seitentitel sollte dabei möglichst kurz sein. Üblicherweise stellen Browser diesen in der Kopfzeile eines Fensters dar. Mit einem kurzen Titel stellt man sicher, dass er dort hineinpasst. Viele Fenstersysteme verwenden diesen Titel als Unterzeile eines Icons, wenn man das Fenster verkleinert. Dem Autor dieses Buchs ist schon ein `<title>` begegnet, der so nicht mehr auf einen 19-Zoll-Monitor passte ...

Geben Sie einen Titel an, der aussagekräftig ist. Es macht keinen Sinn, seine persönliche Eingangsseite mit `<title>Homepage</title>` auszuzeichnen, da hier nicht gesagt wird, um wessen Homepage es sich handelt. Verwenden Sie an dieser Stelle besser Ihren Namen. Überprüfen Sie, ob Sie anhand des Titels alleine herausfinden können, wovon eine Seite handelt.

Autor/in   Zusätzlich sollte man das Tag `<link>` in der folgenden Form im Kopfteil jeder HTML-Seite verwenden:

```
<link rev="made" href="mailto:E-Mail-Adresse">
```

Damit gibt man an, das über die URL die Person zu erreichen ist, die das Dokument erstellt hat. Die Auswertung des `<link>`-Tags ist allerdings in den meisten Browsern nur rudimentär realisiert. Die mit seiner Einführung in HTML 3 verbundenen Hoffnungen auf eine damit mächtigere Navigationsunterstützung sind leider von den Herstellern enttäuscht worden.

20.2   Sonderzeichen

Semikolon   Sonderzeichen stellt man in HTML mit einem Code dar, der mit & eingeleitet wird. Diese Sonderzeichen müssen immer mit einem Semikolon abgeschlossen werden, auch wenn man meint, das beispielsweise ein Leerzeichen das Ende des Codes andeutet. Schreiben Sie also `Schlu&szlig;` und Ende anstelle des fehlerhaften `Schlu&szlig` und Ende.

Vor und nach den Sonderzeichencodes sollte kein zusätzliches Leerzeichen auftauchen. `Gr &ouml; &szlig; e` ist falsch (»Gr ö ß e«); die korrekte Schreibweise lautet `Gr&ouml;&szlig;e`. *Leerzeichen*

Auch wenn man Umlaute und andere Sonderzeichen direkt in einer HTML-Seite verwenden kann, sollte man trotzdem die Code-Schreibweise bevorzugen, da nicht alle alten Browser einen 8-Bit-Zeichensatz beachten und dies nach der HTML-Definition auch nicht müssen. *Code-Schreibweise*

20.3 Leerzeichen und Zeilenumbrüche

Mehrfach wiederholte Leerzeichen und Zeilenumbrüche sind in einer HTML-Seite fast immer gleichbedeutend mit einem einfachen Leerzeichen (eine Ausnahme ist beispielsweise `<pre>`). Dennoch gibt es einige Stellen, an denen Leerzeichen mit Bedacht verwendet werden sollten.

Verwendet man Leerzeichen nach einem Start-Tag oder vor einem Ende-Tag, so sind sie damit Bestandteil des ausgezeichneten Textes. In Verbindung mit Textformatierungen kann dies zu unerwarteten Änderungen der Darstellung führen. Dazu zwei Beispiele: *Bei Start- und Ende-Tags*

```
Taste <tt> Enter </tt> auf der <i>Tastatur </i>.
Taste <tt>Enter</tt> auf der <i>Tastatur</i>.
```

Durch die Leerzeichen vor dem Ende-Tag entstehen unterschiedliche Leerräume:

> Taste `Enter` auf der *Tastatur* .
> Taste `Enter` auf der *Tastatur*.

Im ersten Fall entsteht ein größerer Leerraum, da der Browser Schreibmaschinenschrift verwendet und darin Leerzeichen fast immer breiter sind. Nach *Tastatur* ergibt der zusätzliche Leerraum den Satzfehler vor dem Punkt.

Ein weiterer Fallstrick in Sachen Leerzeichen ist die Tatsache, dass Zeilenumbrüche im HTML-Text wie ein Leerzeichen behandelt werden. Das folgende Beispiel zeigt die Auswirkung im Zusammenhang mit dem `<a>`-Tag:

```
Siehe das <a href="...">
Literaturverzeichnis
</a>.
```

Ein Browser wird diesen Ausschnitt wie folgt darstellen:

> Siehe das <u>Literaturverzeichnis</u> .

Da die Zeilenumbrüche wie Leerzeichen gelten, werden sie zum Text des Ankers gerechnet und unterstrichen. Wenn der Anker nur eine Grafik enthält, wirken solche Fehler besonders unschön:

Abbildung 20.1
*Überflüssiges
Leerzeichen nach
der Grafik*

```
Navigation: <a href="up">
<img src="up.gif" alt="Up">
</a>
```

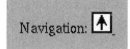

Falls man aus Gründen der Übersichtlichkeit beim Schreiben in seinem HTML-Text Zeilenumbrüche einfügen will, sollte man dies vor der schließenden spitzen Klammer von Tags tun, da Leerzeichen dort ignoriert werden:

```
Siehe das <a href="..."
>Literaturverzeichnis</a>.
```

*Automatischer
Leerraum*

Die Regeln zur Verwendung und Vermeidung von Leerzeichen haben ihre Ausnahmen, nämlich bei den Elementen, die von sich aus Leerraum einfügen. So kann problemlos nach einem <dt>-Tag ein Leerraum folgen oder auch nicht.

*Fehlende
Leerzeichen nach
Ende-Tag*

Eine weitere Fehlerquelle ist ein fehlendes Leerzeichen nach dem Ende-Tag:

```
Taste <tt>Enter</tt>auf der <i>Tastatur</i>.
```

Dieser HTML-Text ergibt folgende fehlerhafte Darstellung:

Taste Enterauf der *Tastatur*.

20.4 Textauszeichnung

*Lieber logisch
auszeichnen*

Über die folgende Stilempfehlung wird gerne gestritten: Bevorzugen Sie logische Textauszeichnung gegenüber direkter Formatierung. Wichtige Passagen sollten Sie also mit den Tags <em> oder <strong> auszeichnen und nicht <i> oder <b> verwenden.

Der Vorteil einer solchen logischen Auszeichnung ist eine etwas höhere Abstraktion: »Hier ist eine wichtige Textstelle« anstelle von »Hier ist fette Schrift«. Wie »wichtig« dargestellt wird, bleibt dem Browser oder den Nutzereinstellungen überlassen. Zudem macht die logische Auszeichnung auch die Verarbeitung von HTML-Seiten einfacher, da z.B. die Suche nach dem <address>-Feld leicht zu automatisieren ist um die Autorenschaft einer Seite zu ermitteln, während ansonsten eine Textanalyse notwendig ist.

Die Argumentation gegen logische Auszeichnung lautet, dass die vorhandenen Tags nicht für alle Fälle ausreichen. So könnte man auch ein `<date>`-Tag für die Auszeichnung von Datumsangaben nutzen. Überlegt man weiter, so erhält man eine fast endlose Liste »sinnvoller« logischer Auszeichnungen, die den Sprachumfang von HTML aber unübersichtlich machen würden. Letztlich hat übrigens diese Diskussion zur Entwicklung von XML geführt.

Das Argument der stärkeren Kontrolle über das Aussehen der Seite durch direkte Formatierung lässt sich aber einfach entkräften. Beispielsweise stellt der zeichenorientierte Lynx-Browser das `<b>`-Tag durch Unterstreichen dar, da Textterminals nicht immer Fettschrift beherrschen.

20.5 Grafiken

Bei allen Grafiken, die Sie mit `<img>` darstellen, sollten Sie zugleich mit dem `alt`-Attribut eine textuelle Alternative anbieten. Der Text sollte informativ genug sein, um die Grafik zu ersetzen. Nicht wenige Nutzer des Web verwenden auch zeichenbasierte Browser wie Lynx und können Grafiken gar nicht anzeigen. Noch wichtiger in diesem Zusammenhang sind Nutzer, die wegen schlechter oder teurer Leitungen in ihrem grafischen Browser das Laden von Grafiken abschalten. Sie sollten dafür unbedingt mit `alt` eine textuelle Alternative anbieten.

Textalternative

Vermeiden Sie es, zu viele Farben in Ihren Grafiken zu verwenden. Jede einzelne Farbe muss der Browser bei seinem Fenstersystem anfordern und die Menge der verfügbaren Farben ist begrenzt. Als gute Richtwerte gelten maximal 50 Farben pro Bild und insgesamt nicht mehr als 150 Farben pro Seite.

Maximal 150 Farben pro Seite

Bedenken Sie, dass Funktionen in Malprogrammen zur Glättung von Kurven durch zusätzlich eingefügte Pixel in Farbabstufungen arbeiten. Für diese Werte entsteht selbst bei einfachen Schwarzweißgrafiken ein Bedarf für 20 oder 30 Grauwerte.

✘

Obwohl Grafikformate wie GIF und insbesondere JPEG versuchen, Bilder sehr kompakt zu speichern, kann man bezüglich der Farben und Komprimierung noch optimieren. Als Resultat sind Grafiken möglich, die weniger Farben benötigen und eine kleine Dateigröße haben, visuell aber kaum von nichtoptimierten Versionen unterscheidbar sind.

Eventuell haben Sie in Ihrem Grafikprogramm eine solche Option oder einen Filter, der Grafiken für das Web optimieren kann. Sie sollten diese Möglichkeiten unbedingt nutzen.

✘

Es gibt auch verschiedene Anbieter im Netz, die eine solche Komprimierung als Dienst bereitstellen. Sie finden beispielsweise unter den URLs *http://www.spinwave.com/gc* und *http://www.spinwave.com/jc* den GIFCruncher bzw. den JPEGCruncher, das sind Dienste, die auf

GIFCruncher
JPEGCruncher

dort angebotenen Shareware-Programmen zur Optimierung von GIFs und JPEGs beruhen.

Standardfarben in Browsern

Inzwischen haben sich die Browser-Hersteller auf einen Satz von Standardfarben geeinigt, die der Browser immer im Fenstersystem reserviert. Dabei sind für die Rot-, Grün- und Blauanteile jeweils sechs Abstufungen vorgesehen, wodurch sich eine Standardfarbpalette von 216 Farben ergibt.

Die Stufen in jedem Farbanteil sind 0, 51, 102, 153, 204 und 255 oder in hexadezimaler Schreibweise 0, 33, 66, 99, CC und FF. Damit ist #3399CC eine »gute« Farbe, während bei #40AA01 der Browser wahrscheinlich eine zusätzliche Farbe vom Fenstersystem anfordern muss und diese eventuell nicht mehr frei ist.

Breite und Höhe einstellen

Die Attribute width und height sollten Sie bei Grafiken benutzen. Dadurch kann der Browser die Textformatierung durchführen, auch wenn er noch nicht alle Grafiken geladen hat. Während der Browser diese noch vom Server holt, hat der Leser schon den vollständigen Text vor sich.

Interlacing

Auch die Technik des Interlacing bei GIF-Bildern (siehe den Abschnitt 7.3 auf Seite 90) kann zu einem subjektiv schnelleren Seitenaufbau führen. Ein so bearbeitetes Bild baut sich schon nach kurzer Zeit auf, allerdings in unscharfer Darstellung. Dennoch kann der Leser schon Umrisse erkennen und braucht eventuell nicht auf das vollständige Laden der Grafik zu warten.

Bilder zunächst klein anbieten

Weiterhin ist es guter Stil, große Grafiken nicht »zwangsweise« auf Ihren Seiten anzubieten. Falls beispielsweise Fotos die eigentliche Information auf einer Seite sind, bieten sich verkleinerte Versionen (so genannte »Thumbnails« – daumennagelgroße Verkleinerungen) auf der Seite an, die jeweils Links auf das Originalbild sind. Damit kann der Leser auswählen, welches Bild er in voller Größe anschauen will. Sie vermindern damit die Kosten des Lesers, der sonst vielleicht für die Übertragung sehr großer Bilder bezahlen muss, die ihn eigentlich nicht interessieren.

Grafiken zusammenfassen

Bei Grafiken, die aus mehreren Teilen bestehen – beispielsweise einer Leiste grafischer Buttons –, ist es günstiger, eine einzige Grafik anstelle mehrerer einzelner Buttons anzubieten. Dadurch muss nur eine Datei übertragen werden, wobei man einen unnötigen mehrfachen Verbindungsauf- und -abbau vermeidet.

Sie können eine solche Buttonleiste beispielsweise in einem Formular mit dem Tag <input> und dem Attribut type="image" versehen. Den ausgewählten Button ermitteln Sie in einem CGI-Skript, das die übermittelten Koordinaten *Name*.x und *Name*.y auswertet. Überlegen Sie, ob eine eingängig gestaltete Grafik eventuell besser ist als eine Leiste rechteckiger Buttons.

20.6 Layout des HTML-Codes

Die Quellen der HTML-Seiten werden zwar nicht dem Leser dargestellt, damit aber Sie einfacher damit umgehen können, sollten Sie auch
hier eine Art Formatierung benutzen. Um Fehler zu vermeiden, sollten
Sie einfach zwischen Tags und eigentlichem Text unterscheiden können.

Beginnen wir mit einem schlechten Beispiel, dessen Inhalt Sie von
Seite 61 kennen:

Ein schlechtes Beispiel

```
<!doctype
 html public "-//IETF//DTD HTML//EM//2.0">
<html><head><title>Berlin Informationen</title>
<Base HREF="http://www.info.berlin.de/index.html">
<nextid N=A12></HEAD><BODY>
<h1>Berliner Bezirke</H1>
<H2>Westliches Berlin</H2>
<Dl><dt>Goldelse
<dd>Siegess&auml;ule<dt>Schwangere Auster
<dd>Haus der Kulturen der Welt
<DT>Hohler Zahn<dd>Glockenturm der alten
Ged&auml;chtniskirche</dl></body></html>
```

Dieses Dokument ist zwar korrektes HTML, aber schlecht zu editieren,
da kaum sichtbare Unterschiede zwischen Text und Tags vorhanden
sind. Auch ist kein einheitlicher Stil verwendet worden – mal sind die
Tag-Namen groß, mal klein, mal gemischt geschrieben. Es handelt sich
damit nicht mehr um ein gültiges XHTML-Dokument. Zudem spiegelt
die Struktur des HTML-Textes nicht die Struktur der Seite wider.

Eine bessere Formatierung des Quelltextes sieht so aus:

Ein gutes Beispiel

```
<!DOCTYPE
 HTML PUBLIC "-//IETF//DTD HTML//EM//2.0">
<html>
<head>
<title>Berlin Informationen</title>
<base href="http://www.info.berlin.de/index.html">
<nextid n="A12">
</head>
<body>
<h1>Berliner Bezirke</h1>
<h2>Westliches Berlin</h2>
<dl>
<dt>Goldelse</dt>
<dd>Siegess&auml;ule</dd>
<dt>Schwangere Auster</dt>
<dd>Haus der Kulturen der Welt</dd>
```

```
<dt>Hohler Zahn</dt>
<dd>Glockenturm der alten
Ged&auml;chtniskirche</dd>
</dl>
</body>
</html>
```

Ein besseres Beispiel

Hier sind alle Tags in Kleinbuchstaben notiert und das Layout spiegelt die Dokumentenstruktur wider. Man kann auch noch weitergehen und Leerzeichen zur Strukturierung verwenden:

```
<!DOCTYPE
 HTML PUBLIC "-//IETF//DTD HTML//EM//2.0">
<html>
<head>
 <title>Berlin Informationen       </title>
 <base href="http://www.info.berlin.de/index.html">
 <nextid n="A12">
</head>
 <body>
<h1>    Berliner Bezirke            </h1>
<h2>    Westliches Berlin           </h2>
<dl>
 <dt> Goldelse                      </dt>
 <dd> Siegess&auml;ule             </dd>
 <dt> Schwangere Auster             </dt>
 <dd> Haus der Kulturen der Welt</dd>
 <dt> Hohler Zahn                   </dt>
 <dd> Glockenturm der alten
      Ged&auml;chtniskirche       </dd>
</dl>
</body>
</html>
```

Bei diesem Layout ist der linke Rand für Tags reserviert. Auf einen Blick wird klar, was der eigentliche Seiteninhalt und was die Auszeichnung ist. Dafür müssen Sie natürlich etwas Mehraufwand treiben – vielleicht kann ein Texteditor dabei helfen. Und Sie müssen darauf achten, dass Sie bei einer solchen Formatierung nicht fehlerhaft Leerzeichen einführen.

20.7   Gute Textauszeichnung

Hervorheben und Orientierung bieten

Eine wichtige Regel der Textgestaltung ist die Beschränkung auf das Notwendige. Textauszeichnung soll eine Passage hervorheben und dem

Leser die Orientierung erleichtern. Sie soll nicht demonstrieren, dass man vielerlei Schriftarten erzeugen kann. Sie soll auch nicht *l'art pour l'art* sein und den Bezug zum Inhalt verlieren.

So sollten Sie überlegen, ob es wirklich Sinn macht, einen Text bis in die unterste Gliederungsstufe `<h6>` zu unterteilen. Vielleicht reicht auch eine Hervorhebung durch die Tags `<em>` oder `<strong>`. Eventuell ist auch eine Auflistung verschiedener Punkte mit `<dd>` geeigneter. In beiden Fällen gewinnen Sie eine bessere Platzausnutzung auf einer Seite, da weniger vertikaler Leerraum erzeugt wird.

Überschriften sollten kurz und prägnant sein, nicht zuletzt, damit sie in der Darstellung des Browsers nicht mehrere Zeilen benötigen.

20.8 Links

Auf jeder Seite innerhalb eines Informationssystems sollte man zusätz- *Navigationsleiste*
liche Navigationshilfen geben. Üblicherweise bieten Browser Buttons an zum Erreichen der vorherigen Seite, der Homepage etc. Innerhalb eines Systems gibt es aber auch andere sinnvolle Ziele, die Sie in einer Navigationsleiste zur Verfügung stellen sollten. Beispiele sind die Eingangsseite, eine Suchseite, eine Seite, auf der man eine E-Mail an den Betreiber schicken kann, oder eine Seite, die Hilfestellung zur Benutzung bietet.

Eine solche Buttonreihe lässt sich platzsparend darstellen als:

```
<b>[<a href="index.html">Eingang</a>]
   [<a href="search.html">Suchen</a>]
   [<a href="help.html">Hilfe</a>]
   [<a href="feedback.html">Feedback</a>]</b>
```

Ein Browser erzeugt dafür die einzelne Zeile

[Eingang][Suchen][Hilfe][Feedback]

Diese Darstellung von Nagivationsbuttons – in fetter Schrift von eckigen Klammern eingefasst – hat sich als Gestaltungsmittel inzwischen durchgesetzt. Sie sollten sie am Anfang jeder Seite darstellen und bei langen Seiten auch am Ende. Bei sehr langen Seiten kann man sie an geeigneten Stellen einstreuen.

In Verbindung mit Framesets lässt sich eine Navigationsleiste sehr gut am Rand einer Seite fixieren. Dabei enthält ein Frame nur die Leiste, während ein zweiter den jeweiligen Inhalt der gewählten Seite enthält. Mit den Attributen von `<frame>` können Sie bei Bedarf den entstehenden Rand zwischen den Frames ausschalten.

Schreiben Sie HTML wie ein normales Textdokument. Verfallen *Kein Hypertextstil!*
Sie nicht in einen speziellen Hypertextstil, bei dem Sie weniger über

den Inhalt und mehr über die technische Form sprechen. Die folgenden Beispiele sollen das verdeutlichen:

❏ Schreiben Sie nicht »Auf dieser Seite finden Sie Informationen über Berliner Stadtbezirke«, denn dabei sprechen Sie nicht über Berlin, sondern über Ihre Seite. Statt dessen ist es besser zu schreiben: »Berlin ist in viele Stadtbezirke aufgeteilt. Sie sind ... «. Einen normalen Text auf Papier würden Sie wahrscheinlich ähnlich verfassen.

❏ Schreiben Sie nicht »Klicken Sie <u>hier</u> für allgemeine Informationen über Berlin«. Auch in diesem Fall sprechen Sie nicht über Berlin, sondern über einen Link. Besser ist hier: »<u>Berlin</u> ist in viele Stadtbezirke aufgeteilt. Sie sind ... «. In vielen Anleitungen hat dieser Fehler schon den Namen *click-here-syndrome* erhalten ... Sie sollten sich immer an normalen Texten auf Papier orientieren, in denen die obige Formulierung nie vorkommen würde.

20.9   Gute Seitengestaltung

Angemessene Länge   Eine gute Hypertextseite bildet eine inhaltliche Einheit, die vom Leser einfach durchgearbeitet werden kann. Für die angemessene Länge einer Seite lassen sich nur ungefähre Werte angeben. Die meisten Autoren von Stilempfehlungen geben einen Richtwert von zwei bis drei Bildschirmgrößen an. Dadurch braucht man höchstens zwei Mal blättern und der Inhalt der Seite überfordert den Leser nicht. In diesem Zusammenhang interessant ist auch die Aussage, dass das Lesen von Texten am Bildschirm typischerweise zwanzig bis dreißig Prozent länger dauert als das Lesen desselben Textes auf Papier.

Wollen Sie mit Ihrer Seite einen »vorbeischauenden« Leser interessieren, sollten Sie sich auf eine einzige Bildschirmseite beschränken. Einen Richtwert für deren Größe kann man von den verbreitetsten Bildschirmauflösungen ableiten.

Bildschirmauflösung   Die normale VGA-Auflösung, die jede Grafikkarte beherrscht, beträgt 640 mal 480 Pixel – der technische Nachfolger SVGA beherrscht 800 mal 600 Pixel. Auf praktisch allen Desktop-Systemen und vielen Notebooks kann man 1280 mal 1024 Pixel darstellen, auch 1600 mal 1200 ist nicht mehr ganz unüblich. Wenn Sie sich nach den Größen 800 mal 600 und 1280 mal 1024 richten, optimieren Sie Ihre Seiten so, dass man sie auch mit einem kleinen PC auf einen Blick erfassen kann.

✗   Allerdings entsprechen diese Pixelwerte noch nicht der dargestellten Seitenfläche – rechnen Sie horizontal 20 Bildpunkte für den Fensterrahmen und Rollbalken und vertikal 150 Punkte für Fensterrahmen, Menüleiste und Steuerelemente ab.

Moderne LCD-Bildschirme machen die Festlegung einer bestimmten Auflösung beim Leser noch schwieriger: Man kann sie nämlich oft drehen. Wenn Sie Ihre Seite dann auf 1280 mal 1024 Pixel optimiert haben, sieht sie bei den sich ergebenden 1024 mal 1280 Pixel nicht mehr so aus, wie Sie das geplant hatten.

In sich vollständige Seiten

Jede Seite sollte für sich ein halbwegs vollständiges Dokument sein, aus dem erkenntlich ist, in welchem Zusammenhang es steht. Anders als in einem Buch kann man sich nicht auf das »vorhergehende Kapitel« beziehen, da es in einem Hypertext keine zwingende Reihenfolge von Kapiteln gibt. Verwenden Sie für solche Verweise Links.

Haupt- und Unterseiten

Falls Sie eine logische Informationseinheit auf mehrere Seiten verteilen müssen, verwenden Sie eine auf diesen Seiten wiederkehrende Hauptüberschrift, die sie zusammenhält. Sie sollten in diesem Fall zusätzlich eine Hauptseite anbieten, die Links auf die einzelnen Unterseiten enthält.

Autorenschaft, Änderungsdatum

Am Ende einer jeden Seite sollte eine Angabe über die Autorenschaft der Seite und das Datum der letzten Änderung stehen. Die Autorenangabe lässt sich auch durch eine `mailto:`-URL oder einen Link auf die Homepage des Autors ergänzen. Üblicherweise verwendet man zu deren Auszeichnung das `<address>`-Tag:

```
<hr>
<address>Author:
<a href="mailto:tolk@cs.tu-berlin.de"
>Robert Tolksdorf</a><br>
Last Revision: Sat, 23 Oct 1999
<address>
```

Plus or minus seven

Aus psychologischen Studien ist eine Regel bekannt, die darüber Auskunft gibt, wie viele zusammenhängende Informationseinheiten als eine Gruppe erkannt werden. Sie heißt *plus or minus seven* und besagt, dass Leser zwischen sechs und acht Informationen wie Listeneinträge oder Grafiken als zusammenhängend erachten und sich an sie als eine Einheit erinnern. Stellen Sie beispielsweise eine Aufzählung dar, sollten Sie sie auf circa sieben Einträge beschränken und bei größerer Anzahl weiter untergliedern. Speziell für das Web ist zudem wichtig, dass eine solche Informationseinheit auf eine typische Seite in der Darstellung des Browsers passt.

20.10 Gute Hypertextgestaltung

Textportionen

Viele Dokumente werden im Web auf mehrere Seiten verteilt. Eine solche Struktur ist für das Lesen am Bildschirm erforderlich, damit eine gewisse Maximallänge von zwei bis drei Bildschirmgrößen pro Seite nicht überschritten wird.

Druckversionen

Sie sollten aber bei längeren Dokumenten gleichzeitig eine am Stück ausdruckbare Version anbieten. Ein Buch beispielsweise sollte für das Lesen am Bildschirm in Kapitel, Abschnitte etc. aufgeteilt sein. Will ein Leser aber auf Papier arbeiten, erhält er in der Regel von Browsern wenig Unterstützung, das Buch komplett auszudrucken. Sie sollten daher parallel einen Link auf eine PostScript-Datei mit dem kompletten Text anbieten.

Einheitliches Aussehen

Innerhalb eines Informationssystems sollten Sie für ein einheitliches Aussehen sorgen. Dadurch erkennt der Leser, dass er sich in einem bestimmten System befindet. Beispiele, die Ihrem System eine eigene Note geben, sind:

- ❏ Verwendung eines einheitlichen Layouts innerhalb des Informationssystems
- ❏ Ein immer wiederkehrender grafischer Teil am Beginn aller Seiten
- ❏ Verwendung derselben Icons für die Navigation im System
- ❏ Gleicher Hintergrund mit `<body background="#...">`
- ❏ Eine einheitliche Farbgebung mit den Tags `<body bgcolor= "...">` und `<body link="#..." vlink="#..." alink= "#...">`. Beachten Sie, dass die Farbgebung nur mit neueren Browsern dargestellt wird und nur auf Farbbildschirmen zu sehen ist.
- ❏ Unterscheidung zwischen Links, die auf eine Seite innerhalb des Informationssystems führen, und Links zu externen Zielen. Dazu lassen sich beispielsweise kleine Icons verwenden.

In diesem Kapitel haben Sie eine Reihe von Empfehlungen kennen gelernt, mit denen Sie Ihre HTML-Seiten ansprechend gestalten können. Bevor Sie Ihr Informationssystem aber tatsächlich öffentlich anbieten, müssen Sie es testen. Während seines Betriebs sollten Sie regelmäßige Wartungen Ihres Systems vornehmen. Im nächsten Kapitel lernen Sie Techniken und Tools dazu kennen.

21 Test und Wartung von HTML-Seiten

In diesem Kapitel lernen Sie, wie Sie

- ❏ HTML vor der Onlineschaltung testen,
- ❏ Ihr Angebot bekannt machen und
- ❏ Ihre Informationen warten.

Nachdem Sie ein Hypertextsystem für das Web erstellt haben, sollten Sie es testen, bevor Sie damit an die Internet-Öffentlichkeit gehen. Danach ist die Arbeit aber nicht beendet. Ihr Informationsangebot kann nur dann dauerhaft erfolgreich sein, wenn Sie es regelmäßig warten. In diesem Kapitel stellen wir Techniken und Tools für beide Tätigkeiten vor.

21.1 Testen von HTML-Seiten

Sie sollten jede einzelne Seite, die Sie erstellen, testen, bevor Sie sie auf einem Server anbieten. Als kleine Checkliste können die folgenden Punkte dienen:

- ❏ Ist die Darstellung korrekt? Lesen Sie die Seite Korrektur.
- ❏ Sind alle Links korrekt? Folgen Sie testweise allen Links.
- ❏ Passt die Seite in die allgemeine Gestaltung Ihres Informationssystems? Gleichen Sie die Darstellung ab und achten Sie auf die logische Struktur.
- ❏ Ist die Seite auch ohne Grafiken verständlich? Schalten Sie das Laden der Grafiken testweise ab.
- ❏ Lässt sich die Seite auf verschiedenen Browsern darstellen? Testen Sie mit Netscape, Microsofts Internet Explorer und Lynx.

Es ist günstig, wenn diese Tests nicht vom Autoren selber, sondern von einer anderen Person durchgeführt werden.

Nicht der Autor testet

An verschiedenen Stellen dieses Buchs haben wir darauf hingewiesen, dass man nicht im Voraus wissen kann, mit welchen Browsern Leser auf ein Informationssystem zugreifen.

Unterschiedliche Browser testen

Zum Testen sollte man daher mehrere unterschiedliche Browser verwenden und mit ihnen alle eigenen Seiten überprüfen. So könnte es sein, dass Sie Attribute verwenden, die nur Netscape beherrscht und die mit diesem Browser das gewünschte Ergebnis zeigen, während andere Browser, die diese Attribute nicht benutzen, die Seiten fehlerhaft darstellen.

. . . aber welche?

Um eine Empfehlung für eine Liste von Browsern auszusprechen, mit denen man testen sollte, braucht man Zahlen über die Verbreitung der verschiedenen Systeme.

Der Autor dieses Buchs hat im Frühjahr und Sommer 1995 am offiziellen Webserver für die Verhüllung des Reichstags in Berlin durch Christo und Jeanne-Claude mitgewirkt. Die Projektgruppe KIT/FLP an der Technischen Universität Berlin hatte dazu die technische Infrastruktur bereitgestellt. Aus den circa zwei Millionen Zugriffen im Juni und Juli 1995 ließen sich auch Zahlen über die Verbreitung von Web-Browsern gewinnen.

Netscape hatte dabei einen Anteil von 67 Prozent der Zugriffe, gefolgt von Mosaic mit 26 Prozent. Der textbasierte Browser Lynx kam auf einen Anteil von immerhin sieben Prozent.

Mittlerweile hat sich dieses Verhältnis dramatisch umgekehrt. Nach Untersuchungen von *W3B Browserwatch* (*http://www.w3b.org/trends/ browserwatch.html*) für das deutschsprachige Web hat der Internet Explorer – den es 1995 noch nicht gab – einen Anteil von circa 87% und der Netscape-Browser kommt nur noch auf circa 11% Nutzer.

✗ Daraus lässt sich folgende Empfehlung ableiten: Verwenden Sie bei der Entwicklung Ihrer HTML-Seiten den Internet Explorer. Überprüfen Sie aber unbedingt jede Seite anschließend mit dem Netscape-Browser.

21.2   Test auf korrektes HTML

Prüfprogramme

Wie im Kapitel 19 auf Seite 235 beschrieben, bieten viele Editoren an, eine HTML-Seite auf Korrektheit zu überprüfen. Sie können diesen Schritt aber auch nachträglich vornehmen, indem Sie ein Prüfprogramm verwenden.

Die vielen technischen Fehler aus Kapitel 20 auf Seite 247 lassen sich von Hand nachträglich eher schwer überprüfen. Da HTML eine formale Sprache ist, liegt es nahe, ein entsprechendes Programm zu schreiben, das die Korrektheit einer HTML-Seite überprüft. Beim W3-Konsortium ist unter der Web-Adresse *http://www.w3.org/pub/WWW/ MarkUp/html-test* eine Sammlung solcher Programme zu finden.

Es ist aber gar nicht notwendig, ein spezielles Programm auf Ihrem Rechner zu installieren. Das Web-Konsortium stellt auf seinen Seiten einen Dienst bereit, mit dem man Seiten einfach testen lassen kann. Sie finden diesen Dienst unter der URL *http://validator.w3.org*.

Die Nutzung des Testdienstes ist einfach: Sie geben die URL der zu testenden Seite an und erhalten ein ausführliches Ergebnis. Der Dienst unterstützt sowohl HTML als auch XHTML in unterschiedlichen Varianten. Wenn Ihre Seiten den Test bestehen, können Sie ein kleines Logo auf ihnen anbringen.

21.3 Ihre Website bekannt machen

Mit der Erstellung eines Informationssystems durch das Schreiben von HTML-Seiten haben Sie sich zwar einen funktionsfähigen Hypertext erzeugt, aber niemand kennt und benutzt ihn. Wollen Sie Ihr Angebot populär machen, dann müssen Sie dafür werben. Dies kann im gleichen Medium – per Internet – geschehen oder in anderen Medien.

Im Internet spielen zwei Dienste die größte Rolle für die Bekanntmachung eines Webservers: Die News-Gruppen und die Suchindizes für das Web.

In News-Gruppen können Sie tausende unterschiedlicher Themen finden. Für die Bewerbung Ihrer Site sollten Sie genau die geeigneten Gruppen heraussuchen und dann eine entsprechende Mitteilung darin abschicken. *News-Gruppen*

Schicken Sie Ihre Nachricht auf einmal an alle relevanten Gruppen. Dieses so genannte »Crossposting« bewirkt, dass Leser den Hinweis nur dann sehen, wenn sie das erste Mal darauf stoßen. Ohne Crossposting bekommen sie den Artikel mehrfach angeboten, wenn sie ihn in unterschiedlichen News-Gruppen antreffen. Es gehört zum »guten Ton« der News-Nutzung, Crossposting zu verwenden. ✗

Während früher News-Gruppen recht wichtig waren, führt heute der entscheidende Weg zu Ihren Seiten über Suchmaschinen. Es ist daher wichtig, in den üblichen Suchindizes vertreten zu sein. Systeme wie Lycos, Hotbot, Alta Vista, Google oder Infoseek arbeiten automatisch, indem sie mit Suchrobotern das Web durchkämmen und Seiten analysieren. *Suchmaschinen*

Gleichzeitig bieten sie in Formularen die Möglichkeit, eine bestimmte URL den Robotern mitzuteilen, damit sie die neue Seite möglichst bald durchlaufen.

In Kapitel 3 auf Seite 13 hatten wir beschrieben, dass viele Suchmaschinen auch Informationen aus einer Seite übernehmen, die mit dem `<meta>`-Tag ausgezeichnet ist. Die Tabellen in den Abbildungen 3.5 auf Seite 22 und 3.7 auf Seite 26 zeigen mögliche Attributwerte. *Metainformationen*

Ankündigungs-dienste
Nachdem die Anzahl der Suchmaschinen inzwischen dreistellig ist, liegt es nahe, den Ankündigungsprozess in diesen vielen Quellen zu automatisieren. Tatsächlich existieren mehrere solche Dienste, die allerdings Gebühren für die Anmeldung nehmen.

Ein Beispiel dafür ist der Dienst »Announce It!« unter *http://www.announceit.com*, der ein umfangreiches Formular anbietet, mit dem auf einen Schlag eine URL in verschiedensten Indizes bekannt gemacht wird. Weitere solcher Dienste mit ähnlicher Funktionalität finden Sie bei der Web-Adresse *http://dir.yahoo.com/Computers_and_Internet/Internet/World_Wide_Web/Site_Announcement_and_Promotion*.

Testen Sie!
Überprüfen Sie in regelmäßigen Abständen, ob Ihr Angebot mit einfachen Schlüsselwörtern eines Suchindizes auffindbar ist. Potentielle Leser gehen diesen Suchweg. Finden Sie Ihr Angebot nicht, müssen Sie mehr Werbung machen.

Visitenkarten, Briefköpfe, ...
Daneben sollten Sie sich bemühen, Ihr Internetangebot auch in anderen Medien bekanntzumachen. Drucken Sie beispielsweise die URL Ihrer Homepage auf Ihre Visitenkarte. Verwenden Sie die URL Ihrer Firmenpräsentation im Web in Ihren Briefköpfen. Machen Sie bekannt, dass Sie auch im Internet vertreten sind.

21.4   Wartung von Informationsangeboten

Protokolldateien
Überprüfen Sie regelmäßig Ihr Informationsangebot mit ähnlichen Methoden wie beim Testen vor der Veröffentlichung. Lesen Sie die Protokolldateien des Servers und überprüfen Sie, ob eventuell regelmäßig Zugriffsfehler auftreten. Ursache könnten falsche Links sein.

Anhand der Protokolldateien können Sie herausfinden, welche Teile Ihres Informationsangebots am interessantesten sind. Vielleicht lohnt es sich, diese Teile noch auszubauen. Falls Sie keinen eigenen Server betreiben, fragen Sie beim Web-Hoster nach, ob und wie Sie die Protokolle für Ihre Seiten erhalten.

Inhalte aktualisieren
Pflegen Sie den Inhalt Ihres Systems. Falls Sie Leser an Ihr System binden wollen, müssen Sie »Highlights« in regelmäßigen Abständen anbieten, damit es sich lohnt, »mal wieder vorbeizuschauen«.

21.5   Wartungsprogramme

Externe Links überprüfen
Bei der Wartung eines Hypertextsystems im Web liegt das eigentliche Problem nicht darin, seine eigenen Seiten korrekt aufeinander verweisen zu lassen. Schwieriger ist es, die Verweise auf externe Seiten aktuell zu halten. Eine URL, die Sie in Ihren Seiten in einem Anker verwenden, kann über Nacht verändert oder entfernt werden. Daher muss man eigentlich in regelmäßigen Abständen die eigenen Seiten durchklicken und überprüfen.

Viel Arbeit kann man dabei aber automatisieren, und auch dafür gibt es eine Reihe von Programmen. Das älteste und bekannteste ist MOMspider von Roy Fielding.

MOMspider

```
This message was automatically generated by
 MOMspider/1.00

The following parts of the Homepage infostructure may
 need inspection:

Broken Links:
<http://http//www.cs.yale.edu/HTML/YALE/CS/
 Linda/linda.html>

Redirected Links:
<http://www.cs.tu-berlin.de/informatik>
<http://www.cs.tu-berlin.de/~flpshare>

Changed Since Mon, 23 Sep 1999 17:39:38 :
<file://localhost/home/tolk/www/index.html>
<http://www.cs.tu-berlin.de/~tolk/Roberts.gif>
<http://www.cs.tu-berlin.de/~tolk/homepage.gif>
<http://www.cs.tu-berlin.de/~tolk/robertsmall.gif>
<http://www.cs.tu-berlin.de/~tolk/html3book.gif>
<http://www.chemie.fu-berlin.de/adressen/berlin.html>
<http://www.kulturbox.de/>
<http://www.cs.tu-berlin.de/~tolk/plundersmall.gif>
<http://www.dpunkt.de/>
<http://www.cs.tu-berlin.de/~tolk/wr.gif>

For more information, see the index at
<file://localhost/home/tolk/www/short-index.html>
```

Abbildung 21.1
Eine Wartungs-Mail von MOMspider

Die Arbeitsweise von MOMspider ist einfach erklärt: Man beschreibt seine Webseiten als so genannte *Infostruktur* für MOMspider, und das Programm untersucht als kleiner Roboter alle darin vorkommenden Links. Trifft es auf veränderte Links, informiert es Sie darüber, und Sie müssen dann von Hand Ihre Seiten geeignet anpassen. MOMspider kann Ihnen eine E-Mail über Veränderungen schicken, zugleich erzeugt es eine HTML-Seite – die Index-Seite – mit gleichem Inhalt. In Abbildung 21.1 sehen Sie eine so erzeugte E-Mail.

Die Angaben darüber, was MOMspider untersuchen soll und auf welche Weise, legt man in einer Instruktionsdatei fest. Ihre Gestaltung ist die eigentliche Anpassungsarbeit zur Benutzung von MOMspider für Ihr Informationssystem.

MOMspider ist der »Ahnherr« für ähnliche Programme auch auf anderen Betriebssystemen. Die Funktionsweise dieser Link-Tester ist im Grund dieselbe – lediglich in der Konfiguration und der Oberfläche gibt es wirkliche Unterschiede.

Abbildung 21.2
Der Link-Tester
InfoLink

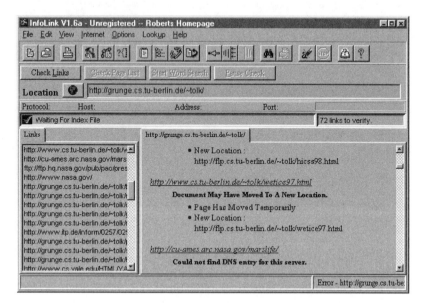

InfoLink

In Abbildung 21.2 sehen Sie den Link-Tester InfoLink unter Windows in Aktion. Gegenüber einem herkömmlichen Unix-System finden Sie bei diesem Programm eine komfortablere Oberfläche vor.

InfoLink stammt von der Firma BiggByte Software und ist im Web bei *http://www.biggbyte.com* zu bekommen. Eine Alternative mit ähnlichem Funktionsumfang bietet CyberSpyder, der im Netz unter *http://www.cyberspyder.com* erhältlich ist.

CyberSpyder

Auch das Web-Konsortium bietet einen Dienst an, mit dem die Links auf Ihren Seiten getestet werden. Sie finden ihn unter der URL *http://validator.w3.org/checklink*. Auch hier ist die Nutzung wieder denkbar einfach: Sie geben eine URL ein und erhalten die ausführlichen Testresultate.

✗   Die Wartung erfordert nach der Erstellung eines Informationssystems den meisten Aufwand und verursacht die meisten Kosten. Bedenken Sie diesen Aufwand bei Ihrer Planung.

22 Programme im Web –
Java und Skriptsprachen

In diesem Kapitel lernen Sie,

- ❏ wie kleine Applet-Programme auf Ihren Seiten eingebettet werden können und
- ❏ wie Sie Skripte einbinden.

Nachdem das Web und HTML ab 1993 das Internet massiv verändert hatten, begann ab 1995 eine zweite Revolution für Informationssysteme im Netz. Die Firma Sun gab im Frühjahr 1995 eine erste Version des Web-Browsers HotJava frei, der zunächst auf Unix implementiert wurde. Bei HotJava handelte es sich nicht einfach nur um einen weiteren Browser neben Mosaic und Netscape, vielmehr diente das Programm als Vehikel für die Einführung eines neuen Konzeptes für aktive Seiten im Web, in denen kleine Programme arbeiten.

Zur Implementierung dieser kleinen Programme – den Applets – wurde eine neue, objektorientierte Sprache vorgestellt: Java. Netscape erkannte früh, dass hier ein neuer Markt entstand und implementierte in der Netscape-Version 2 eine eigene Sprache – allerdings mit grundlegend anderem Konzept: JavaScript. In diesem Kapitel lernen Sie kurz beide Sprachen und die Einbettung von Programmen in HTML-Seiten kennen.

22.1 Java – ausführbarer Code im Netz

HotJava fügte dem Web eine neue Komponente hinzu, die Aussehen und Funktion des Web erheblich veränderte: Mit ihr konnte man HTML-Seiten mit kleinen Programmen – Applets – ergänzen, die zusätzlich zur Seite übertragen werden und beispielsweise Animationen oder Interaktionen mit dem Benutzer ermöglichen. *Applets*

Auf Seiten von HTML gibt es dafür ein zusätzliches Tag: `<applet>` ...`</applet>`. Als Attribut trägt es die URL eines Programms, das

Abbildung 22.1
Der HotJava-Browser
von Sun

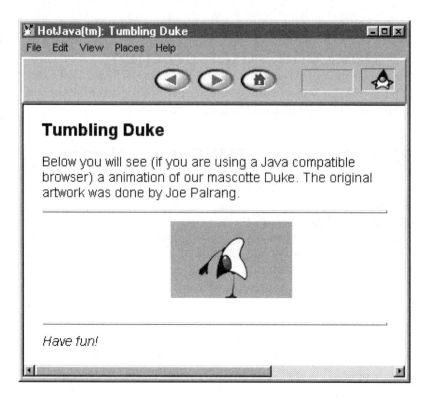

in der C++-ähnlichen Programmiersprache Java geschrieben ist. Der Browser lädt dieses Programm wie bei einem `<img>` nach und führt es aus. Möglich wird dies dadurch, dass beispielsweise HotJava einen kompletten Interpreter für die Sprache Java enthält.

Java Virtual Machine   Genau genommen handelt es sich um einen Interpreter für einen fiktiven Prozessor, die *Java Virtual Machine* (JVM). Die Sprache Java selber ist eine herkömmliche Programmiersprache, die von einem Compiler in Bytecode für die JVM übersetzt wird. Da es sich bei der JVM um einen durch Software simulierten Prozessor handelt, kann dieser Simulator problemlos in einen Browser integriert werden. Egal ob man einen Netscape-Browser unter den Betriebssystemen Windows auf einem Intel-Prozessor oder Unix auf einem Sparc-Prozessor benutzt, beide enthalten diesen Softwareprozessor und können kompilierte Java-Programme ausführen.

In Abbildung 22.1 sehen Sie ein Applet-Beispiel von Sun. Leider lässt sich der eigentliche Effekt nicht in einem Buch darstellen: Während die Seite ganz normal dargestellt wird, bewegt sich das kleine Java-Maskottchen »Duke« zwischen den Fensterrändern hin und her und vollführt kleine Sprünge. Dazu arbeitet im HotJava-Browser ein kleines Programm, das die Einzelbilder der Animationssequenz geladen hat und diese nun der Reihe nach darstellt.

Für die Entwicklung von Java-Programmen steht eine umfangreiche Klassenbibliothek zur Verfügung, die alle notwendigen Bibliotheksfunktionen beispielsweise zum Rechnen, für normale Programmierroutinen oder grafische Darstellung enthält. Mittlerweile ist Java ausgehend von ihrem Web-Ursprung zu einer der wichtigsten Programmiersprachen in Hochschulen und Industrie geworden.

22.2 Applets in HTML-Seiten einbetten

Neben den Ihnen schon bekannten Tags, die Objekte in eine Seite einbetten – `<img>`, `<embed>`, `<object>`, `<iframe>` –, gibt es für Applets das `<applet>` Tag. Bei seinem Auftreten lädt der Browser den Code eines Applets lokal oder über das Netz, führt es aus und lässt es eine Darstellung innerhalb der Seite erzeugen.

`<applet>`

Das Tag kann eine Reihe von Attributen tragen, die die Darstellung im Browser beeinflussen:

- ❑ `width`: Die Breite der Fensterfläche für das Applet in Pixel.
- ❑ `height`: Die Höhe der Fensterfläche für das Applet.
- ❑ `hspace`: Leerraum links und rechts von der Fensterfläche für das Applet.
- ❑ `vspace`: Leerraum über und unter der Fensterfläche für das Applet in Pixel.
- ❑ `align`: Die Ausrichtung der Darstellungsfläche für das Applet mit den möglichen Werten `left`, `right`, `top`, `texttop`, `middle`, `absmiddle`, `baseline`, `bottom` und `absbottom`. Die Bedeutung dieser Werte entspricht genau derjenigen beim `<img>`-Tag.
- ❑ `alt`: Textueller Ersatz, falls der Browser ein Applet nicht starten kann, weil er beispielsweise zeichenorientiert ist.

Für die weiteren Attribute ist mehr Wissen um die Arbeitsweise von Java notwendig. Java ist eine objektorientierte Sprache – dabei wird ein Programm durch eine Reihe von so genannten Klassen gebildet, in denen die Funktionalität eines Objektes dieser Klasse festgelegt ist. Aus ihnen werden zur Laufzeit eines oder mehrere Objekte erzeugt, die ausgeführt werden. Beim Übersetzen eines Java-Programms entsteht für jede Klasse eine Datei mit ausführbarem Maschinencode für den Interpreter im Browser – üblicherweise als *Klassenname*`.class`.

Java ist objektorientiert

Für die Ausführung eines Programms sind eine ganze Reihe von Klassendateien notwendig, die von einem Webserver bei Bedarf geladen werden. Der Browser lädt die Hauptklasse des Applets und startet sie. Immer wenn er auf einen Aufruf einer bisher unbenutzten Klasse trifft, lädt er die entsprechende `class`-Datei über das Netz nach.

Die Attribute, die sich mit dem Laden und Ausführen eines Applets befassen, sind:

❏ `code`: Der Name der Klassendatei der Hauptklasse des Applets. Sie wird vom Browser geladen und ausgeführt.

❏ `codebase`: Der Browser versucht Klassendateien von derselben Stelle zu laden, an der die HTML-Seite steht, in die das Applet eingebettet ist. Stehen die Klassendateien an einem anderen Ort, enthält `codebase` die entsprechende URL.

❏ `archive`: Da für jede nachgeladene Klasse ein Ladevorgang über das Web notwendig ist, können schon einfache Applets eine hohe Netzlast verursachen. Sun führte mit der Java-Version 1.1 daher ein Archiv-Format – JAR oder *Java Archive* – ein, durch das mehrere Klassendateien in einer einzigen Archivdatei gespeichert werden.

Das `archive`-Attribut enthält den Namen einer JAR-Datei, in der der Browser nach Klassendateien suchen soll. Sind mehrere Archive zu benutzen, werden ihre Namen durch Komma getrennt nacheinander aufgeführt. Die komplette URL eines Archivs ergibt sich in der Kombination mit dem Attribut `codebase`, wie bei normalen Klassendateien auch.

❏ `object`: Ebenfalls zuerst in Java 1.1 wurde die Möglichkeit realisiert, ein laufendes Objekt einschließlich seines Ausführungszustands abzuspeichern. Dieser Mechanismus – *Objektserialisierung* genannt – ermöglicht es, ein Objekt zu benutzen, seinen Zustand abzuspeichern und es später vielleicht an einem anderen Ort zu laden und fortzuführen.

Das `object`-Attribut ist dafür vorgesehen: Es enthält den Namen eines so serialisierten und abgespeicherten Applets. Der Browser lädt es unter Verwendung von `codebase` – und führt es fort.

❏ `name`: Applets können untereinander nur kommunizieren, wenn sie sich auf derselben HTML-Seite befinden. Für die Kommunikation ist allerdings ein Name notwendig, der als Zieladresse für Nachrichten verwendet wird. Im `name`-Attribut legt man einen solchen Namen für ein Applet fest.

Ein Applet – das ja ein kleines Programm darstellt – ist zumeist so flexibel programmiert, dass sein Verhalten durch Parameter beeinflusst werden kann. So könnte die Geschwindigkeit einer Animation ein Beispiel für einen solchen Parameter sein.

Parameterübergabe
`<param>`

Zur Übergabe von Parametern an das Applet wird innerhalb von `<applet>...</applet>` das Tag `<param>` verwendet. Es kennt die zwei Attribute `name` für einen Parameternamen und `value` für dessen Wert.

Das Beispiel in Abbildung 22.1 auf Seite 266 könnte ein Applet sein, das als Parameter beispielsweise Ort und Anzahl der Einzelbilder der Animation, die Hintergrundfarbe und eine Verzögerung zwischen zwei Animationen verarbeiten kann. In der HTML-Seite werden sie innerhalb von `<applet>`...`</applet>` in mehreren `<param>`-Tags entsprechend notiert:

```
<applet code="Animator.class"
 width="460" height="80">
<param name="imagesource" value="images/Duke">
<param name="endimage" value="10">
<param name="backgroundcolor" value="0xc0c0c0">
<param name="pause" value="200">
</applet>
```

Ein Browser, der `<applet>` und `<param>` nicht kennt, ignoriert diese Tags. Um den Nutzer darauf hinweisen zu können, dass an dieser Stelle ein Applet stehen würde, kann man innerhalb von `<applet>`... `</applet>` normalen HTML-Text notieren:

```
...
<param name="pause" value="200">
<i>Hier sollte eine Animation stehen – ohne einen
Java-Browser müssen Sie darauf verzichten</i>
</applet>
```

Browser, die Applets nicht kennen, geben den Text aus, während Browser, die `<applet>` beherrschen, alles außer `<param>` ignorieren und somit den Hinweis nicht darstellen.

Wie Sie schon in Abschnitt 9.3 auf Seite 116 bei `<bodytext>` gelesen haben, entspricht die Verwendung eines Tag-Paares wie `<applet>` ...`</applet>` ohne Inhalt nicht mehr ganz der formalen DTD. Um dieses Manko zu beheben – wenn Sie beispielsweise Ihre Seite von einem Programm auf Korrektheit hin überprüfen lassen –, gibt es das Tag `<textflow>`. Es hat keinerlei Funktion, sondern dient nur dieser formalen Korrektheit und wird innerhalb der `<applet>`-Klammerung verwendet.

`<textflow>`

In HTML 4 wird von der Verwendung von `<applet>` abgeraten, weil mit `<object>` (siehe Abschnitt 9.3 auf Seite 112) ein erheblich mächtigerer Mechanismus zur Einbettung von beliebigen Objekten zur Verfügung steht.

22.3 Skripte im Netz: JavaScript

Java ist eine kompilierte Sprache für einen Prozessor, der im Browser simuliert wird. Damit ist die Programmierung in Java vergleichsweise aufwendig und lässt sich nicht ohne ein Entwicklungssystem durchführen. Es gibt aber viele Aufgaben, die mit ein paar Zeilen Programmcode zu erledigen sind. Für die Programmierung solcher einfacher Aufgaben gibt es seit langem in vielen Anwendungen das Konzept

Für einfache Aufgaben

Ohne Kompilierung

der Skriptsprachen. Bei ihnen handelt es sich um einfache Sprachen, die ohne weiteren Kompilierungsschritt interpretiert werden.

LiveScript,
JavaScript,
ECMAScript

Mit der Version 2 vom Netscape-Browser wurde erstmalig eine solche Sprache in großem Maßstab für das Web verfügbar. Sie hieß anfangs LiveScript und war zunächst eine Eigenentwicklung von Netscape. In Zusammenarbeit mit Sun wurde sie dann unter dem Namen JavaScript weiterentwickelt und schließlich als ECMAScript standardisiert. Der übliche Name ist aber JavaScript geblieben.

Seitdem nutzen viele Webseiten diese Möglichkeit, um Formulareingaben schon im Browser auf Stimmigkeit zu prüfen oder um visuelle Effekte zu programmieren. Der Vorteil einer solchen Sprache liegt darin, dass sie ohne komplizierte Ladevorgänge und ohne Serverkontakt ausgeführt werden kann.

VBScript

JavaScript ist aber nur eine der mittlerweile vorhandenen Skriptsprachen. Microsoft hat einen Visual Basic-Dialekt unter dem Namen VBScript implementiert. Daneben existiert seit langem eine Reihe spezialisierter Browser aus dem Forschungsbereich, die über weitere Sprachen verfügen.

Das W3C hat diese Entwicklung aufgenommen und aus den vorhandenen HTML-Anbindungen der Sprachen ein Modell für Skriptsprachen in HTML-Seiten entwickelt, das unabhängig von der konkreten Sprache ist.

`<script>`

Dazu ist das Tag `<script>...</script>` vorgesehen, das entweder einen Verweis auf eine Datei mit dem Skript enthält oder den Programmtext umschließt. Das Tag soll nur im Kopfteil einer Seite verwendet werden. Die Attribute von `<script>` sind:

- ❏ `src`: Enthält die URL eines Skripts, das über das Web geladen wird.
- ❏ `language`: Gibt an, in welcher Sprache das Skript geschrieben ist. Wichtige Werte sind `JavaScript` oder `VBScript`. Es gibt momentan keine Übereinkunft über die Eindeutigkeit dieser Namen, allerdings wird auch nicht jeder Anwender selber eine neue Sprache implementieren.
- ❏ `type`: Ist eine bessere Alternative zu `language`. Hier enthält das Attribut den MIME-Typ, der für die Skriptsprache festgelegt wurde. In HTML 4 ist die Definition von MIME-Typen wie `text/javascript` oder `text/vbscript` angenommen, die als Wert verwendet werden können.

Über die Programmierung des Skripts selber können in der Definition der HTML-Anbindung keine Annahmen gemacht werden. Daher ist das Zusammenspiel zwischen diesen Sprachen, dem Seiteninhalt und dem Browser jeweils implementierungsabhängig. Im nächsten Abschnitt lernen Sie aber einen Mechanismus kennen, mit dem der Zeitpunkt der Ausführung eines Skripts von Ereignissen abhängig gemacht werden kann.

Browser, die <script> nicht unterstützen, würden mit dem direkt notierten Programmtext massive Schwierigkeiten haben, da sie HTML und nicht eine Skriptsprache erwarten. Es ist daher üblich, das komplette <script>...</script> mit einem HTML-Kommentar zu umgeben, damit auch der Programmtext ignoriert wird.

Um bei solchen Browsern immerhin eine Meldung auf der Seite unterbringen zu können, dass an dieser Stelle die Ausgaben eines Skripts stehen sollten, gibt es ein weiteres Tag. Den HTML-Text, der von <noscript>...</noscript> umschlossen wird, ignoriert ein Browser, der Skriptsprachen beherrscht. Alle anderen ignorieren das ihnen unbekannte Tag und stellen den enthaltenen HTML-Text dar.

<noscript>

22.4 Ereignisse und Skriptaufrufe

Skripte können zu einer clientseitigen Erzeugung von Seitenbestandteilen dienen oder aber bestimmte Aufgaben der Verarbeitung erledigen. Während bei einer rein CGI-basierten Formularanwendung das Serverskript testen muss, ob alle notwendigen Eingaben vorgenommen wurden, wäre es sinnvoll, diesen Test von einem Skript auf der Clientseite durchführen zu lassen.

Dazu ist es aber notwendig, beim Abschicken des Formulars ein Skript zu starten. In JavaScript und auch in HTML 4 sind daher eine Reihe von Ereignissen definiert, beispielsweise das Abschicken eines Formulars. Diese Ereignisse lassen sich bei verschiedenen HTML-Elementen als Attribute verwenden. Der Wert dieser Attribute ist jeweils der Name einer Skriptfunktion, die bei Eintreten des Ereignisses ausgeführt werden soll.

In einigen Dokumentationen werden die Ereignisnamen in gemischter Groß- und Kleinschreibung angegeben, wie bei onMouseOver. Da in HTML aber die Schreibweise bei Attributen und Tag-Namen ignoriert wird, ist dies gleichwertig mit onmouseover – der Schreibweise, die wir im Folgenden verwenden. XHTML unterscheidet zwischen Groß- und Kleinschreibung und hier sind nur die Namen in kompletter Kleinschreibung erlaubt.

Die ersten beiden Ereignisse betreffen das gesamte Dokument:

Wechsel von Seiten

❏ onload: Tritt ein, wenn die Seite oder das Frameset komplett geladen ist. Dieses Ereignis darf nur bei <body> und <frameset> als Attribut verwendet werden.

❏ onunload: Wenn der Browser ein Dokument von der Anzeige entfernt, tritt vorher noch dieses Ereignis auf. Es darf ebenfalls nur bei <body> und <frameset> als Attribut verwendet werden.

Mausereignisse Die zweite Gruppe von Ereignissen hängt mit Aktionen mit der Maus zusammen. Sie können die Ereignisse bei praktisch allen HTML-Elementen als Attribute verwenden und eine Skriptaktion auslösen.

- ❏ onclick: Tritt auf, wenn der Leser mit dem Mauszeiger auf das Element klickt.
- ❏ ondblclick: Tritt beim Doppelklick auf ein Element auf.
- ❏ onmousedown: Tritt beim Drücken des Mausknopfes über einem Element auf.
- ❏ onmouseup: Beim Loslassen des Mausknopfes über einem Element tritt das Ereignis ein.
- ❏ onmouseover: Der Mauszeiger steht über einem Element.
- ❏ onmousemove: Tritt auf, wenn der Mauszeiger über ein Element bewegt wird.
- ❏ onmouseout: Tritt beim Wegbewegen des Mauszeigers von einem Element auf.

Tastaturereignisse Die folgenden drei Ereignisse werden von Aktionen mit der Tastatur ausgelöst. Auch sie lassen sich bei praktisch allen Tags als Attribut verwenden.

- ❏ onkeypress: Eine Taste wird gedrückt.
- ❏ onkeydown: Eine Taste wird heruntergedrückt und festgehalten.
- ❏ onkeyup: Eine Taste wird losgelassen.

Formulare Die letzte Gruppe von Ereignissen hat mit Formularen und Aktionen auf Formularfeldern zu tun:

- ❏ onsubmit: Tritt bei <form> auf, wenn die Formulareingaben bestätigt werden.
- ❏ onreset: Die Formulareingaben wurden bei <form> zurückgesetzt.
- ❏ onfocus: Wird ein Element für Eingaben aktiviert, tritt das Ereignis auf. Das Setzen des Cursors in ein Textfeld eines Formulars ist eine solche Aktivierung, da erst dann auch Text eingegeben werden kann. Das Ereignis kann nur bei den Tags <label>, <button>, <input>, <select> und <textarea> als Attribut verwendet werden.
- ❏ onblur: Das Element war zur Eingabe aktiviert und wird nun deaktiviert. Betrifft wieder nur <label>, <button>, <input>, <select> und <textarea>.
- ❏ onselect: In einem Eingabefeld wurde Text mit der Maus markiert. Betrifft lediglich <input> und <textarea>.
- ❏ onchange: Ein Eingabe- oder Auswahlfeld wurde verändert. Betrifft <input>, <textarea> und <select>.

Ausgefeilte Beispiele für die Behandlung von Ereignissen würden Kenntnisse über JavaScript voraussetzen, die im Rahmen dieses Buchs keinen Platz haben. Daher abschließend nur ein sehr einfaches Beispiel:

Ein einfaches Beispiel

```
<html><head><title>Beispiel</title>
<script language="JavaScript">
function mitteilung(m) {
 alert(m); return true;
}
</script>
</head>
<body onload="mitteilung('Hallo')"
 onunload="mitteilung('Tschüss')">
<a href="http://www.w3.org"
 onmouseover="window.status='Zum W3 Konsortium';
              return true">W3C</a>
</body></html>
```

Das Skript am Anfang definiert eine Funktion, die eine Mitteilung in einer Dialogbox ausgibt. Diese Funktion wird nach dem Laden der Seite mit der Meldung »Hallo« und beim Verlassen der Seite mit »Tschüss« aufgerufen. Zusätzlich verändert sich bei einer Mausbewegung über den Link die Statuszeile des Browserfensters.

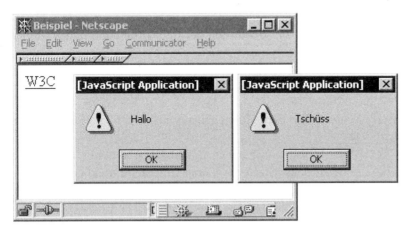

Abbildung 22.2
Die Skriptaktionen

In Abbildung 22.2 sehen Sie die Ergebnisse der Ereignisbehandlung. Beachten Sie, dass beim onmouseover-Ereignis anstelle des Aufrufs einer vorher definierten Funktion ein Fragment JavaScript als Wert angegeben ist.

23 Ausblick

Dieses Buch war 1995 eine der ersten deutschsprachigen Einführungen in die Nutzung des Web. In den mittlerweile fünf Auflagen ist es gegenüber dem ersten Text um eine ganze Reihe von Konzepten erweitert und immer wieder an die Entwicklung angepasst worden. In den »Urzeiten« des Web wurden in Abständen von ungefähr sechs Monaten neue Konzepte von Softwareherstellern eingeführt und sehr schnell verbreitet. Mittlerweile hat sich diese Entwicklung etwas verlangsamt.

Anfangs war das Web ein statisches Hypertextsystem mit einfachen Interaktionen durch Formulare und CGI-Programme. In hohem Tempo sind neue Konzepte und Möglichkeiten hinzugekommen. Die Darstellungsmöglichkeiten von HTML sind erheblich erweitert worden und bieten heute brauchbare Informationspräsentationen in hoher Qualität.

Durch Java und JavaScript hat das Web an Dynamik gewonnen. Waren anfangs nur statische Seiten möglich, versteht man heute das Web als Nutzerschnittstelle zu weltweit verteilten Anwendungen und als integrierte Netzwerkkomponente für ernst zu nehmende Anwendungssoftware.

Das Web und das Internet sind für kommerzielle Unternehmungen interessant geworden und haben sich zu einem Massenmedium in der Qualität von Zeitung und Buch entwickelt. Institutionen wie Ministerien oder die EU-Kommission stellen sich im Web dar. Zeitschriften und Tageszeitungen werden auf Papier und im Internet angeboten. Fast jeder Werbespot weist auf die URL des Anbieters hin.

War 1995 nur eine vage Vorstellung vorhanden, dass man eines Tages mit Web-Diensten Geld verdienen könnte, brachten es Unternehmen wie Yahoo zu einem Börsenwert in Milliardenhöhe.

Fernseher, Kaffeemaschinen und das Web

Wer die Zukunft des Web in einigen Jahren vorhersagen will, muss weit über seine heutige Form hinausdenken. Wahrscheinlich werden zunehmend herkömmliche Medien wie Fernseher mit dem Web verbunden. Sie werden Ihren Fernsehapparat anschalten und das Programm mit einem Web-Browser auswählen. Dieser kommuniziert über Telefon oder einem anderen Rückkanal direkt mit den Sendern und ruft vielleicht einen Film als Videostrom über das Internet ab. Auch wenn es noch seltsam klingt – Sie werden eines Tages selbst das Web-basierte Nutzerinterface Ihrer heimischen Kaffeemaschine gestalten können.

XML   Für die nähere Zukunft wird XML die Technologie mit dem schnellsten Wachstum und den meisten Auswirkungen sein. Eine ganze Reihe von Standards zur Auszeichnung von mathematischen oder chemischen Formeln, für Datenbankanbindungen, für Vektorgrafiken etc. befinden sich momentan in der Entwicklung und werden in naher Zukunft auch in Software umgesetzt sein.

XHTML   HTML – oder sein Nachfolger XHTML – wird dabei sicherlich als bewährte Auszeichnungssprache im Zentrum bleiben und keinesfalls abgelöst werden. Dieses Buch sollte Ihnen den Einstieg zu dieser Technologie ermöglichen und wird hoffentlich auch später als Nachschlagewerk ein wichtiges Arbeitsmittel bleiben.

A Übersicht über die HTML-Tags

A.1 Struktur

`<!DOCTYPE>`	SGML-Typ des Dokuments und HTML-Version
`<html>`	Umschließt ein HTML-Dokument
	Attribut: `xmlns`
`<head>`	Umschließt den Kopfteil eines Dokuments
	Attribut: `profile`
`<body>`	Umschließt den Inhaltsteil des Dokuments
	Attribute: `alink background bgcolor`
	`bgproperties lang leftmargin link`
	`onload onunload text topmargin vlink`
`<bgsound>`	Hintergrundmusik bei Seitendarstellung
	Attribut: `loop src`

A.2 Tags im Kopfteil

`<base>`	URL des Dokuments
	Attribute: `href target`
`<title>`	Titel des Dokuments
`<meta>`	Erzeugt zusätzlichen Header für eine HTML-Seite bei der HTTP-Übertragung
	Attribute: `charset content http-equiv name scheme`
`<link>`	Beziehung des Dokuments zu einem anderen
	Attribute: `href rel rev target title type`
`<nextid>`	Nächstes freies Label für Editor
	Attribut: `n`
`<isindex>`	Die Seite ist eine Suchseite
	Attribut: `prompt`

A.3   Umbruch, Trennungen

`<wbr>`	Potenzielle Trennstelle
` `	Zeilenumbruch
	Attribut: `clear`
`<nobr>`	An dieser Stelle kein Wortumbruch
`<p>`	Absatzbeginn
	Attribute: `align nowrap`
`<P>`	Absatzbeginn in HTML mit in XHTML falscher Großschreibung
`<spacer>`	Leerraum erzeugen
	Attribute: `align height size type width`

A.4   Überschriften

`<h1>`	Überschrift der ersten Stufe
`<h2>`	Überschrift der zweiten Stufe
`<h3>`	Überschrift der dritten Stufe
`<h4>`	Überschrift der vierten Stufe
`<h5>`	Überschrift der fünften Stufe
`<h6>`	Überschrift der sechsten Stufe

A.5   Schriftarten

`<b>`	Fettschrift
`<i>`	Kursive Schrift
`<s>`	Durchgestrichener Text
`<strike>`	Durchgestrichener Text
`<tt>`	Schreibmaschinenschrift
`<u>`	Unterstreichung
`<blink>`	Blinkender Text
`<bdo>`	Umkehrung der Schreibrichtung im Quellcode
`<marquee>`	Textuelles Laufband
	Attribute: `align behavior bgcolor direction height hspace loop scrollamount scrolldelay vspace width`

A.6   Schriftauszeichnung

`<abbr>`	Abkürzung
`<acronym>`	Kürzel

`<cite>`	Literaturreferenz
`<code>`	Programmausschnitt
`<del>`	Gelöschter Text
	Attribute: `cite datetime`
`<dfn>`	Definition
`<em>`	Hervorhebung
`<ins>`	Eingefügter Text
	Attribute: `cite datetime`
`<kbd>`	Etwas, das auf der Tastatur eingegeben wird
`<samp>`	Beispiel einer Programmausgabe
`<strong>`	Hervorhebung
`<var>`	Variablenname
`<ruby>`	Umfasst »schriftliche Untertitel«
	Attribut: `name`
`<rt>`	Der Hilfetext bei einem `<ruby>`
	Attribut: `name`
`<rb>`	Der zu erklärende Text bei einem `<ruby>`

A.7 Schriftgröße

`<basefont>`	Legt die Schriftgröße für den folgenden Text fest
	Attribut: `size`
`<font>`	Auswahl der Schriftgröße
	Attribute: `color face size`
`<big>`	Größere Schrift
`<small>`	Kleinere Schrift

A.8 Blöcke

`<comment>`	Kommentar
`<!-- ... -->`	Kommentar
`<hr>`	Horizontale Linie
	Attribute: `align color noshade size width`
`<div>`	Logischer Abschnitt, der einen Textblock ergibt
	Attribut: `align`
`<span>`	Auszeichnung eines logischen Abschnitts innerhalb eines Textblocks
`<address>`	Adressenangabe
`<pre>`	Vorformatierter Abschnitt
	Attribut: `width`
`<xmp>`	Ein Programmbeispiel (veraltetes HTML)
`<plaintext>`	Vorformatierter Text (veraltetes HTML)

`<listing>`	Ein Programmlisting (veraltetes HTML)
`<blockquote>`	HTML-Zitat
	Attribut: `cite`
`<q>`	Kurzes HTML-Zitat
	Attribut: `cite`
`<banner>`	Fester Kopfteil einer Seite
`<multicol>`	Darstellung in Textspalten
	Attribute: `cols gutter width`
`<center>`	Horizontale Zentrierung

A.9   Hyperlinks

| `<a>` | Anker |
| | Attribute: `accesskey coords href name rel rev shape tabindex target title` |

A.10   Listen

`<ol>`	Geordnete Liste
	Attribute: `start type`
`<ul>`	Ungeordnete Liste
	Attribut: `type`
`<dir>`	Directory-Liste
`<menu>`	Menü-Liste
`<li>`	Eintrag in einer Liste
	Attribut: `type value`
`<dl>`	Beschreibungsliste
	Attribut: `compact`
`<dt>`	Definierter Ausdruck
`<dd>`	Definition

A.11   Formulare

`<form>`	Formular
	Attribute: `action enctype method onreset onsubmit target`
`<input>`	Eingabefeld
	Attribute: `accept align checked disabled maxlength name onblur onchange onfocus onselect readonly size tabindex type value`

`<select>`	Auswahlfeld in Formularen
	Attribute: `disabled multiple name onblur onchange onfocus size tabindex`
`<option>`	Auswahlpunkt innerhalb von `<select>`
	Attribute: `disabled selected value`
`<textarea>`	Editorfeld im Formular
	Attribute: `cols disabled name onblur onchange onfocus onselect readonly rows tabindex value wrap`
`<htmlarea>`	Editorfeld im Formular mit der Möglichkeit für HTML-Formatierung
	Attribute: `cols disabled name readonly rows wrap`
`<button>`	Schaltknopf
	Attribute: `disabled name onblur onfocus tabindex type value`
`<label>`	Anklickbarer Beschreibungstext für ein Feld
	Attribute: `accesskey disabled for onblur onfocus`
`<fieldset>`	Gruppierung von Formularfeldern
`<legend>`	Beschreibung einer Feldgruppe
	Attribute: `accesskey align`

A.12 Tabellen

`<table>`	Tabelle
	Attribute: `align bgcolor border bordercolor bordercolordark bordercolorlight cellpadding cellspacing cols frame nowrap rules summary valign width`
`<th>`	Tabellenkopfzelle
	Attribute: `abbr align axis bgcolor bordercolor bordercolordark bordercolorlight char colspan id nowrap rowspan valign`
`<tr>`	Tabellenzeile
	Attribute: `align bgcolor bordercolor bordercolordark bordercolorlight char charoff valign`
`<td>`	Tabellenzelle
	Attribute: `align axes bgcolor bordercolor bordercolordark bordercolorlight char`

	charoff colspan headers nowrap rowspan valign width
`<thead>`	Kopfabschnitt einer Tabelle
	Attribute: align class id style valign
`<tbody>`	Tabellenkörper
	Attribute: class id style
`<tfoot>`	Fußteil einer Tabelle
	Attribute: class id style
`<col>`	Spalteneigenschaften festlegen
	Attribute: align char charoff span valign width
`<colgroup>`	Spaltengruppe
	Attribute: align char charoff span valign width

A.13 Abbildungen

`<img>`	Grafik
	Attribute: align alt border controls dynsrc height hspace ismap loop lowsrc src start usemap vspace width
`<overlay>`	Überlagerung einer Grafik
`<caption>`	Abbildungsunterschrift
	Attribut: align
`<map>`	Eine browserseitige Imagemap-Beschreibung
	Attribut: name
`<area>`	Anklickbare Fläche in einer `<map>`
	Attribute: alt coords href nohref shape tabindex target

A.14 Formeln

`<sub>`	Index
	`a<sub>i<sub>j</sub></sub>` ergibt a_{i_j}
`<sup>`	Exponent
	`a<sup>i<sup>j</sup></sup>` ergibt a^{i^j}

A.15 Browserdarstellung

| `<style>` | Stylesheet-Definition |
| | Attribut: type |

`<frameset>`	Mehrere Dokumente in einem Browserfenster
	Attribute: `border bordercolor cols`
	`frameborder onload onunload rows`
`<frame>`	Ein Dokument in einem Unterfenster
	Attribute: `marginheight marginwidth name`
	`noresize scrolling src`
`<iframe>`	Ein Dokument in beweglichem Unterfenster
	Attribute: `align frameborder height`
	`marginheight marginwidth name scrolling`
	`src width`
`<noframes>`	Inhalt für Browser ohne `<frameset>`
`<layer>`	Darstellungsschicht
	Attribute: `above background below bgcolor`
	`clip left name top visibility width`
	`z-index`
`<ilayer>`	Darstellungsschicht mit Platzbedarf
	Attribute: `above background below bgcolor`
	`clip left name top visibility width`
	`z-index`

A.16   Applets, Skripte und Objekte

`<applet>`	Ein Java-Applet
	Attribute: `align alt archive code codebase`
	`height hspace name object vspace width`
`<param>`	Parameter für ein Java-Applet
	Attribute: `name type value valuetype`
`<textflow>`	Notwendig in leerer `<applet>`-Klammerung
`<script>`	Ausführbares Skript (Kleinschreibung bei
	XHTML erforderlich)
	Attribute: `language src type`
`<noscript>`	Text für einen skriptunfähigen Browser
`<object>`	Objekt einbetten
	Attribute: `align border classid codebase`
	`codetype data height hspace id name`
	`shapes standby tabindex type usemap`
	`vspace width`
`<embed>`	Objekt einbetten
	Attribute: `height hidden name palette`
	`pluginspage src type units width`
`<bodytext>`	Formal notwendig in leerem `<embed>`

A.17   XML

`<xml>`	Eingebetteter XML-Text
	Attribut: `src`
`<!ATTLIST>`	Attributliste eines XML-Elements in XML-DTD
`<!ELEMENT>`	Definition eines XML-Elements in XML-DTD
`<!ENTITY>`	Definition einer XML-Entität in XML-DTD
`<?...?>`	Steueranweisung in XML
`<?xml ?>`	Steueranweisung: Es folgt ein XML-Dokument
`<?xml-stylesheet?>`	
	Steueranweisung: Es folgt ein XML-Stylesheet
	Attribute: `href type`

B Symbolische Werte von Attributen

align

absbottom	Ausrichtung am Zeilenunterrand
absmiddle	Ausrichtung an der Zeilenmitte
baseline	Ausrichtung an der Grundlinie
bottom	Ausrichtung unten
center	Ausrichtung mittig
char	Ausrichtung an einem Zeichen
justify	Randausgleich
left	Ausrichtung links
middle	Ausrichtung mittig
right	Ausrichtung rechts
textbottom	Ausrichtung an der Unterkante der Textzeile
textmiddle	Ausrichtung an der Mitte der Textzeile
texttop	Ausrichtung am Zeilenoberrand
top	Ausrichtung oben

behavior

alternate	Laufband hin- und herbewegen
scroll	Laufband durchlaufen lassen
slide	Laufband hereinlaufen lassen

bgproperties

fixed	Hintergrundbild einer Seite nicht mitscrollen

clear

all	Keine beweglichen Abbildungen
left	Keine beweglichen Abbildungen links
none	Bewegliche Abbildungen an beiden Rändern
right	Keine beweglichen Abbildungen rechts

content

no-cache   Keine Cache-Speicherung

dir

ltr   Schrift von links nach rechts
rtl   Schrift von rechts nach links

direction

left   Laufbandrichtung links
right   Laufbandrichtung rechts

frame

above   Nur oberer Tabellenrand
below   Nur unterer Tabellenrand
border   Ganzer Tabellenrand
box   Ganzer Tabellenrand
hsides   Nur horizontale Tabellenränder
lhs   Nur linker Tabellenrand
rhs   Nur rechter Tabellenrand
void   Keine Tabellenränder
vsides   Nur vertikale Tabellenränder

frameborder

0   Frames mit normalem Rand darstellen
1   3D-Effekt bei Frames einschalten
no   Frames mit normalem Rand darstellen
yes   3D-Effekt bei Frames einschalten

hidden

false   Eingebettetes Objekt normal darstellen
true   Eingebettetes Objekt unsichtbar machen

http-equiv

Cache-Control
    Cache-Steuerung
Content-Type
    Inhaltstyp des Dokuments
Expires   Verfallsdatum des Dokuments
PICS-Label   Inhaltsbewertung nach PICS
Pragma   Cache-Steuerung
Refresh   Client-Pull

language

JavaScript   JavaScript als Sprache

`VBScript`	VBScript als Sprache

loop

`infinite`	Hintergrundmusik wird endlos wiederholt

method

`get`	Feldwerte in URL kodieren
`post`	Feldwerte über Standardeingabe schicken

name

`Author`	Autor des Dokuments
`Classification`	Klassifikation des Dokuments
`Description`	Textuelle Beschreibung des Dokuments
`Generator`	Editor des Dokuments
`Keywords`	Schlüsselwörter für das Dokument

rel

`alternate`	Verweis auf eine andere Version
`bookmark`	Verweis auf einen Verweis
`contents`	Verweis auf ein Inhaltsverzeichnis
`copyright`	Verweis auf eine Copyright-Seite
`glossary`	Verweis auf eine Glossarseite
`help`	Verweis auf eine Hilfeseite
`index`	Verweis auf eine Registerseite
`next`	Verweis auf die nächste Seite
`previous`	Verweis auf die vorherige Seite
`search`	Verweis auf eine Suchseite
`start`	Verweis auf die Eingangsseite
`stylesheet`	Verweis auf ein Stylesheet
`top`	Verweis auf die Eingangsseite

rev

`alternate`	Verweis von einer anderen Version
`bookmark`	Verweis von einem Verweis
`contents`	Verweis vom Inhaltsverzeichnis
`copyright`	Verweis von einer Copyright-Seite
`glossary`	Verweis von einer Glossarseite
`help`	Verweis von einer Hilfeseite
`index`	Verweis von einer Registerseite
`made`	Verweis zurück auf den Autor
`next`	Verweis von der nächsten Seite
`previous`	Verweis von der vorherigen Seite
`search`	Verweis von einer Suchseite

`start`	Verweis von der Eingangsseite
`stylesheet`	Verweis von einem Stylesheet
`top`	Verweis von der Eingangsseite

rules

`all`	Linien zwischen Tabellenzellen
`basic`	Linien zwischen Zellen und Abschnitten
`cols`	Linien zwischen Tabellenspalten
`none`	Keine Linien zwischen Tabellenzellen
`rows`	Linien zwischen Tabellenzeilen

scrolling

`auto`	Browser setzt Scrollbars im Frame
`no`	Keine Scrollbars im Frame
`yes`	Immer Scrollbars im Fame

shape

`circ`	Kreisförmige anklickbare Fläche
`circle`	Kreisförmige anklickbare Fläche
`poly`	Anklickbares Polygon
`polygon`	Anklickbares Polygon
`rect`	Rechteckige anklickbare Fläche
`rectangle`	Rechteckige anklickbare Fläche

start

`fileopen`	Film sofort abspielen
`mouseover`	Film bei Überfahren mit Maus starten

target

`_blank`	Neue Seite in neues Fenster laden
`_parent`	Neue Seite in umgebendes Frameset laden
`_self`	Neue Seite in denselben Frame laden
`_top`	Neue Seite in gesamtes Fenster laden

type

`1`	Arabisch nummeriert
`A`	Großbuchstaben
`a`	Kleinbuchstaben
`block`	Leerraumfläche
`button`	Button soll Skript auslösen
`checkbox`	Formularfeld zum Auswählen
`circle`	Listeneintrag mit Kreis markiert
`disc`	Ausgefüllter Kreis als Eintragsmarkierung
`file`	Dateiübermittlung im Formular

hidden	Verstecktes Formularfeld
horizontal	Horizontaler Leerraum
I	Römische Großbuchstaben
i	Römische Kleinbuchstaben
image	Grafik als anklickbares Eingabefeld
password	Feld zur Eingabe eines Passworts
radio	Radiobutton
reset	Button zum Zurücksetzen der Eingabefelder
square	Listeneintrag mit Quadrat markiert
submit	Button zum Abschicken des Formulars
text	Eingabefeld für Text
text/css	Medientyp für Stylesheets
vertical	Vertikaler Leerraum

units

en	Einheit ist die Breite von N
pixels	Einheit ist Pixel

valign

baseline	Ausrichtung an der Grundlinie
bottom	Ausrichtung unten
middle	Ausrichtung mittig
top	Ausrichtung oben

valuetype

data	Wert sind die Daten
object	Wert ist Objektverweis
ref	Wert ist URL

visibility

hide	Schicht unsichtbar
inherit	Schicht sichtbar wie umgebende Schicht
show	Schicht sichtbar

width

40	Vorformatierter Text in breiter Schrift
80	Vorformatierter Text in normaler Schrift
132	Vorformatierter Text in enger Schrift

wrap

hard	Netscape erzeugt Umbruch in `<textarea>`
off	Keine Umbrüche in `<textarea>` einfügen
soft	Umbrüche nur für die Darstellung einfügen

xmlns

http://www.w3.org/TR/xhtml1

Verweis auf den XHTML-Namensraum

C   Eigenschaften in Stylesheets

C.1   Zeichensätze

`font-family`	Schriftschnitt Werte: `cursive fantasy monospace sans-serif serif`
`font-style`	Schriftstil Werte: `italic normal oblique`
`font-variant`	Schriftvariante Werte: `normal small-caps`
`font-weight`	Schriftdicke Werte: `100 200 300 400 500 600 700 800 900 bold bolder lighter normal`
`font-size`	Schriftgrad Werte: `large larger medium small smaller x-large x-small xx-large xx-small`
`font`	Abkürzung Schrifteigenschaften

C.2   Seitenhintergrund

`color`	Farbe des Elements
`background-color`	Hintergrundfarbe Wert: `transparent`
`background-image`	Hintergrundbild Wert: `none`
`background-repeat`	Wiederholung des Hintergrundbilds Werte: `no-repeat repeat repeat-x repeat-y`
`background-attachment`	Verschiebbarkeit des Hintergrundbilds Werte: `fixed scroll`

`background-position`
     Position des Hintergrundbilds
     Werte: `bottom center left right top`

`background`
     Abkürzung Hintergrundeigenschaften

C.3   Zeichen- und Wortabstände

`word-spacing`
     Abstand zwischen Worten
     Wert: `normal`

`letter-spacing`
     Sperrung
     Wert: `normal`

`white-space`
     Beachtung von Leerzeichen und Zeilenenden
     Werte: `normal nowrap pre`

`text-decoration`
     Unter-, Über-, Durchstreichung und Blinken
     Werte: `blink line-through none overline underline`

`vertical-align`
     Vertikale Ausrichtung von Elementen
     Werte: `baseline bottom middle sub super text-bottom text-top top`

`text-transform`
     Textmanipulation
     Werte: `capitalize lowercase none uppercase`

`text-align`
     Textausrichtung
     Werte: `center justify left right`

`text-indent`
     Einrückung am Absatzanfang

`line-height`
     Zeilenabstand
     Wert: `normal`

C.4   Ränder

`margin-top`   Rand um Umrandung oben
`margin-right`   Rand um Umrandung rechts
`margin-bottom`   Rand um Umrandung unten
`margin-left`   Rand um Umrandung links
`margin`   Ränder um Umrandung
`padding-top`   Oberer Abstand von Inhalt bis Umrandung
`padding-right`   Rechter Abstand von Inhalt bis Rand
`padding-bottom`   Unterer Abstand von Inhalt bis Rand
`padding-left`   Linker Abstand von Inhalt bis Umrandung
`padding`   Abstände zwischen Inhalt und Umrandung

C.5 Umrandungen

`border-top-width`	Raum für Umrandung oben
	Werte: `medium thick thin`
`border-right-width`	
	Raum für Umrandung rechts
	Werte: `medium thick thin`
`border-bottom-width`	
	Raum für Umrandung unten
	Werte: `medium thick thin`
`border-left-width`	Raum für Umrandung links
	Werte: `medium thick thin`
`border-width`	Raum für Umrandung
	Werte: `medium thick thin`
`border-color`	Randfarbe
`border-style`	Randart
	Werte: `dashed dotted double groove`
	`inset none outset ridge solid`
`border-top`	Umrandungsdicke oben
`border-right`	Umrandungsdicke rechts
`border-bottom`	Umrandungsdicke unten
`border-left`	Umrandungsdicke links
`border`	Dicke der Umrandungen

C.6 Ausmaße und Position

`width`	Breite des Elements
	Wert: `auto`
`height`	Höhe des Elements
	Wert: `auto`
`top`	Vertikale Verschiebung
	Wert: `auto`
`left`	Horizontale Verschiebung
	Wert: `auto`
`float`	Gleitende Elemente
	Werte: `left none right`
`clear`	Formatieren der Randelemente
	Werte: `both left none right`
`clip`	Beschneidung von Elementen
	Wert: `auto`
`overflow`	Verhalten bei Größenüberschreitung
	Werte: `clip none scroll`
`display`	Darstellungsklassifikation
	Werte: `block inline list-item none`

`position`	Positionierungsmodus
	Werte: `absolute relative static`

C.7   Listen

`list-style-type`	Markierungsart bei Listeneinträgen
	Werte: `circle decimal disc`
	`lower-alpha lower-roman none square`
	`upper-alpha upper-roman`
`list-style-image`	URL eines Bilds für Eintragsmarkierung
`list-style-position`	
	Position der Listenmarkierung
	Werte: `inside outside`
`list-style`	Listeneigenschaften

C.8   Lage

`z-index`	Stapelung von Elementen
	Wert: `auto`
`visibility`	Sichtbarkeit von Elementen
	Werte: `hidden inherit visible`

C.9   Seitengrenzen

`page-break-before`	Seitenumbruch vor Element
	Werte: `allways auto left right`
`page-break-after`	Seitenumbruch nach Element
	Werte: `allways auto left right`
`size`	Format der Druckseite
	Werte: `auto landscape portrait`
`marks`	Markierung des Druckbereichs
	Werte: `crop cross none`

Literaturverzeichnis

[1] T. Berners-Lee, R. Fielding und H. Frystyk. *RFC 1945: Hypertext Transfer Protocol — HTTP/1.0*, May 1996.

[2] N. Borenstein und N. Freed. *RFC 1521: MIME (Multipurpose Internet Mail Extensions) Part One: Mechanisms for Specifying and Describing the Format of Internet Message Bodies*, September 1993.

[3] T. Boutell. *PNG (Portable Network Graphics) Specification.* RFC 2083, `ftp://ds.internic.net/rfc/rfc2083.txt`.

[4] R. T. Braden. *RFC 1123: Requirements for Internet hosts — application and support*, October 1989.

[5] World Wide Web Consortium. *XHTML Basic.* W3C Recommendation, 19. Dezember 2000. http://www.w3.org/TR/xhtml-basic.

[6] World Wide Web Consortium. *Modularization of XHTML.* W3C Recommendation, 10. April 2001. http://www.w3.org/TR/xhtml-modularization.

[7] World Wide Web Consortium. *XHTML 1.1 - Module-based XHTML.* W3C Recommendation, 31. Mai 2001. http://www.w3.org/TR/xhtml11.

[8] R. Fielding, J. Gettys, J. Mogul, H. Frystyk, L. Masinter, P. Leach und T. Berners-Lee. *Hypertext Transfer Protocol – HTTP/1.1*. RFC 2616, `http://www.w3.org/Protocols/rfc2616/rfc2616.txt`.

[9] M. R. Horton und R. Adams. *RFC 1036: Standard for interchange of USENET messages*, December 1987.

[10] ISO/IEC JTC1. *Standard Generalized Markup Language (SGML)*, 1986. ISO/IEC IS 8879.

[11] Manfred Knobloch und Matthias Kopp. *Web-Design mit XML. Webseiten erstellen mit XML, XSL und Cascading Style Sheets.* xml.bibliothek. dpunkt.verlag, 2001. ISBN 3-932588-96-7.

[12] Stefan Koch. *JavaScript – Einführung, Programmierung und Referenz, 2. Auflage.* dpunkt.verlag, Heidelberg, 1999. ISBN 3-932588-26-6.

[13] Michael Krutwig und Robert Tolksdorf. *WML und WMLScript. Informationen aufbereiten und präsentieren für*

WAP-Dienste. xml.bibliothek. dpunkt.verlag, 2000. ISBN 3-932588-82-7.

[14] Patrick J. Lynch. *Yale C/AIM WWW Style Manual.* http:// www.med.yale.edu/caim/StyleManual_Top.HTML.

[15] Rainer Maurer. *HTML und CGI-Programmierung, 2. Auflage.* dpunkt.verlag, Heidelberg, 1998. ISBN 3-920993-79-9.

[16] K. Moore. *RFC 1522: MIME (Multipurpose Internet Mail Extensions) Part Two: Message Header Extensions for Non-ASCII Text,* September 1993.

[17] E. Nebel und L. Masinter. *Form-based File Upload in HTML.* RFC 1867, ftp://ds.internic.net/rfc/rfc1867.txt.

[18] Dave Raggett. *HyperText Markup Language Specification Version 3.0.* http://www.w3.org/hypertext/WWW/MarkUp/ html3/CoverPage.html.

[19] Alan Richmond. *A Basic HTML Style Guide.* http://guinan.gsfc.nasa.gov/Web/Style.html.

[20] J. Seidman. *A Proposed Extension to HTML: Client-Side Image Maps.* RFC 1980, ftp://ds.internic.net/rfc/rfc1980.txt.

[21] James Tilton. *Composing Good HTML.* http://www.willamette.edu:80/html-composition/ strict-html.html.

[22] Klaus Turowski und Klement J. Fellner, (Hrsg.). *XML in der betrieblichen Praxis.* xml.bibliothek. dpunkt.verlag, 2001. ISBN 3-932588-91-6.

[23] Tim Weitzel, Thomas Harder und Peter Buxmann. *Electronic Business und EDI mit XML.* xml.bibliothek. dpunkt.verlag, 2001. ISBN 3-932588-98-3.

Register

In diesem Register verweist eine Seitenzahl in **halbfetter** Schrift auf die Einführung und Erklärung eines Begriffs, Tags oder Attributs. Mit normaler Schrift sind Seiten gekennzeichnet, auf denen ein Begriff genannt wird, zusätzliche Informationen stehen oder ein Tag oder Attribut in einem Beispiel Anwendung findet.

4. Quartal 2002, ca. 450 Seiten, Broschur
€ 42,00 (D)
ISBN 3-89864-148-1

Meike Klettke · Holger Meyer

XML & Datenbanken

Konzepte, Sprachen und Systeme

xml.bibliothek

XML-Dokumente können mit Standard-Datenbanksystemen verwaltet werden, sie können aus existierenden Datenbeständen erzeugt oder mit speziellen XML-Speichern verarbeitet werden. Dieses Buch gibt einen breiten Überblick über dieses Gebiet, von der Systematisierung heutiger Technologien bis hin zur Untersuchung kommerzieller und frei verfügbarer Systeme und Tools. Es beschreibt die Grundlagen und Methoden und stellt Einsatzmöglichkeiten dar. Außerdem wird die Leistungsfähigkeit aufkommender XML-Anfragesprachen aufgezeigt.

Das Buch wendet sich sowohl an Wissenschaftler und Studenten, die einen Überblick gewinnen wollen, als auch an DB-Designer, Administratoren und Anwendungsentwickler, die Lösungen für konkrete Probleme suchen.

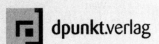

dpunkt.verlag

Ringstraße 19 · 69115 Heidelberg
fon 0 62 21/14 83 40
fax 0 62 21/14 83 99
e-mail hallo@dpunkt.de
http://www.dpunkt.de

Tim Weitzel • Thomas Harder • Peter Buxmann

2001, 230 Seiten, Broschur
€ 40,39 (D)
ISBN 3-932588-98-3

T. Weitzel, T. Harder, P. Buxmann

Electronic Business und EDI mit XML

Dieses Buch ist eine Einführung in die aktuelle Welt des E-Commerce im Business-to-Business-Bereich und vermittelt das notwendige Grundlagenwissen, um XML-basierte Lösungen und die XML-Strategien der großen Software- und ERP-Hersteller zu verstehen und einzuschätzen. Anhand von beispielhaften Geschäftsprozessen werden die wichtigsten Ansätze beschrieben und die Schnittstellen zu anderen Initiativen aufgezeigt.

Das Buch beantwortet die den Autoren in zahlreichen Vorträgen und Workshops am häufigsten gestellten Fragen und hilft IT-Verantwortlichen in Unternehmen, wichtige Trends, Standards und Handlungsoptionen als Grundlage des Aufbaus einer eigenen XML-basierten B2B-Strategie zu bewerten.

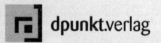 dpunkt.verlag

Ringstraße 19 • 69115 Heidelberg
fon 0 62 21/14 83 40
fax 0 62 21/14 83 99
e-mail hallo@dpunkt.de
http://www.dpunkt.de

Klaus Turowski • Klement J. Fellner (Hrsg.)

XML in der betrieblichen Praxis

Standards
Möglichkeiten
Praxisbeispiele

dpunkt.verlag   xml.bibliothek

2001, 291 Seiten, Broschur
€ 40,39 (D)
ISBN 3-932588-91-6

K. Turowski, K. J. Fellner (Hrsg.)

XML in der betrieblichen Praxis

Standards, Möglichkeiten, Praxisbeispiele

xml.bibliothek

XML wird für den IT-Einsatz in Unternehmen immer wichtiger und ist mittlerweile in einzelnen Einsatzfeldern von sehr großer Bedeutung, u.a. im E-Commerce, Content Management, Web Engineering und Electronic Data Interchange. Das Buch beleuchtet die wichtigsten Aspekte des XML-Einsatzes in der betrieblichen Praxis und beschreibt in 20 Beiträgen folgende Themenfelder:

- Was ist XML und wo steht die Normierung?
- Wo wird XML im Unternehmen eingesetzt?
- Welche Erfahrungen gibt es mit XML im Unternehmenseinsatz?
- Wohin gehen die aktuellen Entwicklungen?

Das Buch zeigt IT-Verantwortlichen, wie sie Möglichkeiten und Grenzen von XML einschätzen können und in welchen Unternehmensbereichen diese neue Technologie sinnvoll einzusetzen ist.

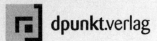

dpunkt.verlag

Ringstraße 19 • 69115 Heidelberg
fon 0 62 21/14 83 40
fax 0 62 21/14 83 99
e-mail hallo@dpunkt.de
http://www.dpunkt.de

2001, 256 Seiten, Broschur
€ 36,00 (D)
ISBN 3-932588-96-7

Manfred Knobloch, Matthias Kopp

Web-Design mit XML

Webseiten erstellen mit XML, XSL
und Cascading Style Sheets

Die neuen, auf XML basierenden Sprachen des
Web gliedern Inhalte mit Hilfe von Auszeich-
nungselementen, wie man es von HTML
bereits kennt. Anders als in HTML geben diese
Elemente bei XML aber lediglich eine Struktur
vor, ohne das Aussehen von Seiten am Bildschirm oder in der Druckausgabe zu bestimmen. Ein XML-Dokument ist in diesem Sinne
„unsichtbar".
Dieses Buch beschreibt, wie man mit der
Extensible Stylesheet Language XSL und
Cascading Stylesheets (CSS), die Darstellung
und Nutzung von XML-Dokumenten steuert.
Anhand praktischer, nachvollziehbarer
Beispiele wird gezeigt, welche Vielfalt der
Darstellung mit XML, XSL und CSS realisiert
werden kann. XML-Informationen lassen sich
damit nicht nur sichtbar machen, sondern
ansprechend gestalten und präsentieren.

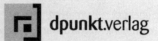

Ringstraße 19 • 69115 Heidelberg
fon 0 62 21/14 83 40
fax 0 62 21/14 83 99
e-mail hallo@dpunkt.de
http://www.dpunkt.de

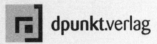

Kevin Yank

PHP & MySQL

Schritt für Schritt zur
datenbankgestützten Website

Übersetzt aus dem Englischen
von Stefan Hinz

Dieses Buch ist eine beispielorientierte
Einführung in die Werkzeuge und Arbeits-
weisen, die Sie für eine moderne datenbank-
gestützte Website benötigen. Anhand einer
durchgängigen Beispielanwendung behandelt
es alle wichtigen Aspekte, von der Installation
(Linux, Windows) bis zur Entwicklung eines
voll funktionsfähigen, Web-basierten Content-
Management-Systems. Es enthält außerdem
PHP- und MySQL-Kurzreferenzen zur Syntax,
zu Funktionen und Spaltentypen. Anschaulich
und nachvollziehbar vermittelt das Buch, wie
man das Gelernte problemlos auf das eigene
Website-Projekt übertragen kann.

4. Quartal 2002, ca. 300 Seiten, Broschur
€ 33,00 (D)
ISBN 3-89864-198-8

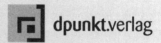 dpunkt.verlag

Ringstraße 19 • 69115 Heidelberg
fon 0 62 21/14 83 40
fax 0 62 21/14 83 99
e-mail hallo@dpunkt.de
http://www.dpunkt.de